Christentum – kann das weg?

Jürgen Werbick

Christentum – kann das weg?

Glauben in Zeiten der Kirchen-Erschöpfung

Matthias Grünewald Verlag

VERLAGSGRUPPE PATMOS
PATMOS
ESCHBACH
GRÜNEWALD
THORBECKE
SCHWABEN
VER SACRUM

Die Verlagsgruppe
mit Sinn für das Leben

Die Verlagsgruppe Patmos ist sich ihrer Verantwortung gegenüber unserer Umwelt bewusst. Wir folgen dem Prinzip der Nachhaltigkeit und streben den Einklang von wirtschaftlicher Entwicklung, sozialer Sicherheit und Erhaltung unserer natürlichen Lebensgrundlagen an. Näheres zur Nachhaltigkeitsstrategie der Verlagsgruppe Patmos auf unserer Website www.verlagsgruppe-patmos.de/nachhaltig-gut-leben

Bibliografische Information der Deutschen Nationalbibliothek
Die Deutsche Nationalbibliothek verzeichnet diese Publikation in der Deutschen Nationalbibliografie; detaillierte bibliografische Daten sind im Internet über http://dnb.d-nb.de abrufbar.

Alle Rechte vorbehalten
© 2023 Matthias Grünewald Verlag
Verlagsgruppe Patmos in der Schwabenverlag AG, Ostfildern
www.gruenewaldverlag.de

Umschlaggestaltung: Finken & Bumiller, Stuttgart
Druck: CPI books GmbH, Leck
Hergestellt in Deutschland
ISBN 978-3-7867-3329-4

Inhalt

Ein Wort zuvor: Überschreitung 9

1. Kirchenverlust? Glaubensverlust? 15
   1.1 Klimakrise 15
   1.2 Warum bleiben? 18
   1.3 Aufbruch, Umbruch, Zusammenbruch? 19

2. Zu viel Vergangenheit, zu wenig Zukunft 27
   2.1 Die Übermacht des Vergangenen 27
   2.2 Partizipation? 34
   2.3 Anteil haben, teilen 37
   2.4 Demokratisierung!? 40

3. Erlösungs-Ideologien? 49
   3.1 Spurlos verschwunden? 49
   3.2 Wie man Menschen klein hält 51
   3.3 Ein Lebens-feindlicher Glaube? 53
   3.4 Gottes Geist und die Macht der Sünde 57
   3.5 Paulus deutet das Kreuz Jesu als Gegen-Wirklichkeit zur Sünde ... 62
   3.6 Erlösung von der Übermacht des Bösen? 66

4. Gottesverlust 69
   4.1 Was haben wir mit Gott gemacht? 69
   4.2 Der entkirchlichte Gott 71
   4.3 Exodus-Perspektive? Gottes-Ausbruch? 72
   4.4 Das Gottes-Wagnis 73
   4.5 Gott relativiert 82
   4.6 Der Hinzukommende – und seine Verborgenheit 90

5. Ein Gott, der hilft? 93
   5.1 Auf Gottes-Entzug 93
   5.2 Umsonst? 96
   5.3 Mit Gottes Hilfe? 103

5.4	Unterbrechung	107
5.5	Erschöpfung	109
5.6	Jesus Christus, der Umkehr-Helfer	115

6.	Neuerfindungen des Christlichen	119
6.1	Abschied vom Erlösermythos?	119
6.2	Der „göttliche" Zusammenhang	124
6.3	Mystik und Politik – jenseits des Glaubens	127
6.4	Trinitarischer Gottesglaube	130
6.5	Neu erfinden oder neu verstehen?	133
6.6	Theologie – und über die Theologie hinaus	139

7.	Über den Tod hinaus glauben und hoffen?	145
7.1	Hoffnungs-Krise	145
7.2	Gericht?	150
7.3	Angst und Vertrauen	151
7.4	Die Hoffnung auf den Kommenden bezeugen und aus ihr leben	153
7.5	Selbstrelativierung	155
7.6	Traumbilder?	156
7.7	Das Versprechen des Leibes	157
7.8	Ein Trost von gestern?	161

8.	Gottesbeziehung im Gebet?	165
8.1	Gottes-Kommunikation	165
8.2	Gebet als Praxis des Mit-Gott-Lebens	169
8.3	Vom Segen, von der Not und den Aporien des Gebets	172
8.4	Beziehungspflege	179

9.	Danksagung. Was wir teilen dürfen.	183
9.1	Eucharistie: Ursprung christlicher Existenz?	183
9.2	Warum Christen Eucharistie feiern	185
9.3	Sühnopfer?	191
9.4	Eucharistie: Wir teilen das Geschenk Seiner Selbsthingabe	193
9.5	Kultunfähig?	199

10. Vertrauens-Erschöpfung? – Atem holen 207
10.1 Wie wird es weitergehen? 207
10.2 Zeit der Misstrauens-Aussaat 209
10.3 Wem über den Weg trauen? 211
10.4 Glaubens-Naivität? 214
10.5 Das Rettende? 216
10.6 Selbstvertrauen im Gottesvertrauen 221

Literaturverzeichnis 227

Personenverzeichnis 233

Ein Wort zuvor: Überschreitung

Dieses eine Wort biete ich Ihnen, liebe Leserinnen und Leser, hier an, um in mein Buch hineinzufinden. Es mobilisiert ambivalente Alltags-Assoziation und spricht von Wagnissen, mit denen man es nicht unbedacht aufnehmen sollte. Wer Grenzen überschreitet, begibt sich in Gefahr. Er muss damit rechnen, dass er oder sie zu viel riskiert hat und ein kleineres oder großes Verhängnis heraufbeschwört. Viel ist jetzt die Rede von diesen roten Linien, die der Aggressor wie die Zurückschlagenden nicht überschreiten dürfen. Es fehlt in krisenhaften Zuspitzungen auch nicht an Mahnungen davor, bestimmte Defizitmargen zu überschreiten: Verschulden wir uns – aus verständlichen Gründen – nicht so hoffnungslos, dass wir den nachkommenden Generationen unsere Hoffnungslosigkeit vererben? Überschreitung kann Maßlosigkeit bedeuten. Seine Grenzen zu kennen scheint eine elementar-lebendienliche Tugend zu sein und ist das schon in der Paradieses-Geschichte des Buches Genesis gewesen. Die Grenz-Überschreitung im Anfang verspielte das Paradies; hier ist sie der Arche-Typos eines verdorbenen guten Lebens in dieser Welt und mit Gott. *Übertretung* (eines Gesetzes) wurde biblisch zum Schema der Sünde. Die Verteidiger(innen) des Maßes und des Maßvollen können nicht genug davor warnen. Man sollte auf das schauen, was man – zu verlieren – hat, es nicht unbesonnen aufs Spiel setzen!

Aber müssen nicht – gerade heute, gerade in der Kirche – selbst gezogene, engherzig eingeschärfte Grenzen endlich überschritten werden: in der Glaubenslehre, in der Ökumene, der christlichen und der weiteren, im Kirchen- und Amtsverständnis?

Wer etwas zu verlieren hat, wird vorsichtig sein. Wie ist es mit denen, die verloren haben? Sie werden es eher mit der Spieler-Weisheit halten: Wer wagt, gewinnt. Mehr als deine Fesseln kannst du nicht mehr verlieren! wird man von den Revolutionären hören. Das Volk der Hebräer folgte diesem Ruf. Mose nimmt den Gott der Väter dafür in Anspruch, jetzt den Aufbruch und Ausbruch zu wagen: die Überschreitung der Grenze vom Kulturland Ägypten, das für die Israeliten ein Gefängnis war, in die Wildheit der Wüste, die Überschreitung des Jordan in das Wagnis der Landnahme hinein.

Jürgen Ebach hat darauf hingewiesen, „dass im Hebräischen der Name ‚Hebräer' (ivri) und das Verb ‚überschreiten' (avar) wurzelverwandt klingen". Ist das ein phonetischer Zufall oder darf es als Hinweis darauf genommen werden, dass sich Israel, das Hebräer-Volk, immer wieder neu als Volk der Überschreitung wiedererkannte, dass es seine Wurzeln in der Weigerung erkannte, hinzunehmen, was *„nun einmal* so ist." Jürgen Ebach wagt die Vermutung, das biblische Verständnis von Religion lasse sich in genau diese Kurzformel bringen: Überschreiten.[1] Er hat vom Gott der Bibel als dem Gott der Überschreitung gesprochen. Gott wahrnehmen könne biblisch heißen – so Ebach – „den Raum offen zu halten zwischen dem, was ist und wie es ist, und dem, was und wie es sein kann, sein soll, sein wird."[2]

Der Gott der Überschreitung – und die Kirche des Bleibens, des Bleiben-Wollens bei dem, was man nicht auch noch verlieren will: Wie kommt man sich als Mensch, als Theologin, als Theologe, die glauben oder es mit dem Glauben immer wieder neu versuchen, in diesem Dazwischen vor? Verloren, zerrissen, resigniert, herausgefordert, verantwortlich? Kann man das Dazwischen annehmen, ohne es schönzureden oder die aus der Verantwortung zu entlassen, die uns in diesem Dazwischen hängen lassen, es für sich nicht wahrnehmen wollen? Ich habe dieses Buch geschrieben, weil ich – soweit das an mir liegen kann – diesen Fragen ihr Recht verschaffen will, innerhalb wie außerhalb der Kirchen; weil mir daran liegt, die Überschreitung zu bedenken, zu der sich Kirchenmenschen und Menschen, die sich auf der biblischen Glaubens-Spur vorantasten, heute herausgefordert sehen; und weil ich daran erinnern will, was sie nicht leichtfertig übergehen dürfen: das Unheil in Kirche und Welt, das Glaubensbewusstsein und die Hoffnungsgeschichte der christlichen Kirchen, aber auch das Wahrheitsbewusstsein, in dem sich die Menschen mit guten Begründungen zu orientieren versuchen. Ja, es ist unverkennbar: „Im Herzen des Christentums wartet Selbstüberschreitung und Risiko statt selbstgewisser Identität."[3] Aber was steht da auf dem Spiel? Und was bleibt schützenswert?

Das Bleiben ist keine Option. Was man nur festhalten will, zerrinnt zwischen den Fingern. Aber was darf man nicht leichten Herzens zurücklassen und verloren geben? Was muss man – neu durchdacht, neu durchglaubt – mitnehmen? Welche Glaubens-Ressourcen dürfen

---

[1] Vgl. Jürgen Ebach, SchriftStücke. Biblische Miniaturen, Gütersloh 2010, 130.
[2] Ebd., 131. Christian Hennecke hat das Überschreitungsmotiv ekklesiologisch aufgenommen, ohne es wörtlich anzusprechen: Bevor die Kirche „über den Jordan geht", findet sie sich in der Wüste vor: „Dort, wo wir es aushalten, kein bekanntes Bild von Gott zu haben […], wo ich nicht mit diesem Gott umgehe und rechne, indem ich ihn ins mir Bekannte zurückhole, wo ich mich nicht Gottes bemächtige – dort kann er mich weiterführen" (ders., Kirche, die über den Jordan geht. Expeditionen ins Land der Verheißung, Münster 2006, 10).
[3] Rainer Bucher, Radikale Gegenwart I, Feinschwarz 11. Juli 2022.

nicht verschleudert werden. Das Hans-im-Glück-Prinzip ist auch im geistlichen Leben nicht der Weisheit letzter Schluss. Dann aber eben doch auch: Was geht nicht mehr, weil es seine biblische Legitimation verloren hat und Menschen, die es mit ihrem christlichen Glauben ernst meinen, auch nicht mehr verständlich zu machen ist? Was muss die Überschreitung zurücklassen oder tiefreichend verändert mitnehmen, weil sie Nachfolge ist? Überschreiten muss nicht geringschätzen bedeuten. Wenn wir kirchlich und theologisch – nicht auch gesellschaftlich? – die Überschreitung wagen müssen, heißt das nicht, dass es für uns die Knechtschaft in Ägypten war, aus der wir jetzt ausziehen. Da ist viel Verlust und Abschied, viel wehmütiges Zurückschauen vielleicht. Aber wir müssen weiter, hinausdenken, hinausglauben über das, was uns hielt, auch gefangen hielt. Hinausdenken, hinausglauben über die Kirchenerschöpfung – gerade deshalb neu anschauen, was uns mit auf den Weg gegeben ist, es als Glaubens-Lebensmittel schätzen lernen: nicht Steine, sondern Brot, das in der Überschreitung Mut fassen lässt und nährt. Biblisch glauben erschöpft sich nicht im Bleiben, oder dramatischer: Es erschöpft sich im Bleiben-Wollen, im Zurückbleiben, den Lebens-und-Vernunft-Kontakt-Verlieren, Die-Herzen-derer-Verlieren, die suchen und ausprobieren, was uns heute und morgen leben und glauben lässt.

Das aus dem Lateinischen genommene Lehnwort für Überschreiten ist *Transzendieren*. Glauben heißt transzendieren: das bloß Sichtbare, das, woran man sich festhält, die überlauten Welt- und Kirchen-Sicherheiten, die Welt- und Kirchen-Ängste um das Sich-Entziehende, das Gefangensein in der Sorge um das Nächstliegende; es heißt im Transzendieren Gott berühren in der Spur dessen, der uns vorausgeht. Es heißt *relativieren*, was uns bisher Zuhause war. Es relativieren: Da wird es nicht bedeutungslos, aber es hat seinen Sinn darin, dass wir es mit auf den Weg der Überschreitung nehmen, dass es uns mit dem verbindet, was wir noch nicht durchschaut haben und klar absehen können. Diese Verbindung gilt es aufzunehmen, spürbarer, tragfähiger, vorstellbarer zu machen, zu bedenken. So *geht* Religion, biblischer Glaube; so könnte man den Weg über die Kirchen-Erschöpfung unserer Tage hinaus unter die Füße nehmen. So geht ein Glaube, der es nicht aufgegeben hat, der Theologie das kritische Weiterdenken zuzutrauen.[4] Da wird aber auch die tiefe Am-

---

[4] Bei Ernst Bloch liest man: „Denken ist Überschreiten"; und: „Ein Transzendieren ohne Transzendenz" (Atheismus im Christentum. Zur Religion des Exodus und des Reichs,

bivalenz und Gefahr von Religion, des Christlichen zumal, von Neuem sichtbar: dass ihr Überschreiten über die „Immanenz" hinweggeht: über die Freuden, die Faszination, das Drama, den Kampf des leibhaften Lebens *jetzt*. Überschreiten und Relativieren doch als Missachten: Darauf schien es so lange hinauszulaufen. Es wäre ein Irrweg gewesen, Herkunft einer Menschen-Missachtung, mit der es zu Ende sein muss. Nicht Hinweggegehen über..., nicht Geringschätzung dessen, worüber man hinweggeht, sondern transzendieren: Ob es dafür noch, wieder ein Feeling gibt, eine Sprache?

Die Schlusskapitel des Johannesevangeliums erzählen Überschreitung karfreitaglich-österlich, als Trauma-Überschreitungsgeschichte. Es lohnt sich, in unserer Kirchen- und Glaubens-Situation auf sie zu hören. Im Nachtragskapitel 21 ist zunächst nicht die Überschreitung, sondern der Übergang als Rückgang im Blick. Das Karfreitags-Trauma ist für Petrus und seine Genossen nur so einigermaßen erträglich geworden: durch den Übergang und Rückgang in die Lebens- und Berufs-Routinen des Alltags. Was könnte sie sonst noch tragen, ein wenig ausfüllen. Aber sie tragen nicht mehr; von Ausfüllen keine Rede. Die Netze bleiben leer. Es ist die Situation der dritten Jünger-Generation. Ostern ist zweifelhaft geworden. Der Anfang der Gottesherrschaft, ihr überwältigend Neues, das ist nun so ungreifbar. Es hat gerade noch bis hierher getragen. Die Fischzüge in der Nacht produzieren nun Leere. Die Resignation wirft ihre Schatten; die Zuflucht beim routinierten Weitermachen führt in die Erschöpfung.

Wenn Johannes 21 in diese Situation hineinsprechen will, wird es auch unsere Glaubens-Situation treffen. So wie es „damals" an die Schwelle vom Weitermachen zum Glauben führen wollte, wird es uns die Frage zuspielen, wie wir heute diese Schwelle überschreiten können.[5] Wir verlieren das Vertrauen, dass wir in den Bahnen, die uns hierher geführt haben, weiterkommen. Haben wir den Weg aus den

---

Frankfurt a. M. 1973, 6). Hat es nicht auch gute Gründe für sich, ein Transzendieren *mit* Transzendenz anzunehmen: Transzendieren – Überschreiten – aus der Überschreitungskraft des Gottesgeistes, der nicht aus dieser Welt ist und sich nicht in ihr erschöpft?

[5] Norbert Caßens, dem Pfarrdechanten meiner Heimatgemeinde St. Martin in Nottuln, verdanke ich wichtige Anregungen zur Auslegung dieser Perikope. Wenn ich schon beim Danken und Verdanken bin: Dem Weihekurs 1990, dem auch Norbert Caßens angehört, durfte ich im März 2022 Exerzitien halten. Dabei habe ich einige der in dieses Buch eingegangenen Gedanken vorgestellt. Die Resonanz bei den Teilnehmern und das Gespräch mit ihnen hat sie verändert. Ich danke für die geistliche Gemeinschaft während der Tage im Kloster Huysburg.

Augen verloren, der mit Christus zum Leben führt, nicht im Tod enden kann, weil wir an dem Leben schon teilhaben, das er mit uns teilt? Kennen wir diesen Weg nicht mehr, der über die Schwelle der Resignation hinwegführt, dahin, wo Gott mit uns anfängt, was nicht mehr aufhören wird anzufangen. Der Thomas des Johannesevangeliums spricht es beim Abschiedsmahl mit Jesus offen aus: Wir wissen nicht, wohin du gehst. Wie sollen wir da den Weg kennen? (Joh 14,5). Jesu Antwort: Ihr seid den Weg mit mir gegangen. So kennt ihr ihn. Glaubt an seine Wahrheit, seine Verlässlichkeit – über meinen Tod hinaus! Glaubt ihn als den Weg, der über den Zusammenbruch eurer Hoffnungen hinausführt! Den Weg Jesu kennenlernen, auf ihm ein paar Schritte wagen, das ist es, was der Kirche am Ende des Evangeliums auf ihren Weg mitgegeben und dem Petrus abverlangt wird. Wo das geschieht, überschreitet sie, überschreitet er die Schwelle, zuletzt die Schwelle vom Tod ins Leben. Wo es geschieht, beginnt es mit dem Glauben daran, dem „Wissen", dass Gott, unser Retter, lebt (Ijob 19,25) – und rettet. Was das nach der Auferweckung des Gekreuzigten heißen wird, wie das wahr wird, das glaubend zu ergründen, dazu sendet das Evangelium des Johannes ganz am Ende. Das Sehen war davor. Es ist uns nicht mehr geschenkt. Auch der Kirche sehen wir die Rettung nicht mehr an, eher die Rettungslosigkeit ihrer Selbstverstrickung. Es bleibt das Glauben; Thomas darf es sich sagen, zumuten lassen (Joh 20,29): das Glauben und sich vorantasten in der Spur Jesu; und in seiner Spur das Überschreiten der Schwelle von der Resignation zur Nachfolge; das Mitnehmen und Zurücklassen, die Entschiedenheit, mehr zu wagen als das Wahrscheinliche, die Relativierung des Menschen-Möglichen durchs Einbezogenwerden ins Gott-Mögliche.

1. Kirchenverlust? Glaubensverlust?

1.1 Klimakrise

Wie fühlt es sich an, *heute* zu leben? Gesellschaftlich, kirchlich, in der Alltagswelt eines leidlich mit dem Notwendigen und Angenehmen, mit Kommunikations- und Erlebnis-Möglichkeiten gesättigten Lebens? In den Erschütterungen, mit denen unsere Normalität durch den Ukraine-Krieg, kirchlich durch die Missbrauchs-Katastrophe heimgesucht wird? Gereiztheit und ein gestiegenes Aggressionslevel machen irgendwie die Stimmung aus. Ratlosigkeit, Erschütterung kommen hinzu, eine bedenklich gestiegene „Dysfunktionalitäts-Wahrnehmung" in vielen Lebensbereichen. Überforderungs-Gefühle werden überall greifbar. Was die Kirchen angeht, die römisch-katholische vor allem, grenzen sie an Panik angesichts eines Autoritäts- und Glaubwürdigkeits-Verlustes, der mit den Folgen der Missbrauchs-Krise allein nicht erklärbar ist.

Die Klimakrise sollte sich – endlich – ins Aufmerksamkeits-Zentrum schieben. Mit ihr eine Herausforderung, die nur kooperativ einigermaßen zu bewältigen ist. Alle sollten mitmachen. Viele stehlen sich davon, ziehen sich in die eigene kleine Welt zurück, die Nation, den eigenen Besitz; sie wollen von dem Veränderungs-Bedarf nicht behelligt werden, der sich unabsehbar auftürmt. Und jetzt droht die Energiekrise alles zu beherrschen. Da will jeder für sich auf seine Kosten und zu einer warmen Dusche kommen. Eine Welle der Desolidarisierung wälzt sich durch alle Politik- und Gesellschaftsbereiche. Viel schlechtes Gewissen über unsere himmelschreienden Versäumnisse, grassierende Zynismen und Egoismen muss übertönt werden. Die Misstöne sind unüberhörbar, wenn unübersehbar wird, wie wir mit weltweiten Migrationsbewegungen umgehen. Nicht nur an den Rändern macht sich die Wut Luft, die es nicht länger hinnimmt, wie die Eliten es verbocken und wie die an die Hebel der Macht Gelangten Betroffene und ihre Betroffenheit missachten.

Viel Missvergnügen zieht durchs Land. Profiteure schüren es. Selbsternannte Querdenker(innen) zündeln mit Verschwörungs-Mythen. In den Hilflosigkeiten der Politik sehen sie einen finstern Plan umgesetzt, mit dem man auf ihre Selbstbestimmung zugreifen will. Und die Engagierten mühen sich an dem ab, was sie als Verbohrtheit und Verdrängen wahrnehmen. Überforderung ist für sie eine Ausflucht, Aussichtslosigkeit eine billige Ausrede für Tatenlosigkeit. Die „Liberal-Vernünftigen" wollen sich das nicht nachsagen lassen, erwidern mit der Diagnose Ahnungslosigkeit. Neue Technologien werden es bringen. Man muss offen für sie sein und sie genügend fördern. Jede(r) scheint einen Ausweg und die Schuldigen zu kennen, die ihn versperren. Atmosphären-Vergiftung, Klimakrise, wohin man schaut. Jetzt auch noch dieser Wahnsinnskrieg in der Ukraine, der das Vertrauen vergiftet, wo es sowieso schon am empfindlichsten war. Man war zu Vertrauens-selig, verzeiht es sich kaum, macht es „den Anderen" zum Vorwurf. Und doch sind viele am Werk, die sich vom jetzt Notwendigen und Möglichen in die Pflicht nehmen lassen und die Hoffnung nicht aufgeben, sie hegen und pflegen, wo sie können. Immer wieder aber werden sie von der bösen Ahnung heimgesucht, sie stünden mit ihrem Einsatz auf verlorenem Posten.

Selbstvergewisserung tut not: dass man sich der Quellen vergewissert, die die Hoffnung nähren und den Einsatz inspirieren können. Es braucht sie, damit man sich nicht der Resignation ergibt und Widerstandskraft mobilisieren kann: das Widerstehen-Können gegen die Dämonen der haltlosen Verdächtigung, der Gleichgültigkeit, des Zynismus, der Lüge, des Rückzugs und der Desolidarisierung. Diese und andere Dämonen beherrschen die Atmosphäre. Die Apokalyptik im Judentum zur Zeit Jesu haben dieses Zeitgefühl dramatisch-mythologisch ausgestaltet. Wir werden uns ihm macht- und kommunikationstheoretisch nähern. Aber ändert die Entmythologisierung viel an diesem Gefühl und unserer Wahrnehmung? Und unserer Bedürftigkeit? Wir brauchen Widerstehens-Kraft, Unermüdlichkeit, Resignations-Resistenz, Resilienz, Überschreitungskraft – und die Quellen, aus denen sie uns zufließen. Und wir müssen auf der Hut sein, dass es keine trüben Quellen sind, dass sie nicht falsche Hoffnungen nähren; und dass sie uns nicht zu Illusionen verführen, in denen uns die Hoffnungen entschwinden, die wir jetzt zu verantworten haben. Es muss zur Unterscheidung der Geister, zur Prüfung der Quellen und der Hoffnungen kommen; zum vernünftigen Abwägen, wem ich meinen Einsatz und mein Hoffen widmen darf; wie ich mir die Enttäuschung möglichst erspare, ins Heillose und Aussichtslose hinein gehofft, meinen Einsatz vergeudet zu haben.

Die Unterscheidung der Geister kann auch sehr kleingeistig gesucht werden. Man beansprucht ein Monopol auf die Quellen und die „richtigen Hoffnungen", den authentischen Geist des Widerstehens. Bei den Anderen wird man nichts Gutes finden. Sie wollen euch nur für ihre Interessen missbrauchen. Kommt schnell zu uns. Desolidarisierung auch hier. Wo man nach Verbündeten ausschauen müsste, beargwöhnt man Konkurrenten. Die Kirchen haben viele sowieso abgeschrieben. Was sollte bei ihnen noch zu holen sein! Und die Quellen, um deren Zugänglichkeit sie sich mühen: Was ist ihnen und den Kirchenmenschen aus denen alles zugeflossen? Sind es nicht trübe Gewässer, aus denen man wirklich nicht schöpfen will?

Noch gibt es eine brüchig gewordene Allianz zwischen Staatsorganen und Kirchen. Man traut Kirchen und Religionen zu, Werte zu pflegen und zu überliefern, die ein Staatswesen nicht selbst hervorbringen kann, ohne die ein gedeihliches Miteinander aber nach wie vor nicht denkbar ist.[6] Aber sollten sie tatsächlich noch ein Monopol auf die Rolle der Werte-Lieferanten und Werte-Garanten haben? Oder eine Rolle spielen können, wenn es neuerdings – im konfliktreichen Miteinander mit den Fundamentalismen in allen Religionen – dringlich darum geht, religiöse Energien und Kulturen zu zivilisieren? Man sollte sich da nicht zu viel erwarten. Ihr gesellschaftlicher Einfluss nimmt ja dramatisch ab. Irgendwie scheint die Zeit für sie abzulaufen, auch wenn etwa der Islam in Europa derzeit eine erstaunliche Vitalität und Veränderungsbereitschaft an den Tag legt.

Die eher milde Skepsis der letzten Jahrzehnte des 20. Jahrhunderts gegen Religionen und das Christentum, die sie auf dem Abstellgleis sieht und sich mitunter über die Skandale erregt, die in ihrem Dunstkreis geschehen, ist mit dem Erstarken der religiösen Fundamentalismen und der Missbrauchskrise vor allem in der römisch-katholischen Kirche einer geradezu flächendeckenden antikirchlich-antichristlichen Wut gewichen. Nun stellt man es als geradezu unverantwortlich hin, weiterhin dieser selbstgefälligen, „kriminellen Vereinigung" anzugehören.

Kirchenmenschen sollten sich nicht auf Verschwörungstheorien verlegen und die Schuld für das antichristliche gesellschaftliche Klima bei „Meinungsmachern" suchen, die die Missbrauchskrise zum willkommenen Anlass nähmen, die Kirchen endgültig moralisch zu erledigen. Moralisch unmöglich gemacht hat sich die katholische Kirche selbst – mit einer verqueren Sexualmoral und einer Männerfixierung, die bis in die Gegenwart hinein den krudesten Ideologien Vorschub leistete. Dass sich die römisch-katholische Kir-

---

[6] Ernst Wolfgang Böckenförde hat diese Konstellation „klassisch" so beschrieben: „Der freiheitliche, säkularisierte Staat lebt von Voraussetzungen, die er selbst nicht garantieren kann" (ders., Staat, Gesellschaft, Freiheit, Frankfurt a. M. 1976, 60).

che auch *theologisch* unmöglich gemacht hat, sollte nicht zu kurz kommen. Sie hat sich, solange ihr noch Glaubens-Autorität eingeräumt wurde, mit ihrem Herrschafts- und Wahrheits-Anspruch zwischen die Glaubenden und Gott geschoben, statt den Menschen zu dienen, die in ihr mit den Zeugnissen des Glaubens den Weg zu Gott finden und Gottes Gegenwart in ihrem Leben feiern wollten. Die (katholische) Kirche hat den Glauben und die Gottes-Sehnsucht der Menschen unter ihre Regie genommen. Nun steht sie ihnen vielfach im Weg, wenn die sich ihrer Gottesbeziehung und der Bedeutung ihres Gottesglaubens vergewissern wollen. Der droht ihnen zu entschwinden, weil gerade die „religiös Interessierten" mit der Kirche nichts mehr anfangen können. Gott ist ihnen kirchlich kontaminiert, ein Kirchen-Ding; so wird er immer mehr in den schlechten Ruf der Kirche(n) hineingezogen. Wer die Verbundenheit mit „seiner" Kirche bewusst aufrechterhält, arbeitet sich an der *Unterscheidung Gottes von der Kirche* ab. Die Alternative *Gott ja – Kirche nein* mag ihm zu plakativ sein. Aber es wird bei ihm weit eher an seinem Gottesglauben oder seiner Gottessehnsucht als an seiner Kirchenloyalität liegen, dass er noch „dabei ist". So wird für ihn die Glaubwürdigkeit und Tragfähigkeit seines Gottes-Zutrauens zur eigentlichen Existenzfrage seines Glaubens. Genau da aber wäre bzw. ist er auf die Glaubens-Kommunikationsräume einer Kirche angewiesen, in denen ihm die Quellen biblisch-christlichen Glaubens lebenswichtig werden könnten: einer selbstvergessen dienenden, nicht einer um ihre Macht, ihren Einfluss und ihr Überleben selbstbesorgtbangenden Kirche. Sie ist eigentlich unersetzlich für eine kommunikative Verlebendigung der Erfahrungen, Hoffnungen, Lebens-Einsätze und Glaubens-Wagnisse, wie sie in den Quellen der Bibel und der kirchlichen Überlieferung bezeugt werden. So lebt sie auch, wo es dazu kommt. Und so stirbt sie, wo ihre „Autoritäten" sich – um mit Paulus zu sprechen – unerträglich-selbstgefällig als Herren des Glaubens aufspielen, statt sich als Diener unserer Freude zu bewähren (vgl. 2 Kor 4,5).

1.2 Warum bleiben?

Die elementare, viele Kirchenmenschen tief beunruhigende Frage *Warum bleiben?* zwingt zur Glaubens-Rechenschaft. Die kann sich kaum noch in den wohlgeordneten Schonraum eines kirchlichen Selbstbewusstseins zurückziehen, das sich vom religiösen und säkularen „Meinungschaos" draußen oder der dort herrschenden „Diktatur des Relativismus" nicht anfechten lässt.[7] Wenn Verkündigung und Theologie noch einen Sinn haben sollen, müssen sie sich der Glaubens-Beunruhigung aussetzen, die sich in dieser Frage Luft verschafft. Und das würde wohl mit der anderen Frage beginnen müssen: Wo ist unser Glaube, unser Glauben-Wollen, jetzt angekommen? Wo ist es hingeraten? Sich auf diese Frage einzulassen, wäre die Voraussetzung dafür, sich ernsthaft daran abzuarbeiten, was wir als „verloren" ansehen müssen – und was uns in diesem Verlust womöglich als Gewinn zufällt, neu zugänglich wird.

Wie eine Kirche aussehen sollte, die den Verlust „realisiert" und den Gewinn begrüßen, die Überschreitung wagen könnte, das ist dann eine nachgeordnete, aber keineswegs unwichtige Frage. Dass sie sich derzeit so in den Vordergrund drängt, hängt natürlich damit zusammen, dass sie irgendwie „handhabbarer" und diskutierbarer ist als die eher hintergründige, geduldig auszutragende, nicht zu „praktikablen" Ergebnissen führende Selbst-, Kirchen- und Gottes-Befragung zur möglichen Zukunft unseres Gottes- und Lebens-Zutrauens.

So treibt die Frage *Warum bleiben?* dazu an, die Gründe der Glaubens-Transformation genauer zu bedenken, die wir gegenwärtig erleben; Gründe und Dynamiken die freilich schon seit Jahrhunderten ihre Wirkung entfalten. Sie aufzusuchen kann Aufschluss darüber geben, wie wir – die Gemeinschaften der Glaubenden, der Zweifelnden, aber auch die der Glaubens-Distanzierten – dahin gekommen sind, wo wir uns jetzt vorfinden; das kann uns Betroffenen vielleicht auch einen realistischen Eindruck davon verschaffen, *was jetzt dran ist:* in der Glaubens-, der Zweifels- wie der Unglaubens-Geschichte unserer Zeit.

1.3 Aufbruch, Umbruch, Zusammenbruch?

Den Bruch werden gerade die Kirchenmenschen als solche erleben, die das Zweite Vatikanische Konzil als Aufbruch wahrgenommen und bejaht haben. Wer die Kirche aber schon damals – und seither –

---

[7] Den Rückzug in diesen Schonraum, theologisch auch als „Entweltlichung" angepriesen, empfehlen namhafte Kirchen-Autoritäten, so der frühere *Papst Benedikt XVI.*, der ja auch die Formel von der „Diktatur des Relativismus" in die Welt gesetzt hat; vgl. das 3. Kapitel meines Buches: Gegen falsche Alternativen. Warum dem christlichen Glauben nichts Menschliches fremd ist, Ostfildern 2021 (63–88).

auf dem verhängnisvollen Weg der Anpassung an die Welt der (Post-)Moderne sah und sieht, wird diesen Weg als fatal-konsequente Abbruchs-Geschichte beschreiben, die heute allenfalls in einer neuen, vielleicht in der finalen Phase der nachkonziliaren Kirche angekommen sei. Man hätte sich der Anbiederung an den moralischen Zusammenbruch der modernen Welt verweigern müssen.[8] Nun ist man in diesen Zusammenbruch mit hineingezogen. So brechen nicht nur Seelsorge-Strukturen zusammen, sondern auch die tragenden Überzeugungen, auf denen auch die Kirche institutionell aufruht, für deren Stabilisierung sie von alters her kämpft. Als ob es in der Kirche und für die Kirche einen Aufbruch bräuchte: für sie, die unbeeindruckt von den Irrnissen und Wirrnissen unserer Zeit ihren Weg geht!

Das Bild vom Aufbruch, das die Reformwilligen mit dem Zweiten Vatikanum verbanden, kennzeichnet die Hoffnungen der europäischen Aufklärung wie kein zweites. Nach Kant geht es geradezu in die Definition der Aufklärung ein: Der „Ausgang des Menschen aus seiner selbst verschuldeten Unmündigkeit" bricht mit den Mächten, die die Menschen bisher unmündig hielten. Es gilt, ihnen so mutig wie entschlossen die Stirn zu bieten und sich seines *„eigenen* Verstandes zu bedienen!"[9] Dieser Ausgang wird von Nietzsche emphatisch-dramatisierend als Ausfahrt dargestellt. In seiner „Fröhlichen Wissenschaft" malt er – unmittelbar vor dem berühmten Aphorismus zum „tollen Menschen", der den Tod Gottes verkündet – unter der kennzeichnenden Überschrift „Im Horizont des Unendlichen" diese emblematische Szene:

> „Wir haben das Land verlassen und sind zu Schiff gegangen! Wir haben die Brücke hinter uns – mehr noch, wir haben das Land hinter uns abgebrochen! Nun Schifflein! sieh' dich vor! Neben dir liegt der Ocean, es ist wahr, er brüllt nicht immer, und mitunter liegt er da, wie Seide und Gold und Träumerei der Güte. Aber es kommen Stunden, wo du erkennen wirst, dass er unendlich ist und dass es nichts Furchtbareres giebt, als Unendlichkeit […] Wehe, wenn das Land-

---

[8] Die christlichen Kirchen sind in einen Kultur-Kampf hineingeraten, in dem sich etwa der Moskauer Patriarch Kyrill mit genau diesem Argument als entschiedener Unterstützer von Putins Krieg hervorgetan hat. In den USA konnte Donald Trump sich in diesem Kultur-Kampf so positionieren, dass er – ausgerechnet er – mit rigiden sexual- und familienpolitischen Parolen die Unterstützung der religiösen Fundamentalisten, auch vieler katholischer Bischöfe, gewann.

[9] Immanuel Kant, Beantwortung der Frage: Was ist Aufklärung, in: Kants Werke. Akademie Textausgabe, Berlin 1968, Bd. VII, 33–42, hier 35.

Heimweh dich befällt, als ob dort mehr Freiheit gewesen wäre, – und es giebt kein ‚Land' mehr!"[10]

Die Verlockung und der Schrecken des Unendlichen liegen eng beieinander, ja ineinander. Es braucht – so Nietzsches herausfordernde, vielfach als hochproblematisch empfundene Botschaft – einen neuen Menschen, den Übermenschen, und seinen Mut, ins Gott-lose Unendliche aufzubrechen. Gott ist es, war es, der die Menschen letztlich in ihrer Unmündigkeit festhielt und vor der Ausfahrt zurückhielt. Sich von ihm loszumachen, ihn zu „töten", das macht den Horizont frei für das Wagnis einer Zukunft, in der sich die Menschen die unabsehbaren Möglichkeiten des Menschseins aneignen werden und den Gott nicht mehr brauchen, von dem sie sich die himmlische Vollendung erhofften.

Dieser Aufbruch war keine Perspektive für die Gläubigen und die Kirche des ausgehenden 19. Jahrhunderts. Er bedeutete ja den Ausbruch aus der Religion, so wie man sie kannte, den mehr oder weniger entschiedenen Abschied von kirchlichen Denk- und Lebensweisen. Wollten die Menschen nun selber göttlich sein und sich die Vollkommenheit erarbeiten, gar erkämpfen, die doch nur Gottes Gabe an die gehorsamen Glieder seiner Kirche sein konnte? Die Metapher *Aufbruch* stand für eine Grenzüberschreitung, die nicht nur das Gottesverhältnis, sondern auch das Verhältnis zu sich selbst und zu den Mitmenschen zerrüttete. Die Menschheitskatastrophen des 20. Jahrhunderts schienen diese Befürchtung aufs Schrecklichste zu bestätigen. Von Aufbruch war nichts mehr zu hören. Die Kirchen konnten sich als Verteidigerinnen einer Beheimatung in der Gott- und Menschen-gemäßen Ordnung fühlen, die man in den menschenverachtenden roten und braunen Diktaturen mit Füßen getreten hatte.

Diese kirchliche Selbstzufriedenheit konnte sich politisch-gesellschaftlich bestätigt sehen. Gern berief man sich bei allen feierlichen Gelegenheiten auf die „Werte", deren Pflege man in den Kirchen gut aufgehoben wusste. Dass aber im Privaten längst ein Wertewandel unterwegs war, der die kirchlich als unabdingbar propagierten Lebensordnungen unterminierte und die kirchlichen Autoritäten mehr und mehr in Frage stellte, war schon nach wenigen Jahren der ge-

---

[10] Die fröhliche Wissenschaft, Aphorismus 124, in: Friedrich Nietzsche, Sämtliche Werke. Kritische Studienausgabe, hg. von G. Colli und M. Montinari (KSA), Berlin – München 1980, Bd. 3, 480. Den Philosophen gilt Nietzsches Ruf: „Es giebt noch eine andere Welt zu entdecken – und mehr als eine! Auf die Schiffe, ihr Philosophen!" (Die fröhliche Wissenschaft, Aphorismus 289, KSA 3, 530).

sellschaftlich-kirchlichen Restauration in der Nachkriegszeit kaum noch zu verkennen. War – zumal in der römisch-katholischen Kirche – nicht ein „Reformstau" entstanden, weil man nur aufs unveränderlich Bleibende gesetzt hatte und nicht mehr mitbekam, was sich in der Gesellschaft und unter den Gläubigen veränderte? Die Zeit war offenkundig vorüber, in der sich die Kirche als über die Niederungen der Zeit erhabenes Haus voll Glorie verstehen und alle „Neuerungen" als Abfall vom rechten Glauben zurückweisen konnte. Wo sie das noch durchhalten wollte, wurde sie als erstarrt und verknöchert, ja als autoritär wahrgenommen. Das Zweite Vatikanische Konzil sollte den Aufbruch bringen, der die katholische Kirche ins Heute führte und in der Gegenwart neu handlungsfähig machte.

Das Konzil besann sich auf die biblischen Wurzeln der Aufbruch-Metapher, wie sie etwa in den Gründungsmythen der Vereinigten Staaten von Nordamerika aufgegriffen und gefeiert wurden: auf den Exodus aus der Knechtschaft Ägyptens. Man verstand Kirche als wanderndes Gottesvolk[11], das sich in der Geschichte immer wieder neu seiner Sendung zu vergewissern und seinen Verirrungen zu stellen hatte. Aber das Bild war so viel größer und irritierender, als man es im kirchlichen Alltagsgeschäft brauchen konnte. Es zog die Aufbruchs-Hoffnungen der „Reformer" auf sich – und enttäuschte sie, als es den Päpsten und den kirchenleitenden Instanzen der Nachkonzils-Zeit eher darum zu gehen schien, die Kirche wieder am kirchlichen „Zentrum" Rom auszurichten. Johannes Paul II. und sein Mitstreiter Joseph Ratzinger setzten einen römischen Zentralismus durch, wie ihn selbst das 19. Jahrhundert nicht kannte. Von Exodus war allenfalls noch in dem Sinne die Rede, dass die Kirche sich endlich aus der Verstrickung in theologisch prekäre Aufklärungs- und Demokratisierungs-Plausibilitäten zu lösen, institutionelle Loyalitäten zu freiheitlich-kapitalistischen Denkweisen und Strukturen kritisch zu betrachten und sich so von allem abzuwenden hätte, was ihrem Wesen und ihrer Sendung fremd sei. Entweltlichung und Wiederverwurzelung in der Ursprünglichkeit des Christlichen waren die Stichworte, wobei von vornherein klar war, dass die Wurzeln des Glaubens, derer man sich zu vergewissern hätte, so zu verstehen waren, wie sie „die Kirche" immer schon verstanden habe.[12] Die

---

[11] Vgl. etwa die Dogmatische Konstitution über die Kirche *Lumen Gentium* 9.
[12] Markante Grundlagentexte einer solchen Wiederverwurzelung sind die Jesus-Bücher von Papst Benedikt XVI.: Jesus von Nazareth, 3 Bde., Freiburg i. Br. 2017.

evokative, kirchlich mobilisierende Kraft der Aufbruchs-Metapher schien sich erschöpft zu haben.

Die Exodus-Begeisterung hätte vielleicht tragen können, wenn man theologisch klarer, auch gesellschaftskritischer vor Augen gehabt hätte, wohin der Exodus führen und wovon er befreien sollte. Dazu hat man in den Befreiungstheologien prophetisch-herausfordernde Perspektiven entwickelt, die sich aber kaum gegen das theologisch-kirchliche Besitzstandsdenken des Nordens und des Westens behaupten konnten. Es bleibt abzuwarten, ob die Revitalisierung des Aufbruchs-Motivs durch Papst Franziskus mehr Glaubens- und Kirchen-Motivation wird mobilisieren können oder doch nur eine „idealistische" Alibi-Solidarisierung mit Armen und Ausgeschlossenen hervorruft und mit all dem den kirchlichen Immobilismus nur kurzzeitig verdeckt. Die Aufkündigung der Solidarität mit den Profiteuren der gegenwärtigen Welt- und Natur-Ausbeutung wie der Exodus aus den Arrangements, die den Kirchen eine bis auf weiteres auskömmliche Nischen-Existenz garantiert, würden so einschneidende Opfer fordern, dass kaum abzusehen ist, wie es soweit kommen könnte. Sollten nicht gerade die Kirchen so viel Glaubens-Entschiedenheit inspirieren können, dass es zu dieser wirklich folgenreichen und nicht nur feierlich beschworenen Umkehr kommen kann? Aber woraus könnte sich diese Glaubens-Entschiedenheit speisen? Was wäre ihr ausschlaggebendes – auch den Unterschied ausmachendes – Glaubensmotiv? Gibt es überhaupt eins, das uns aus dem Inneren des Glaubens zugewachsen ist? Müsste es eins geben?

Dahin also ist es mit den Kirchen gekommen: Noch einigermaßen gefragt sind sie als Bundesgenossen; für die „Rechten" bei der Rettung der überlieferten Ehe und Sexualmoral, der Anständigkeits-Werte, einer Lebens-Heimat, in der man sich nicht an allen Ecken und Enden in Frage stellen lassen muss; für die eher Linken bei der Rettung unserer Umwelt wie der Bewahrung einer Menschlichkeit, die sich nicht abwendet, wenn Menschen und Völker mit Krieg überzogen werden oder ökonomisch in ihren Untergang getrieben werden. Will man aber davon sprechen, wie der Glaube es mit Gott oder mit Jesus Christus zu tun bekommt und wie das ein Menschenleben inspiriert und mit der Hoffnung auf ein Leben in Fülle beschenken kann, heißt es eher wie nach der Areopag-Rede des Paulus: Darüber wollen wir dich ein andermal hören (Apg 17,32); nicht jetzt, wo es um Wichtigeres geht. Die gegenwärtigen Kirchen-Skandale tun nun ein Übriges, die Kirchen als Gesprächspartnerinnen, gar als Bundesgenossinnen vollends fragwürdig zu machen. Man will sich nicht mehr gern mit ihnen sehen lassen. Es könnte ja von ihrem höchst fragwürdigen Image etwas auf einen selbst abfärben.

Christinnen und Christen werden gegen die Entwürdigung von Menschen durch einen kirchlich-institutionellen Selbstbehauptungs-Narzissmus das zutiefst Menschliche des Evangeliums herausstellen wollen. Gott und Menschlichkeit gehören unbedingt zusammen. Das kennzeichnet einen Glauben, in dessen Mitte der „gottmenschliche" Messias Jesus steht, er, der Gott zutiefst menschlich gelebt und kommuniziert hat.[13] Aber das heißt ja nicht, dass es selbstverständlich wäre, auf Gott zu sprechen zu kommen, wenn es einem um Menschlichkeit geht. Warum also wäre das *menschlich* wichtig? Hat es – so fragen viele – überhaupt eine humane *Funktion?* Das ist eine theologisch unangenehme Frage. Sollte Gott etwa nur deshalb wichtig sein, weil er eine aufweisbare Funktion für ein gutes Menschenleben hat? Sieht so der viel beschworene theologische Aufbruch nach dem Zweiten Vatikanum aus: Man hebt nun auf die humane Funktion des Gottesglaubens ab und will seine Wahrheit daran festmachen, dass es ohne ihn in den Krisen und Abgründen der postmodernen Menschheit doch „nicht geht"? Ist Gott da nicht zu einer Randbedingung menschlichen Selbstverständnisses geworden?

Man sagt doch auch nicht zur Liebe seines Lebens: Wie gut, dass es dich gibt! Da geht so vieles leichter. Zu zweit ist man eben weniger allein! Das würde sie wohl kaum als Liebes-Erklärung zu schätzen wissen. Und doch kann es – gerade in Krisenzeiten – guttun, sich dessen zu vergewissern, was man an ihr, an ihrer Liebe und an der Liebe zu ihr „hat", was sie einem bedeutet. Es ist alles andere als selbstverständlich und bedarf der Würdigung. Sollte es mit dem Gottesglauben nicht auch so sein: Er bedarf der Würdigung, der Rechenschaft darüber, was er einem bedeutet? Wie er mich hält und aufrichtet, auch beunruhigt, wenn einem die Kirche, ihre Kleinmütigkeit, ihr Versagen niederdrückt, zur Verzweiflung treibt; wenn ich nicht mehr so recht weiß, was ich mit meinem Leben noch anfangen kann?

Was der Glaube *mir* bedeutet: Mache ich mich da mit meinem Glaubens-Bedürfnis nicht zum Maß dessen, was ich und was man *heute noch* glauben kann? Fängt es nicht genau so mit dem Abbruch an, den viele „traditionell" Glaubende in vollem Gange sehen? Es ist ja tatsächlich so, dass einem von allen Seiten der Bescheid gegeben

---

[13] Ich darf pauschal auf mein Buch: Gott-menschlich. Elementare Christologie (Freiburg i. Br. 2016) hinweisen.

wird, *das* könne man heute nicht mehr sagen und glauben. Es folgt dann der wohlmeinende Rat und das Angebot, es sich anders – menschlicher, gesellschaftlich verantwortlicher, auf dem Stand gegenwärtigen wissenschaftlichen Denkens und wohlerwogenen historischen Wissens – zurechtzulegen. Es kann einem mitunter so vorkommen, als sei das unfehlbare Lehramt der Kirche durch viele selbstsicher-unfehlbare Lehrer(innen) abgelöst worden, die es gut mit uns meinen und uns dabei helfen wollen, das Entscheidende des christlichen Glaubens heute so zu verstehen, wie man es im Heute noch leben kann.

Hat man da genug Geduld mit dem überlieferten Glauben? Oder setzt man gegen den Absolutismus eines überaus selbstgewissen Lehramts den Absolutismus der eigenen, unangezweifelt richtigen Interpretation? Wer sich nicht auf das unsichere Terrain miteinander konkurrierender Interpretationen begeben und auf den richtigen Ausgang des Streits zwischen von sich selbst völlig überzeugten Interpreten verlassen will, der mag sich zuletzt doch an ein Lehramt und eine Kirche halten wollen, die mit ihren Vorgaben zuverlässige Orientierung bieten. Es ist nur so: Zu oft haben sie dramatisch danebengelegen; zu oft haben sie disziplinär durchsetzen wollen, was theologisch und menschlich nicht mehr zu halten, gar unverantwortlich war. Zu oft hat man sich mit Unterdrückern und Zynikern gemein gemacht, zuletzt auch gelogen, um sich aus der Verantwortung zu stehlen. Dass man auf der „sicheren Seite" ist, wenn man nur Rom folgt, davon kann man nicht mehr ernsthaft überzeugt sein. Ein Lehramt und eine Kirche, die nicht auf das hören, was man heute gegen die neuscholastisch festgeschriebenen und noch im „Weltkatechismus" von 1993[14] eingeschärften Lehren einzuwenden hat, die sich nicht den Anregungen und Einsichten öffnen, wie sie uns von innerhalb, aber auch von außerhalb der Theologie und der kirchlichen Diskurse erreichen, haben sich ins Belanglosigkeits-Abseits manövriert, auch wenn sie innerkirchlich-disziplinär durchsetzen können, was kaum jemand noch wirklich glaubt: etwa, dass Frauen nicht in der Lage sind, das priesterliche Amt zu übernehmen, und Nichtgeweihte daran gehindert werden müssen, in der sonntäglichen Eucharistiefeier zu predigen; oder dass nur auf heterosexuellen, vom kirchlich vollzogenen Sakrament der Ehe geheiligten Partnerschaften Gottes Segen liegt. Dass man sich da kirchlich nicht einmal mehr Mühe gibt, die Dürftigkeit der hier jeweils vorgebrachten Argumente

---

[14] Katechismus der Katholischen Kirche, dt. München 1993.

irgendwie aufzuhübschen – die vorgetragenen Lehren sollen ja in ihrer Geltung gar nicht von Argumenten abhängig sein[15] –, das zeigt das ganze Elend einer lehramtlichen Strategie, die nicht davon lassen kann, die autoritäre Attitüde als rettende Alternative zur Anpassung an einen nihilistischen Zeitgeist auszugeben.

Was bleibt? Dass man dreierlei versucht und irgendwie zusammenhält: die Solidarität des kirchlichen Miteinanders, auch mit denen, die Kirchen-leitend ihrerseits die Last des Miteinanders tragen; die Geduld mit einer Glaubensüberlieferung, die man nicht immer wieder neu und immer wieder anders auf das zurechtschneiden kann, was die Menschen angeblich heute noch glauben können. Und – gewissermaßen auf der anderen Seite – das sorgfältige Hinschauen auf die Zeichen der Zeit und das Hinhören darauf, wie der Glaube sich verändert, wie er sich im gegenwärtigen Umbruch unserer Kulturen und Selbstverständnisse neu vernehmbar macht und nachvollziehbar zur Sprache gebracht werden kann, was er dann womöglich hinter sich lassen muss, wo die Glaubenden zur Überschreitung herausgefordert sind, weil sich bestimmte Ausprägungen des Glaubens als tief zwiespältig erwiesen haben. Dazu die Entschiedenheit, ein klerikal-feudalistisches Kirchen-Selbstmissverständnis nicht länger hinzunehmen. Ich will versuchen, dieses Zusammenhalten auszuprobieren und darauf zu schauen, wie sich die Rolle der Kirche im Dienst am Glauben-Können der Menschen verändert: welche Aufgaben ihr da zuwachsen und welche Anmaßungen ihr aus der Hand geschlagen werden, wie sie womöglich dahin zurückfinden kann, sich als Dienerin unserer Glaubensfreude zu bewähren. Wer sich von alldem eine Vorstellung machen könnte, wäre ein wenig geduldiger mit der Langwierigkeit der Prozesse, in denen sich Kirche verändert. Er (oder sie) wird aber genug Ungeduld entwickeln mit denen, die sich in die Nische zurückziehen und nur noch für die kleine Herde der radikal und unbeirrt Überzeugten da sein wollen. Sie haben offenkundig wenig verstanden von der Sendung einer Kirche, die in der Spur des „Diakons" Jesus (vgl. Mk 10,44–45) den Menschen das Zeugnis eines befreiten, gotterfüllten, Menschen-zugewandten Lebens geben darf.

---

[15] Die *Instruktion* der Kongregation für die Glaubenslehre *über die kirchliche Berufung des Theologen* vom 24. Mai 1990 sagt in diesem Sinne, „dass die Unterweisung des Lehramtes – dank des göttlichen Beistands – auch abgesehen von der Argumentation gilt, die zuweilen von einer besonderen Theologie übernommen ist, deren sie sich bedient" (Ziffer 34).

2. Zu viel Vergangenheit, zu wenig Zukunft

2.1 Die Übermacht des Vergangenen

Wir kommen von zu viel her und gehen auf zu wenig zu. Wir schleppen zu viel mit und kommen auch deshalb nicht voran. Wir verlieren uns im Streiten darüber, was unverzichtbar ist und was zurückgelassen werden darf, zurückgelassen werden muss, damit wir ein paar Schritte weiterkommen. Der Streit scheint kirchlich ausweglos, unversöhnlich, gerade wenn es in ihm um die verbindliche Überlieferung des unaufgebbar Katholischen und um die konkrete weltkirchliche Verfassung der katholischen Kirche geht. Dass sie in schlechter Verfassung ist, wird kaum jemand bestreiten. Aber soll man sich da nicht selbst-bewusster auf das besinnen, was die eigene Identität ausmacht, auch wenn es von vielen nicht mehr angenommen wird? War es nicht besser um die Kirche bestellt, als man es noch nicht zerredete und zerlegte? Oder kommt es darauf an, die ärgerlich-feudalistische Alltäglichkeit der Kirche in der Selbstdarstellung wie im inneren Machtgefüge und im Denk- bzw. Kommunikationsstil zu überwinden? *Früher war es besser* oder: *Früher war es schon unerträglich; jetzt geht es gar nicht mehr?* Die Kirchen-Gefühle und Glaubenskulturen, die Menschen, die in ihnen zuhause sind, stehen sich unversöhnlich gegenüber. Man wird von einem innerkirchlichen Schisma reden müssen, dessen Dramatik altüberlieferte konfessionelle Differenzen in ihrer Glaubens-Bedeutung bei Weitem übertrifft, zumal es in einen geradezu weltumspannenden Kulturkampf zwischen „Globalisierern" und „Identitär-Autoritären" eingelassen ist. Sind wir in diesen Kulturkampf nicht gerade deshalb hineingezogen, weil uns der Geist und die Sprache einer Verheißung abhandengekommen sind, die so viel größer ist als das in diesem Kulturkampf Umstrittene – so viel größer, weil hier erst Gott ins Spiel kommt?

Die „Neuerer" haben in der Kirche das Problem, dass sie in der kirchlichen Mentalität, die das Katholische auszumachen schien, keine Sprache und keine Ausdrucksmöglichkeiten finden. Katholisch war das, was in der Kirche „immer schon" als das verbindlich zu Glaubende und die Identität des Christlichen – des Katholischen – Ausmachende angesehen wurde: die verbindliche, seit den Anfängen gültige Tradition. „Neuerungen" galten als Häresie-verdächtige Hinzufügungen zum Glaubensgut, als häretische Verkürzung und

Verfälschung dieser Tradition. Das im 5. Jahrhundert verfasste *Commonitorium* des Vinzenz von Lerin definierte das „im wahren und eigentlichen Sinne" Katholische in diesem Sinne als das, „was überall, was immer und was von allen geglaubt wurde" (cap. 2) und „in derselben Lehre, in demselben Sinne und in derselben Bedeutung" festzuhalten ist (cap. 23). Damit folgte es dem schon von Tertullian um 200 ins Feld geführten Präskriptionsargument, wonach im Glauben als wahr anzusehen ist, was *schon immer* zum Christlichen gehört, und als falsch, was nachweislich später in die christliche Lehre eingedrungen ist.[16] Theologie und kirchliche Lehre sollten das Alte bewahren und darüber wachen, dass nichts Glaubens-Wichtiges verlorengeht oder verfälscht wird. Offenbar sollte es eher nicht darum gehen, dem Glauben neue Bedeutungen zu erschließen. Was der für die Glaubenden zu bedeuten hatte, schien durch lehramtliche Vorgaben hinreichend geklärt. An ihnen galt es festzuhalten. Völlig ausgeschlossen schien, dass kirchliche Lehren sich erschöpfen und hochgeschätzte Überlieferungen an ihr Ende kommen könnten, weil sie die Menschen nicht mehr erreichen und in ihrem Glauben stärken.

Die kirchliche Mentalität, die sich da ausprägte, war von der Skepsis vor dem Neuen und der Neuerung beherrscht. Es kommt ja nichts Gutes auf uns zu – außer am Jüngsten Tag, wenn Christus auf uns zukommt. Was „vorher" auf uns zukommt, bringt die Gefahr mit sich, uns von unserer Glaubens-Herkunft, der vom Lehramt garantierten authentischen Glaubens-Weitergabe wegzubringen. Die Glaubens-*Weitergabe* gilt es – so sehen das die „Traditionalisten" – gerade in unseren Zeiten entschieden zu sichern, da sie so oft ins Leere zu gehen scheint, und bei denen, die das ihnen Weitergegebene empfangen und übernehmen sollen, kaum ankommt. Die Metapher der Weitergabe akzentuiert das Bewahren: Man will unverfälscht weitergeben, was man empfangen hat; man möchte, dass die, denen

---

[16] Vgl. Tertullian, De praescriptione haereticorum 31. Bezug genommen ist hier auf das eigentumsrechtlich geltend gemachte Argument der „Ersitzung": Was man alters her als unbestrittenen Besitz innehatte, das darf – so die Rechtsvermutung – auch als rechtmäßig besessen angesehen werden. Eine erst neuerliche Bestreitung dieses Rechtstitels hat da kaum eine Chance auf rechtliche Anerkennung. Auf dieser juristischen Argumentationsschiene kommt Tertullian zu der erstaunlichen, der Kirche als Traditions-Besitzerin in den Mund gelegten „Prozess-Einrede": „Das Besitztum gehört mir! Wie könnt ihr übrigen hier nach eurem Gutdünken säen und weiden? Mein ist das Besitztum, ich besitze es von jeher, ich habe es zuerst besessen, ich habe sichere Übertragungstitel von den ersten Eigentümern selbst, denen die Sache gehört hat. Ich bin Erbe der Apostel!" (Übersetzung nach: Ekklesiologie I. Texte zur Theologie I. Dogmatik, bearbeitet von Peter Neuner, Graz – Wien – Köln 1994, 67f.).

man es gibt, es so empfangen, wie wir es ihnen anvertrauen[17]: den Schatz des Glaubens, das Depositum fidei, das die Kirche überliefert und das man in der Kirche teilen darf. Jede Abweichung vom Überlieferten korrumpiert das Weitergegebene und Empfangene, muss zur Glaubens-Verdünnung, schließlich zur Glaubens-Zersetzung führen.

Diese Eindimensionalität des *Traditions*-Verständnisses ist über Jahrhunderte das Markenzeichen, ja der Markenkern des Christlichen gewesen; sie war schon bei der entschiedenen Abgrenzung vom Judentum in den ersten Jahrhunderten der Kirche im Spiel, als man die Legitimität *seiner* Überlieferung bestritt.[18] Man machte sich anheischig nachzuweisen, dass auch die Juden den Messias Jeus hätten anerkennen müssen, wenn sie ihre eigenen Schriften richtig verstanden und sich dem darin Angekündigten geöffnet hätten. Immer war es dieser Anspruch, mit dem man sich im Streit um den rechten Glauben zu legitimieren suchte: Wir stehen auf der Seite derer, die die getreu von den Anfängen her überlieferte, unverkürzte, richtig verstandene Tradition auf ihrer Seite haben.

So scheint es in vielen religiösen Gemeinschaften und Bewegungen zu sein: Wer die Tradition repräsentiert, ist im Recht. Es kommt dann freilich darauf an, wem es gelingt, sich in der Rolle dessen festzusetzen, der die Tradition repräsentiert. Von Papst Pius IX., dem Papst des Ersten Vatikanums, ist das Wort überliefert: „Die Tradition bin ich".[19] Es spricht unverstellt aus, wohin diese Bewahrens-Kultur in der römisch-katholischen Kirche schon lange unterwegs war: zu einer nicht irrtumsfähigen, für „jedermann" identifizierbaren Institution, die die „richtige", „vollständige" Weitergabe des von Gott den Menschen zu ihrem Heil Anvertrauten feststellt, streng überwacht und sanktioniert. Die Kirche, das ist die Gemeinschaft der glücklich Besitzenden, der *beati possidentes*, die sich dessen sicher sein darf, woraus sie schöpft, um die Menschen glücklich zu machen. So hat sie es zu bewahren und mit Autorität geltend zu machen. Und genau dazu fühlen sich ihre Hierarchen berechtigt und verpflichtet. Dass bei

---

[17] Das Ideal- und Urbild solchen Überlieferns scheint die Weitergabe der Abendmahls-Überlieferung durch Paulus zu sein: „Ich habe vom Herrn empfangen, was ich euch dann überliefert habe" (1 Kor 11,23).

[18] Der vermutlich um die Wende zum 2. Jahrhundert verfasste Barnabasbrief hat schon unverblümt ausgesprochen, dass die jüdische Bibel rechtmäßig den Christen und nicht mehr den Juden gehöre, da diese sich weigerten, sie als Prophetie auf Jesus Christus hin zu verstehen (vgl. 4,6 und 9,6).

[19] Vgl. Hubert Wolf, Der Unfehlbare. Pius IX. und die Erfindung des Katholizismus im 19. Jahrhundert, München 2020, 11–13.

dieser Glaubens-Besitzstands-Ideologie immer mehr zu Floskeln versteinerte, mit welcher Verheißung die Glaubenden auf dem Weg sind, das wurde kaum wahrgenommen oder als Glaubens-Herausforderung angesehen.

Vielfach ist auf den Doppelsinn des lateinischen Wortes *tradere* (griechisch: *paradidonai*) hingewiesen worden, der sich auch im Deutschen *überliefern* noch greifen lässt: tradieren und verraten werden mit diesem einen Wort in eine semantisch wohl nicht zufällige Nachbarschaft gebracht. Die Übersetzungswissenschaft spricht vom Traduttore-traditore-Dilemma und ruft sich so das unabwendbare Drama des Übersetzens ins Bewusstsein: Übersetzen und Tradieren verrät leicht, eigentlich immer, das Tradierte bzw. Übersetzte. Es bleibt ihm oft Entscheidendes schuldig, bleibt aber auch denen, für die es übersetzen und so den Zugang zum Übersetzten eröffnen will, viel, oft zu viel schuldig; es bleibt so oft den Geist, den „Geschmack" des Überlieferten schuldig. Tradieren ist nicht einfach ein Übersetzungsproblem nach dem Schema *Wie finde ich die richtigen Worte in der anderen Sprache?*, sondern eine Inkulturations-Herausforderung mit unabsehbaren Übersetzungsproblemen. Man kann sich nie dessen sicher sein kann, dass es der Über*setzung* einigermaßen gelingt, das „Original", seinen „Geist", seine Herausforderung, in die Zielsprache und in die sich in ihr verständigende Kultur *überzusetzen*. Viel bleibt auf der Strecke; und die Bedeutung des Alt-Überlieferten in der Zielkultur bleibt unterbestimmt, weil es nur unvollkommen gelingt, dem „damals" Gesagten im Kontext des hier und jetzt Gesprochenen und Gelebten eine adäquate *Resonanz* zu schaffen. Viel geht verloren, weil die Übersetzung – das Tradieren – nicht da ankommt und „zündet", wo es die Menschen heute erreichen und ihre ganzmenschliche Aufmerksamkeit wecken könnte.

Das kirchliche Traditionsverständnis weiß so gut wie nichts vom Risiko des Tradierens bzw. es nimmt ganz selbstverständlich eine Sicherungs-Instanz in Anspruch, die es unfehlbar auffängt: Das hierarchische Lehramt soll ja nicht nur das Überlieferte vor Überlieferungsverlusten schützen. Es sieht sich auch in der Lage, darüber zu entscheiden, ob der Übersetzungsvorgang in dem Sinne gelungen ist, dass das zu Übersetzende „originalgetreu" bei denen angekommen ist, denen es übersetzt werden sollte. Es ist die Herrin des Original-Verständnisses, vor dem sich jede Übersetzung zu verantworten, die sie „rüberzubringen" hat. So kommt es ihm zu, im Zweifelsfall über die Original-Treue der Übersetzungen zu entscheiden und „misslungene" Übersetzungen zu verurteilen.[20] Was dabei unter den Tisch fällt: Die Treue zum Original ist das Eine; und sie ist – wie nur ein wenig historische Sorgfalt offenbaren kann – in den Lehren der kirchlichen Autoritäten keineswegs immer gewahrt. Das „Zünden" bei den Adressaten der Übersetzung aber ist das Andere. Und da steht die Frage im Vordergrund, welche Bedeutung das „treu" Überlieferte für sie bekommen kann. Sie sollen es nicht einfach als Abbildung des Originals nachvollziehen; es soll ihnen zudem so nahegebracht werden, dass sie etwas – möglichst das „Richtige" – mit ihm anfangen können. Da kann sich das hierarchische Lehramt natürlich selbst die Kompetenz zuschreiben, den Adressaten vorzugeben, was sie mit dem ihnen Überlieferten anfangen und welche Bedeutung sie ihm geben sollen. Aber dann macht es sich nicht nur zur Herrin des „Original-Sinnes", sondern auch noch zur Herrin dessen, was im Prozess seiner Überlieferung herauskommen muss. Dann misstraut es den schöpferisch-kommunikativen Prozessen, in denen es für die Menschen eine neue Bedeutung oder überhaupt erst Lebens-Bedeutung gewinnen kann. Und genau das ist die kirchliche Erfahrung, die viele Zeitgenoss(inn)en zu dem Urteil führt: Mit dieser Kirche und dem von ihr Verkündeten kann ich nichts mehr anfangen. Das traut sie mir ja auch gar nicht zu, dass *ich* etwas mit ihr *anfange*. Sie ist fertig mit sich und bei sich. So bin ich fertig mit ihr. Ihre Fixierung auf die Tradition macht sie Zukunfts-unfähig, Verheißungs-unfähig, unfähig wahrzunehmen, was aus dem von ihr überlieferten Glauben heute und morgen in uns und durch uns und über uns hinaus werden kann, auf welche Spur in Gottes und der Menschen Zukunft hinein er uns setzt – und was kirchlich am Ende ist. Man reduziert uns auf die Rolle der gehorsam Hinnehmenden, die gar nicht erst versuchen, mit dem existentiell zu „arbeiten", was ihnen überliefert wird. Müssten sich nicht auch die kirchliche Autorität und das hierarchische Lehramt von diesem Nachfolge-Logion Jesu gemeint fühlen: „Keiner, der die Hand an den Pflug legt und zurückschaut, taugt für das Reich Gottes" (Lk 9,62)? Wer sich ins Zurückschauen verliert, wird den

---

[20] Mit solchen Verurteilungen nimmt das hierarchische Lehramt – so die Instruktion über die kirchliche Berufung des Theologen – seine Pflicht wahr, „die Rechte des Volkes Gottes auf den Empfang der Botschaft der Kirche in ihrer Reinheit und Unverkürztheit [zu schützen] damit es also nicht von einer gefährlichen Sondermeinung verwirrt wird" (Ziffer 37). Wenn nun aber das Volk Gottes vom Verhalten und Lehren der höchsten kirchlichen Autoritäten verwirrt und skandalisiert wird? Wäre dann nicht auch die Theologie gefordert, die Authentizität des kirchlichen Zeugnisses einzufordern?

Pflug aus der Furche nehmen. Er (oder sie) wird zu pflügen aufhören. So wird man dem Wort Gottes die Macht nehmen, das festgetretene Erdreich der Selbstverständlichkeiten und Erwartbarkeiten aufzubrechen und den Glaubens-Samen der Verheißung auszusäen, die biblisch den Namen *Gottesherrschaft* trägt.

Da ist kirchlich viel Angst im Spiel. Die wird von den Zeitgenossen immer deutlicher wahrgenommen: Wer weiß, was dabei herauskommen wird, wenn die Kirchenmitglieder sich nicht einfach nur abmelden, weil sie mit dem kirchlich festgeschriebenen Glauben nichts mehr anfangen können, sondern mitreden wollen, wenn es um seine Lebens-Bedeutung im Hier und Jetzt geht! Wer weiß, was passieren wird, wenn man tatsächlich aufzubrechen versucht[21]: sich selbst, die eigenen Selbstverständlichkeiten, mit der Gottes-Verheißung in eine irritierend unsichere, zu wagende Zukunft hinein? Das will man lieber unter Kontrolle behalten und einer klerikalen Elite vorbehalten, die man meint unter Kontrolle behalten zu können. Aber der Zug ist abgefahren. Die hierarchisch gesteuerten Überlieferungs-Prozesse sind nicht mehr sakrosankt, zumal sie ja keineswegs so „Quellen-treu" sind, wie das die Traditionalisten glauben machen wollen. Zu offenkundig sind die Fehlgriffe, die da bis in die Gegenwart hinein vorgekommen sind, zuletzt etwa noch mit der unseligen Pillenenzyklika Pauls VI. *Humanae vitae*. Zu deutlich ist der Verrat in den kirchlichen Überlieferungen und Übersetzungen: der Verrat am widerspenstigen biblischen Glauben, den man kirchlichen Macht- und Selbsterhaltungsinteressen untergeordnet hat und so auch die Kirchenspaltungen mit heraufbeschworen hat; der Verrat am menschlichen Miteinander und Ernstnehmen, der Verrat an den Opfern autoritärer, schließlich auch sexueller Übergriffe. Zu deutlich ist der Verrat an den Glaubenszeugnissen der Bibel und der Überlieferung, die man sich immer wieder so zurechtinterpretierte, wie man sie brauchte; zu deutlich auch der Verrat am Glaubensbewusstsein der Gläubigen, die selbst etwas anfangen wollen mit ihrem Glauben, und die man in die Gefahr bringt, sich im Glauben zu erschöpfen, wenn man sie dabei nur „zurückpfeift" und zur Ordnung ruft. Zu deutlich ist der Verrat an der Verheißung, die die Kirche doch unter den Menschen lebendig erhalten sollte.

Weil Überliefern auch Verraten bedeutet, braucht es die Überlieferungskritik. Weil das Überliefern darauf abzielen muss, die Men-

---

[21] Vgl. die anrührende Wahrnehmung des Aufbrechen-Müssens und Aufbrechen-Dürfens bei Dorothea Sattler, Aufgebrochen. Theologische Beiträge, Mainz 2001.

schen zu erreichen und zu einem selbst verantworteten, existentiell durchlebten Glauben herauszufordern, braucht es das Wahrnehmen und Ernstnehmen der Erfahrungen und Herausforderungen, denen die Menschen sich heute ausgesetzt sehen und in denen ihr Glaube Gestalt gewinnt. Überliefern muss auf das *Teilnehmen und Einbeziehen* abzielen: darauf, dass die Menschen, bei denen das Überliefern ankommen soll, sich beim Verstehen des Überlieferten einbringen, dass sie selbst zu Zeugen dessen werden, was sie hier berührt und herausfordert; darauf, dass die Überlieferung in ihnen und durch sie zum lebendigen Ereignis wird und „weitergeht". Dass sie dabei auch Gefahr läuft, missverstanden, mitunter sogar missbraucht zu werden, liegt freilich auf der Hand.

Diese Gefahr gilt es nicht von vornherein autoritär „auszuschalten". Sonst schaltet man die lebendige Überlieferung selbst aus und ermächtigt man die kirchliche Autorität selbst zu jeglichem Missbrauch der Glaubensüberlieferungen. Es gilt vielmehr, das Verrats-Risiko *auf allen Seiten* im Blick zu behalten und anzusprechen. Die kirchlichen Oberen haben die Autorität verloren, sich hier als von der Gemeinschaft der Glaubenden unabhängige, unfehlbare Kontrolleure aufzuspielen, weil sie weit über die Verfallszeit feudaler Ansprüche hinaus autoritär – anti-partizipativ – auftraten. Sie müssen nun mit dem Verdacht leben, dass es ihnen oft eher darum geht, ihre Autorität zu retten oder zurückzuerlangen[22] als der Herausforderung des weiß Gott nicht Autoritäts-scheuen Paulus zu folgen: sich nicht als Herren unseres Glaubens, sondern als Diener unserer Freude zu bewähren (vgl. 2 Kor 1,24) – und sich selber daran zu freuen, dass Menschen auf je ihre Weise an der Überlieferung des Glaubens teilnehmen. Aber das Misstrauen gegen das Partizipationsverlangen all derer, die den Glauben leben und so bezeugen wollen, wie sie aus ihm leben können, gehört irgendwie in die DNA der römischen Kirche.

---

[22] Ein geradezu jämmerliches Beispiel führt das Minderheitsvotum der Expertenkommission zu Fragen der Empfängnisverhütung vor Augen, dem Papst Paul VI. in der Enzyklika *Humanae vitae* gefolgt ist. Hier wird unverhohlen so argumentiert: „Wenn jetzt zugegeben würde, dass die überkommene Lehre nicht länger von Gültigkeit wäre, eine Lehre, die bis in die allerjüngsten Jahre mit immer eindringlicherem Ernst verkündet und versichert wurde, dann muss stark befürchtet werden, dass ihre Autorität [die Autorität der Kirche bzw. genauer des hierarchischen Lehramts] in beinahe allen sittlichen und dogmatischen Fragen geschädigt wird". Man müsste ja zugeben, dass eine Lehrentscheidung der anglikanischen Kirche von der Enzyklika *Casti connubii* vom 31. Dezember 1930 zu Unrecht verurteilt worden sei und das Lehramt den Gläubigen ungerechtfertigt schwere Lasten auferlegt habe; der Text ist veröffentlicht in Herder Korrespondenz 21 (1967), 429–438, hier 438.

Partizipation hat sie anders verstanden, etwa so: Sie selbst hat ursprünglich und privilegiert Anteil an dem, was sie an andere und für alle Zeiten weiterzugeben beauftragt ist.[23]

2.2 Partizipation?

Wie einseitig das hierarchische Partizipationsverständnis ist, wird man schon bei einem Blick ins Neue Testament nachvollziehen können. Da begegnet der für Paulus zentrale Begriff der Koinonia (lateinisch participatio), der sich hier zuerst auf die Christusteilhabe, das Teilnehmen an seinem Weg durch den Tod in die Auferstehungswirklichkeit bezieht (vgl. Röm 6, 3–11). Diese Teilhabe geschieht in der Feier der Mysterien: in der Taufe, die die Getauften mit Christus „zusammenpflanzt"; im Herrenmahl, in dem das Gliedsein am Leib Christi erneuert wird und zur Lebens-, zur Gemeindewirklichkeit werden soll. *Teilhabe am Christussein* ist darüber hinaus Lebens-prägendes Teilnehmen an seiner Sendung, an seinem Geist, seiner Leidenschaft. Dafür ist den Glaubenden Gottes Geist mitgeteilt. Durch ihn wird der erhöhte Christus in den Gliedern seines Leibes und in ihrem Miteinander lebendig, so dass alle zu Zeugen seiner Herrlichkeit werden. Sie leben der Welt vor, wohin die endzeitliche Pessach-Gemeinde aufgebrochen ist, um dem in Christus zugänglich gewordenen Leben in Fülle entgegenzugehen.

Im konkreten Gemeindealltag mögen zu Anfang die Erfahrungen jüdisch-synagogaler Teilhabeformen und der jüdischen Familienfrömmigkeit prägend gewesen sein: die aktive Teilhabe aller Erwachsener – zugegeben: vor allem der Männer – am Gottesdienst, am Gebet, an der Auslegung der Tora und der Propheten; die Familienliturgien und die in sie eingebrachten Unterweisungen. Auch der Ausfall spezifisch priesterlicher Weisen des Dienstes an der Ge-

---

[23] Das ist der Anspruch des hierarchischen Lehramts: Wir bringen die Ursprungszeugnisse des Glaubens so zur Geltung, wie sie „ursprünglich" gemeint sind und tilgen so den geschichtlich immensen Abstand zu ihnen. Nun hat aber das historische Bewusstsein gelehrt, dass es – nach einem Wort von Stefan Rebenich – nicht darum gehen kann, den Abstand zur Vergangenheit aufzuheben, sondern ihn „auszufüllen" (zitiert in Johan Schloemanns Rezension seines Buches: Die Deutschen und ihre Antike. Eine wechselvolle Beziehung, Stuttgart 2021, in: Süddeutsche Zeitung Nr. 277 vom 30. November 2021, Literatur Sachbuch, S. 39). Theologisch gesprochen: Es geht darum, diesen Raum aufzufüllen mit Zeugnisgestalten, an denen die Bedeutung des „Damals" aufleuchten und zugänglich werden kann. Das Lehramt neigt dazu, diesen Raum zu negieren oder aber ihn selbst aufzufüllen.

meinschaft des Gottesvolkes nach der Zerstörung des Jerusalemer Tempels hat im Christentum prägende Bedeutung gehabt. Je länger desto deutlicher kam es aber zu einem Revival priesterlicher Vermittlungsformen und Vermittlungsgestalten: Der Bischof tritt in vielen Regionen und Gemeinden in den Mittelpunkt – mit dem Anspruch, aufgrund seiner Weihe-Vollmacht die Christus-Teilhabe kultisch zu vermitteln und das In-Christus-Sein der Kirche durch seine Leitungsvollmacht zu sichern: „Wo der Bischof ist, da ist die Kirche", da ist die richtige Überlieferung; so kann hörte man es bei *Cyprian von Karthago* im 3. Jahrhundert. Als höchste Steigerung dieses Konzepts kann die gegen Ende des 5. Jahrhunderts in der Spur der neuplatonischen Denker Plotin und Proklos ausformulierte Hierarchien-Lehre des *Dionysius Areopagita* angesehen werden. Nach ihr erreicht die göttliche Heiligungsgnade die einfachen Gläubigen über die vorrangig begnadeten, dem Göttlich-Einen am Nächsten stehenden Hierarchen. Bei ihnen ist die Fülle. Sie sind es, die sie – schon „verdünnt" – an die Ungeweihten weitervermitteln. Ihnen ist die göttliche Vollmacht mitgeteilt, die Menschen zu heiligen, indem sie den getauften Ungeweihten mit ihrer Weihe- und Konsekrationsgewalt den Weg zur Einung mit dem Göttlichen bahnen.

Gesellschaftliche Differenzierungsprozesse und eklatanter Machtmissbrauch in absolutistischen Systemen, eben auch in dem der römischen Kirche, setzten zu Beginn der Neuzeit eine „Zähmung" weltlicher wie kirchlicher Machtansprüche durch Begrenzung von Machtmonopolen auf die Tagesordnung. Im politisch-gesellschaftlichen, seltener im kirchlichen Bereich, bildeten sich Mechanismen gemeinschaftlicher Kontrolle heraus, welche die Verfügungsgewalt über Ressourcen und Entscheidungskompetenzen unter möglichst vielen (Mit-)Entscheidungs- und Mitnutzungsberechtigten aufteilten, so dass sich niemand zu viel „herausnimmt": Es entstand eine kooperative Praxis, ja ein Zwang zur Kooperation, damit man handlungsfähig bleibt. Partizipation wird von denen eingefordert, die als Kooperationspartner bisher unberücksichtigt geblieben sind. Sie wollen wahrgenommen werden: partizipieren, einbezogen werden, teilnehmen an der Verfügung über materielle, ideelle und Entscheidungsressourcen. Sie wollen ihre Interessen bei der Nutzung dieser Ressourcen nicht länger missachtet sehen.

Die katholische Kirche hat solche Partizipationsforderungen als kirchenfeindliche Demokratisierungsideologie verdächtigt. Innerkirchlich habe das keine legitime Bedeutung. Hier gehe es nicht um Zwangsgewalt und deren demokratische Zähmung, sondern um geheiligte geistliche Vollmacht, die allein dazu diene, die Gläubigen an den von den Hierarchen ausgeteilten *geistlichen* Reichtümern teilhaben zu lassen. Bis in die Gegenwart hinein versucht man, den sakralen Partizipationsgedanken in der Spur der Dionysius gegen die Partizipationsforderungen der Moderne auszuspielen und letztere zu delegitimieren: Nur die ambivalente weltliche Macht müsse gezähmt werden. Kirchlich-hierarchische Vollmacht muss sich ungehemmt auswirken dürfen, damit die Menschen Zugang finden zu dem, was sie rettet und heiligt.

Diese hierarchische Ekklesiologie und das mit ihr eng verbundene feudalistische Von-oben-nach-unten-Denken haben keinen Sensus für die kirchliche Bedeutung einer neuzeitlich verstandenen und eingeklagten *Participatio von unten*, in der die folgenreiche Mitbeteiligung der „einfachen Gemeindemitglieder" zu ihrem Recht käme und sie verantwortlich aus dem – mit dem – leben könnten, was ihnen als kirchliches Glaubensgut überliefert wird. Wo aber ein *neuzeitlich-partizipatives* Kirchenverständnis entwickelt wurde wie auf der reformatorischen Linken, besonders ausgeprägt im Kongregationalismus, da konnte sich auch die Ressourcen-Vergessenheit neuzeitlichen Partizipationsdenkens breit machen. Wenn es in der Partizipation am Glaubensgut vorrangig um Berechtigungen und den Ausgleich unterschiedlicher Partizipations-Interessen ginge, geriete in den Schatten, dass die geistliche Ressource „Christuspartizipation und Christusnachfolge im Heiligen Geist" keinem formal-gleichberechtigten Zugriff unterliegt, sondern in einer Existenz-bestimmenden *Teilnahme* am Weg Jesu „genutzt" werden will, dass sie deshalb auf das Offenhalten dieses Weges, auf die Rückbindung an die Quellen kirchlichen Glaubens angewiesen ist – und dass dafür der entsprechend beauftragte Dienst in der Kirche Sorge zu tragen hat.

Lässt sich die Spannung zwischen hierarchisch-sakraler Partizipations-Idee und neuzeitlichem Beteiligungs-Denken in ein besseres Verhältnis bringen, als es diese gegenläufigen Entwicklungen in der Neuzeit vor Augen führen? Man müsste den Partizipationsgedanken theologischer und biblischer bedenken. Vielleicht hätte auch die römische Kirche dann die Chance, sich dem neuzeitlichen Partizipationsdenken nicht nur „an den Rändern", sondern in ihrem Selbstverständnis und in ihrer Traditions-Praxis zu öffnen. Vielleicht käme sie dann los von einem feudalistisch zurechtfrisierten *Immer schon*, das für das Wesen des Katholischen, der Kirche und ihrer Ämter stehen soll.

2.3 Anteil haben, teilen

Koinonia kennzeichnet neutestamentlich und theologisch-elementar das Gott-Mensch-Verhältnis: Gott nimmt in seinem Christus teil am Menschenleben: nicht um es zu dominieren, sondern um es solidarisch zu teilen. So kann er uns teilhaben lassen am göttlichen Leben, das für die Menschen *Leben in Fülle* bedeutet. So fordert er dazu heraus, an seinem Leben teilzunehmen, das sein Geist in uns lebendig macht. Gott nimmt an meinem (unserem) Leben teil, damit wir teilnahmefähig werden und herausfinden, was es bedeutet, an seinem Leben teilzunehmen – wie das Leben in unser Leben bringt. Jesus Christus ist der, dessen Menschsein Gottes Teilnahme lebt und zugleich bezeugt, wie Gott sich im Leben seines Sohnes ins Menschsein „involvieren" lässt.[24] In der Spur des Menschensohns erfahren wir die Herausforderung, an Gott und seinem Leben teilzunehmen. Der Heilige Geist schenkt dieses Einbezogen-Werden; er bringt das göttliche Leben in unser Leben, sodass wir an ihm teilnehmen können.

Das ist das theologisch Entscheidende. In der Kirche geht es eigentlich „nur" um den Dienst am welthaft-kirchlichen Wirklich-Werden des Elementaren, darum, dass wir das theologisch Elementare miteinander leben und in Gemeinschaft gestalten. Es müsste in diesem Sinne ausgeschlossen sein, dass Selbstvollzüge von Kirche partizipationsfeindlich ausgestaltet werden. Kirche ist ein Partizipationsgeschehen, das alle dafür gewinnen will, Teilnehmer und „Teilhaber" – Mit-Erben der Gottesherrschaft, des „ewigen Lebens" (Röm 8,17; Gal 4,7; Tit 3,7) – zu werden. Nur wenn Kirche selbst Partizipation, Einbeziehung, lebt, kann sie zur Zeugin für einen Gott werden, der teilnimmt und die Menschen zum Teilhaben an diesem „Erbe" beruft; kann sie ein Erbe bezeugen, das die Menschen nicht ausschlagen sollten; kann sie im Sinne des Apostolischen Schreibens *Evangelii Gaudium* glaubwürdig Zeugnis ablegen gegen eine Kultur der Marginalisierung und Partizipationsfeindlichkeit in Politik und Ökonomie, die ganze Weltregionen dem Elend preisgibt und Menschen von den Quellen eines menschenwürdigen Lebens fernhält. Nur dann könnte sie Akteurin einer Diakonie werden, die es als ihre zentrale Berufung ansieht, an der Ermöglichung mitmenschlicher,

---

[24] Ich nehme hier eine Metapher des evangelischen Alttestamentlers Bernd Janowski auf; vgl. von ihm: Ein Gott der Gewalt? Perspektiven des Alten Testaments, in: I. Müllner – L. Schwienhorst-Schönberger – R. Scoralick (Hg.), Gottes Name(n). Zum Gedenken an Erich Zenger, Freiburg i. Br. 2012, 11–33, hierzu 27.

religiöser, gesellschaftlicher, politischer und ökonomischer Partizipation mitzuarbeiten.

Was uns im Miteinander gegeben ist und keiner (keinem) für sich allein: Jesus Christus, der Weg in Wahrheit zu einem Leben in Fülle, der Geist, der uns inspiriert, diesen Weg zu finden und zu gehen. Was uns gegeben ist, ist uns gegeben, um es zu teilen, einander teilhaben zu lassen an dem, was gerade mir und dir gegeben ist – und was mir gerade jetzt fehlt und du für mich bereithältst; damit wir es in Kirche und als Kirche teilen. Unsere Gaben sind uns für die Anderen gegeben. Unser Zeugnis ist uns möglich, weil sich uns mitgeteilt hat, was wir bezeugen. Und es ist – mitunter – gefordert, weil andere darauf angewiesen sind. Der Heilige Geist weckt in uns, was wir bezeugen können, damit es anderen dient; er macht es in uns lebendig, damit es in der Gemeinde wirkt, was der Gottesgeist in ihr wirken will: den Mut, die in Jesus Christus Mensch gewordene Verheißung zu glauben und die Freude daran, an seinem Weg teilzunehmen; eine lebendige Hoffnung, Versöhnung und das Lieben-Können, wo es einem schwer wird; die Entschiedenheit im Einsatz dafür, dass Gottes guter Wille geschieht und gegen das Böse Raum gewinnt. Wie oft bin ich darauf angewiesen, dass andere mir zu Zeugen werden und mit mir teilen, was ihnen aus dem Geist möglich wurde. Mitunter – meist weiß ich es nicht einmal – bin ich selbst das lebendige Instrument, durch das der Gottesgeist der Not meines Gefährten, meiner Gefährtin zu Hilfe kommt.

Das alles ist im Glauben und in der Gemeinschaft der Glaubenden alltäglich-selbstverständlich. Und doch ist es das, was die Gemeinde zu einer Gemeinschaft der Glaubenden zusammenführt. Paulus legt es im Bild der Gemeinde als Leib-Zusammenhang der *Charismen* aus (vgl. 1 Kor 12). Das Faszinierende an diesem Bild ist, dass die Charismen in der Gemeinde einander nicht deshalb dienen können, weil sie einander gleichen, sondern gerade deshalb, weil sie unterschiedlich sind. Sie verdoppeln einander nicht, sondern können einander mit dem zu Hilfe kommen können, was den jeweils Anderen nicht in gleicher Weise gegeben ist, worauf sie deshalb angewiesen sind. Das *Geheimnis der Partizipation* liegt gerade darin: Nicht jedem und jeder ist alles gegeben, auch den Amtsträgern nicht; so ist jede(r) geistlich und kirchlich elementar auf das angewiesen, was er nicht hat, aber bei anderen finden kann.[25]

---

[25] In Röm 12, 3–8, der Parallelstelle zu 1 Kor 12, wird dieser Participatio-Gedanke noch

Mitmenschlich ist das leicht zu beherzigen: *Partizipation bedeutet Selbstrelativierung.* Teilnehmen heißt realisieren, dass man auf andere und auf das, was sie einbringen können, angewiesen ist, und dass man sich so einzubringen hat, dass es anderen dient. Man denke an ein Familiengefüge. Ekklesiologisch ist das aber nicht im Geringsten eingeholt: dass die unendliche Verschiedenheit der Charismen die Gemeinde aufbaut, weil unterschiedlich Begabte einander elementar hilfreich sein können. Wenn wir einander nur verdoppelten oder vervielfachten, käme es nicht gerade auf mich und auf dich an; käme es immer wieder neu zur Konkurrenz um das Bessersein in dem, was wir alle sein wollen. Es kommt aber ekklesiologisch gerade auf dich und auch mich an: *weil Gott sich in seinem Geist dadurch mitteilt, dass wir ihn teilen,* dass wir einander an unseren Erfahrungen, unserem Zeugnis Anteil geben und uns auf die Erfahrungen und Zeugnisse der anderen verwiesen sehen, an ihnen teilnehmen dürfen.

Dieses Gegeben-Werden des Geistes zum Miteinander-Teilen wird durch die Participatio-Vorstellung im Hierarchie-Gedanken des Dionysius Areopagita ins Abseits gedrängt. Danach ist es so, dass die Hierarchen nicht zum Teilen eingesetzt sind, sondern zum Austeilen. Sinnenfälliges Urbild ist die Kommunion-Austeilung. Die Geweihten haben die eucharistischen Gaben konsekriert; jetzt teilen sie aus, was durch ihre Hände göttliche Materie geworden ist. Wir Ungeweihte sind nur Empfänger. Aber in Wirklichkeit – und mit Paulus gedacht – *teilen* wir das Brot, teilt es sich im Gebrochenwerden unter uns auf. Die Priester sind nicht Herren des Vorgangs, sondern Diener des Teilens[26], die den Geist auf die Gaben herabrufen, damit sie uns Leib Christi und Kelch des Heiles werden: Diener *Seiner* Selbstmitteilung und unseres Miteinander-Teilens, das uns möglich wird, da er sich als der vielfach Gebrochene an uns austeilt.

Die hierarchisch-sakrale Partizipations-Ideologie des Dionysius identifiziert die (das Sakrament) Austeilenden weitgehend mit dem darin sich Austeilenden. Die Nichtgeweihten empfangen diesen durch die Vermittlung und die hierarchische Vollmacht des Austeilenden. Partizipation gilt primär, fast exklusiv, als Partizipation der Hierarchen an Christus. Die geben das Empfangene weiter, damit wir Laien in freilich abgeschwächter Weise daran teilhaben. Diese Ek-

---

intensiviert, wenn davon die Rede ist, dass die Vielen, die in Christus ein Leib sind, „einander [oder aufeinander hin] Glieder" sind.

[26] Da gilt nicht die Herrscher-„Weisheit" *Divide et impera,* sondern die elementare Glaubensweisheit: Teile – und herrsche *nicht!* (Hanns Dieter Hüsch).

klesiologie hatte die fatale Tendenz zu einer Verabsolutierung des hierarchischen Amtes in der Kirche; die Hierarchen repräsentieren hier ja den Absoluten. Die Selbstrelativierung zum *Servus servorum Dei* blieb über lange Jahrhunderte eine fast schon zynisch gebrauchte Selbst-Legitimationsfigur. Diese Tendenz ist in der römischen Kirche allenfalls ansatzweise überwunden. Sie verhindert immer noch ganz konkret, dass Kirche als Gemeinschaft derer verstanden wird, die miteinander teilen, was ihnen in Jesus Christus als Leben aus dem Geist mitgeteilt ist. Das Zweite Vatikanum hat versucht, über diese Sicht hinauszudenken, aber es ist dabei – vielleicht mit Ausnahme der Pastoralkonstitution *Gaudium et spes* – nicht weit gekommen. Zu groß ist die Angst davor, etwas von dem „abgeben" zu müssen, was nach ihrer Sicht der Kirche den Wesensunterschied zwischen Geweihten und Laien ausmachen muss. Es muss doch gewährleistet sein, dass der Kirche das für sie Wesentliche „von oben" – von Gott durch die Hierarchen – zukommt, dass es also nicht, wie es für die Demokratie wesentlich ist, durch die Willensbildung des „Volkes" konstituiert und „nach oben" delegiert wird.

2.4 Demokratisierung!?

Der römische Affekt gegen das, was man in Traditionalistenkreisen Demokratisierung nennt und für die Kirche vehement ablehnt, beruht auf einem abgründigen Missverständnis von moderner Demokratie. Man legt sie auf die Idealisierung „von unten nach oben" fest: Alle Macht geht vom Volk aus. Dann müsste theologisch-ekklesiologisch klargestellt werden: Alle (geistliche) Vollmacht geht von Gott aus und wird von denen ausgeübt, die legitim in die besondere Amtsnachfolge Jesu Christi eingesetzt sind. Diese verhängnisvoll falsch konstruierte Alternative hat in der Kirche viel Schaden angerichtet. Es ist Zeit, dass man über sie hinauskommt. Auch in der Demokratie gibt es das Unverhandelbare. Es ist nach Maßgabe einer durch unabweisbare Argumente evaluierten Einsicht *in sich* und nicht aufgrund der Zustimmung von Mehrheiten gültig. Zu nennen wären die Menschen- und Grundrechte, die Macht- und Gewaltenteilung. Das ist das, was die „Substanz" eines demokratischen Zusammenlebens ausmacht und gesellschaftlich lebendig erhalten werden muss. Hier ist der Einsatz aller gefordert und das „Charisma" derer unersetzlich, die lebendig und zugänglich halten können, wovon Gesellschaft und Staatswesen leben.[27] Die leben von einem „Geist", einer Motivation und einem Einsatz, den sie nicht mit eigenen Mitteln hervorbringen können, aber ermöglichen und schützen müssen. Da zeigt sich eine deutliche Strukturparallele zur Schrift- und Überlieferungsgebundenheit der Kirche, auch wenn es kirchlich besonderer Dienste und Einrichtungen bedarf, den Geist, aus dem Kirche lebt, und die kirchliche Identität, die sich auf ihn gründen dürfte, zu wahren und jeweils neu zur Geltung zu bringen.

Es gibt in der Kirche wie im demokratisch verfassten Staat Gegebenheiten und Herausforderungen, die nicht zur Disposition stehen und nicht alternativ – nach Maßgabe einer Stimmenmehrheit – entschieden werden können. Aber es gibt in der Kirche wie in staatlichen Entscheidungsprozessen auch Fragen, in denen mehrere legitime Entscheidungsmöglichkeiten offenstehen und in denen Neues ausprobiert werden könnte. In solchen Fragen ist theologisch-prinzipiell die Teilhabe des „Kirchenvolks" an Entscheidungsprozessen und seine folgenreiche Mitwirkung an der Entscheidungsfindung denkbar, oft sogar erfordert. Die Partizipationsforderung im Blick auf solche Fragen wird häufig pauschal als Kirchen-unverträgliche Demokratisierung abgetan. Dabei ist mehr Machterhaltungs-Ideologie als Theologie im Spiel.

Über solchen Strukturfragen darf kirchlich nicht vergessen werden, was zunehmend auch gesellschaftlich und politisch ins Blickfeld tritt: die Sicherung der geistlichen und materiellen Ressourcen, ihrer Lebensdienlichkeit und ihrer Zugänglichkeit. Es geht nicht nur darum, was an Partizipationsmöglichkeiten erreicht oder an Mitbestimmung erkämpft und gesichert werden kann. Es geht entscheidend darum, wie Partizipation sachgerecht – ressourcengerecht – *ermöglicht* werden kann:
- wie es zur Teilnahme an dem Geist kommen kann, aus dem wir leben und unseren Weg als Christen suchen;
- wie die Sensibilität dafür stimuliert werden kann, was dieser Geist aufschließt und mitunter verbietet, wohin er führt und vor welche Entscheidungen er hier und heute stellt;
- wie die Kompetenz dafür ausgebildet werden kann, die Quellen des Glaubens immer wieder neu so zu erschließen, dass sie heute inspirieren und ermutigen können;

---

[27] Es sind natürlich auch juridische Sicherungen und Institutionen wie das Bundesverfassungsgericht nötig, damit diese Basis unseres Zusammenlebens hinreichend geschützt bleibt.

- wie die verschiedenen Zeugnisse füreinander fruchtbar werden können, damit geteilt werde, was in ihnen bezeugt wird – und es nicht zum Gegenstand von Auseinandersetzungen und Machtkämpfen wird, was sie uns zugänglich machen könnten.

Hier kommt die Berufung des kirchlichen Amtes der Geweihten neu in den Blick, ihre Verantwortung dafür, Gemeinden und Kirchen zu leiten, ihr Dienst, Menschen in das einzubeziehen, was der Gemeinschaft der Glaubenden und nach dem Glauben Suchenden mitgegeben ist und zugänglich bleiben muss. Das wäre eine *Empowerment-Berufung*, die den Menschen Teilhabe ermöglicht und sie dafür stärkt, Partizipation wahrzunehmen; die Berufung dazu, Begabungen zu erkennen, herauszufordern und zu stärken, auf sie nicht nur dann zurückzugreifen, wo es um lästige Aufgaben geht, die man sich lieber vom Leib hält. Empowerment-Berufung auch darin, dass man sich gefordert weiß, die unterschiedlichen Weisen des Teilnehmens „beieinander zu halten" und bei dem zu halten, woraus alle schöpfen und leben dürfen. Und schließlich Berufung zum geistlich-sakramentalen Empowerment: dafür, das Menschen aus den Quellen des Glaubens zur Christus-Nachfolge gestärkt werden

Auch diese Empowerment-Berufung zur Einbeziehung ist den Geweihten nicht exklusiv vorbehalten ist. Es hat keine Zukunft, klerikale Vorrechte narzisstisch-eifersüchtig zu verteidigen, damit Weiheämter und der damit verknüpfte Pflichtzölibat – für welche Klientel auch immer – noch einigermaßen attraktiv bleiben.[28] Es hat keine Zukunft, sich damit zu begnügen, auf die „ungebrochene", in die Anfänge zurückreichende Tradition zu pochen, wenn es darum geht, nach neuen Verwirklichungs-Gestalten von Kirche zu suchen, die den Quellen christlichen Glaubens ebenso entsprechen würde wie sie heute dringlichen Herausforderungen Raum gäbe. Da monopolisiert man das eigene Verständnis dieser Quellen und verweigert den heute Glaubenden die Partizipation: ihr Teilnehmen am Neu- und Zukunftsfähig-Werden von Glauben und Kirche; ihr Einbezogen-Wer-

---

[28] Dieses Motiv kommt in lehramtlichen Texten unverhohlen zum Ausdruck, die das gemeinsame Priestertum der Gläubigen deutlicher vom Priestertum der Geweihten absetzen wollen, so etwa durch das Verbot der Laien-Homilie in der sonntäglichen Eucharistiefeier. Wenn es hier zu Unklarheiten kommt, führt das – so befürchtet man – „unter anderem zu einem Rückgang der Kandidaten für das Priestertum und verdunkelt die besondere Stellung des Seminars als typischen Ort für die Ausbildung der geistlichen Amtsträger" (*Instruktion zu einigen Fragen über die Mitarbeit der Laien am Dienst der Priester* vom 15. August 1997, Ziffer 2).

den in das, was Kirche ausmacht und wozu sie berufen ist: teilzunehmen an der Verheißung, das Geschehen des guten Willens Gottes in dieser Welt und noch über sie hinaus bezeugen zu dürfen. Wenn sich die Berufung auf den „Stifterwillen" Jesu Christi dann noch als Fiktion erweist und den Blick freigibt auf die „dahinter liegenden" Motive, etwa auf sexistische Männlichkeits-Bilder, nach denen die zum gehorsamen Empfangen berufenen Frauen nicht Jesus Christus, den Mann, repräsentieren könnten, dann entlarvt sich der Anspruch, das von Jesus Christus her in der Kirche Gelten-Müssende zu schützen, als androzentrische Kirchen-Ideologie.

Die römisch-katholische Kirche steht vor der für sie ungewohnten, aber nicht länger zu umgehenden Aufgabe, die Glaubensüberlieferung *schöpferisch* aufzunehmen und fortzuführen. Tradition ist partizipativ zu praktizieren. Sie wird lebendig, wenn Menschen und Kulturen sich in sie einbringen, an ihr teilnehmen und den maßgebenden Zeugnissen der Überlieferung die Teilnahme an den eigenen Selbstverständigungs-Versuchen im Glauben gewähren. Tradition und je neue Inkulturierung schließen einander nicht aus, sondern ein. Ernstnehmen der Überlieferung bedeutet, ihr heute eine Sprache und eine Glaubens-Bedeutung zu geben – und auch das Risiko einzugehen, „Übersetzungs"-Fehler zu machen, sie nicht so anzueignen und auszuschöpfen, wie es heute an sich möglich und womöglich weiterführend wäre. Es kann auch einschließen, von „Traditionen" Abschied zu nehmen, deren Fortgeltung theologisch-vernünftig nicht mehr zu verantworten und deren Zusammenhang mit den grundlegenden biblischen Überlieferungen nicht mehr erkennbar ist. Vielleicht darf man da von den Chancen eines schöpferischen Vergessens sprechen und daran erinnern, wie viel an Irrungen und Wirrungen das soziale Gedächtnis der Kirche schon vergessen musste, um sich seiner Kontinuität zu vergewissern.[29] Das kirchliche Lehramt ist hier durchaus gefordert, Korrekturen anzumahnen und Vergessenes neu

---

[29] Michael Seewald spricht vom „Obliviszierungsmodus" kirchlichen Lehrens (ders., Reform. Dieselbe Kirche anders denken, 87–96). Man „vergisst" mehr oder weniger bewusst, was man gelehrt hat, einem nun aber bis in die höchsten Ränge der Kirche peinlich geworden ist. Ein Musterbeispiel dafür mag die Lehre von der Hierarchie in der Ehe sein. Der „ordo amoris" umfasst – wie die Enzyklika *Casti connubii* vom 31. Dezember 1930 mit Berufung auf Eph 5,22f.) einschärft – „sowohl den Vorrang des Mannes gegenüber der Gattin und den Kindern als auch die freiwillige und nicht widerwillige Unterwerfung und Folgsamkeit der Gattin" (DH 3709). Wer weiß, was die katholische Kirche und Hierarchie noch alles vergessen müsste, wenn man die Scham über den höchst prekären Reichtum der eigenen Tradition zuließe – und was dabei an als Glaubens-Reichtum neu zu entdecken wäre.

einzubringen. Aber das scheinbar geringste Risiko, es so zu sagen, wie man es „immer sagte" und keine größeren Veränderungen zu riskieren, damit nichts Wichtiges verlorengeht, ist heute das größte Risiko. Mit ihm setzt man die Zukunftsfähigkeit der Glaubensüberlieferung aufs Spiel, die Zukunftsfähigkeit auch der sakramentalen Struktur der Kirche und ihrer Ämter. Die Einsicht in das geschichtliche Geworden-Sein der Kirche, in dramatische Veränderungen des Glaubensbewusstseins über die Jahrhunderte hinweg, könnte den Weg dafür bahnen, dass man die Transformationsfähigkeit von Glauben und Kirche ernster nimmt. Immer schon haben sie mehr oder weniger geglückte Transformationen durchgemacht; das kirchliche *Schon Immer, auf gleiche Weise und in gleichem Sinne* ist eine Chimäre. Wer das deutlicher sieht, müsste einräumen, dass in den unausweichlichen Veränderungsprozessen und bei dem Versuch, in ihnen die Sendung und die Verkündigung der Kirche neu ernst zu nehmen, viel mehr Partizipation sein muss, sein kann; der würde auch sehen, wie die Kirche ihre Zukunftschancen vergibt, wenn sie von Vergangenheits-Menschen dominiert wird, die den alten Zeiten nachtrauern und lieber rückwärts als nach vorne schauen.

Man wird anerkennen, dass diese Einsicht auch unter den Bischöfen in Deutschland Raum gewinnt; und dass Papst Franziskus die Kirche aufrüttelnd-prophetisch an ihre ureigene Sendung erinnert. Dann wird man vielleicht umso betroffener mit anschauen, wie man sich immer noch im Lavieren und Intrigieren, auch in Selbstrechtfertigungen erschöpft, dass es auf dem Weg zu einer partizipativen Kirche nicht weiterzugehen scheint.[30] *Erschöpfung* in der Sackgasse, das sieht man dieser Kirche an. Die Missbrauchs-Katastrophe droht ihr den Rest zu geben. Auch die Partizipationsbereitschaft der Gläubigen scheint sich zu erschöpfen, zumal sich die Partizipations-Möglichkeiten für sie bisher allenfalls minimal erweitern. Aus der Struktur einer weltumspannenden Riesen-Organisation ist offenbar der lebendige Geist gewichen, der sie inspirieren und auf die einzelnen Glaubenden überspringen wollte, damit sie die Bedeutung des

---

[30] Ob man sich da herausgefordert sehen sollte, ein krankhaftes „symbiotisches Arrangement" zwischen Klerus und Laien aufzulösen, in dem man von der Angst nicht loskommt, „mit dem Verlust der Kirchenkindschaft doch von Gott abgeschnitten zu sein" (Norbert Lüdecke, Die Täuschung. Haben Katholiken die Kirche, die sie verdienen?, Darmstadt 2021, 238 und 245), oder ob man mit dem Mut am Rand der Verzweiflung nicht aufhören will, mit denen zu streiten, die die Kirche wie ihr Eigentum behandeln (vgl. Daniel Bogner, Ihr macht uns die Kirche kaputt... doch wir lassen das nicht zu, Freiburg i. Br. 2019), das ist nicht nur eine Frage des Naturells oder der seelischen Gesundheit.

von ihnen Geglaubten immer wieder neu entdecken und so an der Überlieferung des Glaubens mitwirken. Die Mahnung des Paulus an seine Gemeinde in Thessalonich „Löscht den Geist nicht aus!" wird allenfalls noch als Lesung zitiert, aber nicht mehr als Wort in unsere Glaubens- und Kirchen-Situation gehört. So auch nicht seine frohgemute Weisung, alles zu prüfen, um das Gute zu entdecken, das sich bewähren wird (1 Thess 5,20–21). Die Angst davor, dass der Überlieferungsprozess durch aktive Glaubens-Partizipation unkontrollierbar wird und womöglich Falsches herauskommt, darf nicht länger die Sorge darum überwuchern, wie sich Menschen heute in die Verheißung einbeziehen lassen können, die der Kirche gegeben ist. Die Kontroll-Orientierung darf nicht länger über die Ressourcen-Orientierung obsiegen, sonst werden die nach einem lebendigen Glauben suchenden Menschen die bis zur Erschöpfung kontrollierten und für die Selbstbehauptung eines klerikal-feudalistischen Kirchensystems missbrauchten Glaubens-Quellen als erschöpft ansehen. Überlieferung wird nicht mehr der fest gefügte Sozialisations-Raum sein können, in dem man eine Glaubens-Einstellung biographisch nach und nach „originalgetreu" übernimmt, sondern als das Partizipationsgeschehen gestaltet werden müssen, das die Glaubensüberlieferungen als lebendig-nährende Quellen eines verantwortlich gelebten In-der-Welt- und Mit-Gott-Seins zugänglich macht.[31]

Kirchen-Erschöpfung: Man kommt mit dem Lamento kaum an ein Ende. Das ist die elementare Gefahr: dass man sich im Lamento erschöpft und seinen Glauben von der Kirchenerfahrung abhängig macht, statt sich die deutlich wichtigere Frage zu stellen und mit ihr zu ringen, ob die Kirchen-Erschöpfung womöglich eine Glaubens-Erschöpfung, eine Geist- und Gottes-Erschöpfung anzeigt. Das wäre dann die Überlebensfrage, womöglich schon der Bankrott des Christlichen, nicht nur der Kirche: Man wüsste nicht mehr, warum man glaubt, was es bedeutet, aus der Christus-Teilhabe leben und sich der Hoffnung erfreuen, mit ihm in Gott hinein unterwegs sein zu dürfen. Sich gegen diese fatale Perspektive mit aller uns verbliebenen Glaubenskraft und schöpferischer Phantasie zu wehren, ist das Gebot der Stunde. Und das heißt: sich in der Gemeinschaft der Glaubenden, der Charismen und Glaubensformen, der Alten und Jüngeren, dessen zu vergewissern, was uns der christliche Glaube bedeutet, was Gott uns bedeutet. Elementare Vollzüge und Einsichten des biblisch-

---

[31] Tradition als Quelle: Bezug genommen ist hier auf: Charles Taylor, Quellen des Selbst. Die Entstehung der neuzeitlichen Identität, dt. Frankfurt a. M. 1994.

christlichen Glaubens müssen gegen den Kirchenfrust in Schutz genommen werden – auch gegen die Selbstgewissheit mancher „Neuerfinder" des Christentums, die uns darüber aufklären wollen, wie die evolutionäre Entwicklung des Religiösen über den archaisch-autoritären Aggregatszustand des christlichen Kirchenglaubens und der alten Überlieferungen hinweggegangen ist. Darum soll es nun gehen. Deshalb muss das Kirchen-Lamento hier ein Ende haben. Ob diese Kirche Zukunft hat, wird man sehen. Man sollte sie nicht leichten Herzens verloren geben, aber auch dem in ihr Zusammengebrochenen nicht zu sehr nachtrauern. Dass der Glaube Zukunft hat und Zukunft öffnet und der Frage, wie er unsere Zukunft sein wird, dem müsste das Suchen und der Einsatz jetzt gelten. Es darf doch nicht so sein, dass uns Freude und Hoffnung unseres Glaubens abhandenkommen, weil uns die Kirche mit ihrem Scheitern und ihrer Verheißungslosigkeit im Wege steht. Diese zur Selbstprüfung aufgegebenen Fragen werden dringlich, wo sich eine Kirche, die uns im Glauben unerträglich bevormundete, erschöpft hat: Glauben wir an Gottes befreiende Gegenwart unter uns oder an die Kirche? Glauben wir, weil die Kirche noch Autorität und Einfluss hat? Oder glauben wir *über sie* – über ihre Ansprüche, ihre Vermessenheit, ihren institutionellen Narzissmus, ihr Glaubens-institutionelles Scheitern, ihre Erschöpfung – *hinaus* an den Gott, der unter uns da ist, um mit uns in die Zukunft des Glaubens, der Kirche aufzubrechen?

Die Dramatik unserer Tage drängt uns weiter zu fragen: Kirchen-Erschöpfung? Glaubens-Erschöpfung? Es scheint so, als beziehe sich das Thema *Glaubens-Erschöpfung* auf eine eher religiös-biographische Krisensituation. Aber haben wir es nicht mit einer abgründig-epochalen Krisen-Ansage zu tun? Das wird sichtbar, wenn man statt „Glaubens-Erschöpfung" *Vertrauens-Erschöpfung* sagt. Nur von Vertrauenskrise zu reden, wäre verharmlosend. Viele haben kaum noch die Kraft, Mitmenschen und Institutionen, auch der Wissenschaft, Vertrauen zu schenken. Und jetzt zerstört ein Krieg noch das Vertrauen-Können darauf, dass es im Ganzen irgendwie gut, vielleicht sogar besser weitergeht. Menschliche Niedertracht kann so weit gehen, dass sie uns immer unvorhersehbarer und unvorstellbarer *schlimm überrascht*. Die schlimmen Überraschungen, denen Menschen in der Kirche ausgesetzt waren – und sind –, mögen schon traumatisierend „genug" sein. Und jetzt das: Es kann immer noch schlimmer kommen!

Die Unvorstellbarkeit des Üblen, das Menschen um uns her, in der Nachbarschaft, am Rand Europas und weltweit heimsucht: Kann ein elementares Gottes-Vertrauen dem überhaupt noch gewachsen sein? Diese Frage muss mitgehen auf dem Weg durch die „Querelles religieuses", derer man sich als Christ(in) und Kirchenmensch schon kaum noch erwehren kann. Sie markiert die Verpflichtung, Kirchen- und Glaubens-„Probleme" nicht aufs Religiöse zu reduzieren, sie vielmehr in ihrer ganzen menschheitlichen Abgründigkeit wahrzunehmen und sie in diesem Sinne zu relativieren. Dann geht es um die Erträglichkeit des Lebens in einer Gott-verlassenen Welt und um die Hinnehmbarkeit des Evangeliums der Gottlosen: Alles wird denen möglich sein, die es verstehen, aus ihrer Gott-Losigkeit das Beste zu machen. Und um die Frage an die Christ(inn)en: Würde es etwas ändern, wenn auch noch euer Gott in all das verwickelt wäre – da er uns doch offenkundig nicht daraus befreit?

3. Erlösungs-Ideologien?

3.1 Spurlos verschwunden?

Wir Nostalgiker(innen): Es war schön, als wir uns noch geborgen fühlen konnten in einem schönen Kirchenraum, in der uns einhüllenden Atmosphäre einer weihrauchgeschwängerten Gottesdienst-Welt, einer berührenden Musik, auf die wir uns gern einstimmten. Die Sehnsucht spüren wir noch. Wir misstrauen ihr, spüren ihre Ambivalenz, ihre Versuchung, uns wegzuträumen. Wir spüren, wie sich die Erfahrungen erschöpfen, die uns – noch – mit dieser Kirchen-Atmosphäre verbinden. Und wir hören, was man uns dazu sagt: Ihr Nostalgiker, die ihr eure Sehnsucht ans Vergangene, Verlorene heftet, statt sie auf das Kommende auszurichten, auf das, was es zu gewinnen gilt. Wir hören in uns selbst den Verdacht, sprechen mit, was man uns sagt, wissen kaum, was wir selbst sagen können, auf welche Stimmen wir hören sollen; wissen kaum, ob andere auch so fühlen, ich mich mit dir und ihr und vielen anderen in der Kirche oder auch draußen verbunden wissen kann in dem, was ich fühle, zu fühlen meine, sagen will. Das Wir zerfasert. Meine Not, meine Zwiespältigkeit, meine Sehnsucht – *meine*. Vielleicht nicht deine oder ihre. Meine Glaubens-Praxis, den entschwundenen, ungreifbar gewordenen Gott hineinzuziehen, hineinzurufen, zurückzurufen, weil er mir fehlt – *meine*.

Mit wem kann man sich da verbunden wissen? Viel leichter zu sagen, mit wem nicht. So viele wissen ja: Ich hab diese Gottes-Nostalgie hinter mir. Mir fehlt Gott nicht mehr. Ich kann gar nicht verstehen, was dir fehlt. Oder: Ich versteh es als irgendwie verständliche Regression, als die im kindlichen Sich-beschenken-lassen-Wollen steckengebliebene Ausflucht aus dem Jetzt, als ein kindliches Verantwortungslos-sein-Wollen in den (fast) übermenschlichen Herausforderungen des Lebens im Heute. Gott ist deine Ausrede, Gottesglaube dein Eskapismus! Ich protestiere: Man macht es sich da schon sehr leicht mit meinen – unseren? – Glaubens-Versuchen. Als ob ich nicht wüsste, wie zwiespältig das Zuflucht-Suchen bei Gott sein kann. Als ob ich mir dabei nicht immer wieder selbst misstrauen würde. Man macht es sich mitunter leicht mit dem Durchschaut-Haben, Hinter-sich-Haben, dem Weiter-sein-Wollen: „Ach ja, ich war selbst früher ein Kirchen-Mensch. Da kann ich heute nur den Kopf darüber schütteln. Meine Gottes-Nostalgie ist spurlos entschwunden, wenn ich sie denn wirklich gehabt haben sollte! Ich habe begriffen, wie man mich in der Kirche mit Gott manipulieren wollte, wie man da meine Ängste und Schuldgefühle gewinnbringend bewirtschaftete."

Da trifft man bei Kirchenmenschen einen wunden Punkt. Man kann sich dieses Verdachts kaum erwehren; die Kirchen haben ihn unheilvoll genährt. Sie kamen den Menschen moralisch; ihre Funktionäre und Priester waren immer auf dem Sprung, sie zu verurteilen, jedenfalls darauf festzulegen, dass es ohne Gott nicht geht – dass ihr Leben ohne Gott nicht gut sein kann. Noch heute fühlen sie sich dafür zuständig, die Menschen moralischer zu machen und das im Menschen-Alltag vielfach unterminierte Werte-Fundament zu sichern, auf dem ein verlässliches Miteinander in Familie, Gesellschaft, schließlich auch im Weltmaßstab aufruhen müsste. Diese Selbst-Moralisierung hat der römisch-katholischen Kirche ein Dilemma eingebracht, aus dem sie auch gegenwärtig kaum herausfindet. Das „von oben" verteidigte und „von unten" angefragte Katholische wird vor allem an Fragen der Sexual-, Familien- und Generativitäts-Ethik aufgesucht. Es kommt „rechts und links" zu einer theo-logischen Entkernung des Christentums, die es immer schwieriger macht, heute von dem zu sprechen, was das christliche Glaubensbekenntnis für ein Leben hier und heute bedeuten könnte.[32]

Die Selbst-Moralisierung hat den Kirchen, vor allem der römisch-katholischen, eine moralische Bringschuld aufgeladen, an der sie schwerer denn je zu tragen haben. In Deutschland und anderswo werden sie dafür alimentiert, das Wertebewusstsein zu pflegen; entsprechende gesellschaftliche Handlungsräume werden ihnen dafür eingeräumt und bisher noch offengehalten. Dieses Arrangement[33] scheint aber davon abhängig, dass die Kirchen selbst über genügend Verpflichtungskraft und Motivations-Energie verfügen, die Menschen glaubwürdig auf das mitmenschlich-moralisch Gute wie auch auf das Bürgerlich-Unabdingbare anzusprechen. Sie sollten irgend-

---

[32] Vgl. Andreas Kablitz, Von Peripherie und Zentrum, in: Herder Korrespondenz 76 (7/2022), 50–51. Man wird – mit Kablitz – differenzieren: Die Konzentration der „Reformer" etwa beim Synodalen Weg auf solche Fragen will diese aus dem Zentrum holen und kirchliche Hausaufgaben abarbeiten, um den Horizont für das Glaubens-Entscheidende freizubekommen. Die „Bewahrer" erwecken den Eindruck, als markierten diese Themen – zusammen mit dem der Weiheunfähigkeit von Frauen – das gegen den Zeitgeist festzuhaltende, entscheidend Christliche.

[33] Auf den theologischen Konstruktionsfehler in diesem Arrangement weist Hans Joas hin; vgl. von ihm: Kirche als Moralagentur?, München 2016, 63 f. und 69. Die Frage dahinter ist freilich die, was zu dieser Moralisierung des Christlichen geführt hat – und warum man sie kirchenamtlich wie theologisch so gezielt betrieben hat.

wie verkörpern, was sie predigen. Die römische Kirche stilisierte sich im 19. Jahrhundert, als es mit ihrer Glaubwürdigkeit schon weltweit bergab ging, zu einer durch das Wirken der Hierarchen geheiligten Insel in einem von Eigeninteresse und moralischer Haltlosigkeit aufgepeitschten Meer des Unglaubens. An und in der Kirche konnte man sehen, wie man sich davor bewahren konnte und was es auch „draußen" zu retten und zu schützen galt.

Nicht erst mit der Missbrauchs-Katastrophe zu Beginn des 21. Jahrhunderts ist diese Selbststilisierung zusammengebrochen; durch sie aber mit einer – auch für die drinnen – unübersehbaren Dramatik, die auch an die elementare, rechtlich gesicherte Übereinkunft rühren wird, mit der man den Kirchen bisher ihre privilegierte gesellschaftliche Position einräumt. Wer sich „drinnen" so abgrundtief moralisch diskreditierte, dem wird man keine moralische Autorität zubilligen. Von dem kann man keinen Werte-Input erwarten; die von ihm verteidigten Werte sind offenbar hoffnungslos von der Selbst-Entwertung eines Kirchen-Systems in Mitleidenschaft gezogen, die sich gerade vor aller Augen abspielt. Als moralische Anstalt hat sich die Kirche überlebt. So keimt der Verdacht, dass sie sich mit ihrer Botschaft gründlich-abgründig erschöpft hat. Und man wird auf eine religiöse DNA schauen, aus der man die moralische Selbst-Verfehlung der Kirche gar nicht wegdenken kann. Wenn noch von Sünde zu sprechen ist, so von der Sünde der Kirche.[34] Wertebegründungen sind sowieso besser bei einer autonom-säkularen, alle verpflichtenden praktischen Vernunft aufgehoben.

3.2 Wie man Menschen klein hält

Da mag viel Selbst-Entlastungs-Bedürfnis im Spiel sein: Man hat es satt, von der Kirche beim schlechten Gewissen gepackt und moralisch klein gemacht zu werden. Der Papst, der nach Lampedusa fährt, sollte sich zuerst um seinen eigenen Laden kümmern. Die Kirchen-Verächtlichmachung wird flächendeckend; die Kirchenleute werden kleinlaut – aus einem schlechten Gewissen, das mit sich nicht mehr zurechtkommt. Dieser moralische Zusammenbruch kommt von weit her; es hat gerade religiös keinen Sinn, sich das zu verheimlichen. Man muss sich dringend darüber verständigen, was über das Fehl-

---

[34] Vgl. Julia Enxing, Schuld und Sünde (in) der Kirche. Eine systematisch-theologische Untersuchung, Ostfildern 2018.

verhalten Einzelner hinaus zu diesem Zusammenbruch geführt hat und in ihn hineingerissen ist, wie der überlieferte Gottesglaube in ihn hineingerissen ist; jedenfalls der Glaube an den „moralischen" Gott. Wenn man sich dieser Sisyphus-Aufgabe nicht stellt, wird man sich für die christlichen Kirchen und den in ihnen verkündigten Glauben kaum Überlebens- und Erneuerungs-Hoffnungen machen dürfen. Mehr als ein paar Hinweise auf diese Zusammenbruchs-Geschichte werden hier nicht möglich sein.

Die Radikal-Aufklärung im frankophonen Bereich Europas hat sich bei der Entlarvung der kirchlichen Moral- und Beschuldigungsdiskurse und ihres Gottes besonders hervorgetan. So *Claude Adrien Helvétius* (1715–1771), der sie pauschal auf die klerikale Gier nach Macht und Reichtum zurückführte. Über lange Jahrhunderte sei man mit der Strategie erfolgreich gewesen, den Menschen Furcht und Hoffnung zu verkaufen: die Furcht vor der Hölle und die Hoffnung auf das Paradies. Die Hoffnung gab es nicht umsonst. Man konnte sich ihrer nur vergewissern, wenn man die Gnadenmittel der Kirche „einkaufte", die den Sündern die Möglichkeit bot, dem Höllenfeuer zu entgehen. Von ihm war man permanent bedroht, weil man sich einer Sünde ergeben hatte, die nach dem Maßstab der göttlichen Gerechtigkeit eine ewige Qual als angemessene Strafe zur Folge haben müsste. Die Sünde musste nach diesem Kalkül mit einer exzessiven Strafangst verbunden werden, damit das Hoffnungsangebot der Kirche einen Markt fände. Zuvor aber musste das Selbst-Erleben der Menschen gekapert werden, damit sie als Sünde empfanden, was nur ihre leibhafte Natur war. Dass man den Blick da auf die menschliche Sexualität richtete, versteht sich für das religionskritische Bewusstsein fast von selbst. Hier die Textpassage, die vielen Zeitgenossen noch aus der Seele sprechen wird:

> „Wenn die Priester [...] zu den Sünden nur die wirklich der Gesellschaft schädlichen Handlungen gerechnet hätten, wäre die geistliche Macht gering gewesen. Sie hätte sich nur auf eine bestimmte Zahl von Verbrechern und Gaunern erstreckt. Nun wollte der Klerus sie aber auch über die tugendhaften Menschen ausüben. Zu diesem Zweck mussten Sünden geschaffen werden, die ehrbare Leute begehen können. Die Priester wollten daher, dass die geringste Freizügigkeit

zwischen Mädchen und Knaben, ja allein die Begierde nach Lust eine Sünde sein sollte."[35]

Das ist ziemlich grob gestrickt. Priesterbetrug: Eine machtbewusste Priesterschaft bedient sich der wirksamsten Manipulations-Mechanismen, um den Menschen das Hoffnungsangebot des christlichen Glaubens aufzudrängen. Schon historisch gesehen ist das unwahrscheinlich. Und es trifft nicht das Entscheidende, den schwer zu zähmenden Verdacht, den Nietzsche und Freud jeder wachen, christlichen Selbstwahrnehmung einpflanzen werden: Das Christentum sät Misstrauen gegen das Ausleben des Menschlich-Natürlichen, es definiert als Sünde, was den Menschen am meisten – durch und durch leibhaft – Freude macht, damit sie über diesen Freuden nicht für die himmlischen Freuden unempfänglich werden. So ist es nur etwas für Menschen, die keinen Zugang zur Erfüllung eines diesseitig-leibhaften Lebens finden, für Lebens-schwache Verlierertypen, die mehr brauchen als ihr armseliges irdisches Dasein.

3.3 Ein Lebens-feindlicher Glaube?

Immer noch ziemlich grob gestrickt. Aber man geht vermutlich nicht fehl, wenn man den weithin geteilten, kulturell gepflegten und alltäglich greifbaren Widerwillen gegen das Christliche hier ungeschminkt ausgesprochen sieht. Nietzsche hat sich zum Dolmetscher dieses Widerwillens gemacht, indem er das Christliche als Wider-Willen gegen das Leben entlarvte: als *Ressentiment*, als krankes, gegen sich selbst als Lebens-Gefühl gewendetes Fühlen, das die Lebenstüchtigen als krank und als moralisch verkommene Sünder diffamiert. Seine Diagnose: „Erst das Christenthum hat den Teufel an die Wand der Welt gemalt; erst das Christenthum hat die Sünde in die Welt gebracht. Der Glaube an die Heilmittel, welche es dagegen anbot, ist nun allmählich bis in die tiefsten Wurzeln hinein erschüttert: aber immer noch besteht der *Glaube an die Krankheit*, welchen es gelehrt und verbreitet hat."[36] Es ist die Gottes-Krankheit, die Krankheit eines Lebens, das nur durch Gott bejahenswert sein soll; durch einen

---

[35] Claude Adrien Helvétius, Vom Menschen, seinen geistigen Fähigkeiten und seiner Erziehung, hg. von G. Mensching, Frankfurt a. M. 1972, 159 f.
[36] Menschliches, Allzumenschliches II, 2. Der Wanderer und sein Schatten, Aphorismus 78, KSA 2, 587.

Gott, der die Selbst-Macht des Lebens verurteilt, weil die ihn überflüssig machen würde.[37]

Der Glaube an die Krankheit: an das Verderbliche, Sträfliche des ungezähmten Lebenswillens, an eine Verderbnis an seiner Wurzel, der man früher religiös beikommen wollte und der viele sich immer noch irgendwie ausgeliefert sehen, ohne dass sie noch über ein verlässliches Heilmittel verfügten. Nietzsche wollte diesen Glauben – diese Perspektive – so gründlich wie möglich ausrotten und eine Perspektiven-Umkehr durchsetzen: Ja, es gibt das Böse, Gemeinschafts-Schädliche, das Verbrechen. Aber man schafft es nicht durch Strafandrohung aus der Welt, auch nicht durch die religiöse Bedrohung mit ewigem Verderben. Das Böse ist nicht „gerecht" zu bestrafen, sondern zu heilen: „Schaffen wir den Begriff der *Sünde* aus der Welt – und schicken wir ihm den Begriff der *Strafe* bald hinterdrein […] sollten wir noch nicht sagen dürfen: jeder ‚Schuldige' ist ein Kranker? – Nein, die Stunde dafür ist noch nicht gekommen. Noch fehlen vor Allem die Ärzte, für welche Das, was wir bisher praktische Moral nannten, sich in ein Stück ihrer Heilkunst und Heilwissenschaft umgewandelt haben muss".[38]

Das Leben, der Lebens-Drang, die Lebens-Entfaltung sind nicht böse, allenfalls tragisch, vom Unglück heimgesucht, zuletzt todbringend. Sie können auf Abwege geraten und brauchen dann Therapie. Es muss zu einer „Entbösung des Bösen" kommen.[39] Die liegt – so Odo Marquard – im Trend der neuzeitlichen Selbstermächtigung gegen die von alters her mythologisch ins Widergöttliche überhöhte Macht des Bösen und der Sünde: Das Böse wurde und wird „zunehmend reduziert auf vom Einzelnen nicht zu verantwortende Ursachen (die Anderen, die Gesellschaft, die Entfremdung, die Verräter)". Oder es wird gerade dadurch hervorgebracht, dass man das

---

[37] Der späte Nietzsche konzentriert seine Polemik ganz auf diese „Entselbstungs-Moral" und ihren lebensfeindlichen Gottesglauben: „Der Begriff ‚Gott' erfunden als Gegensatz-Begriff zum Leben, – in ihm alles Schädliche, Vergiftende, Verleumderische, die ganze Todfeindschaft gegen das Leben in eine entsetzliche Einheit gebracht! Der Begriff ‚Jenseits', ‚wahre Welt' erfunden, um die *einzige* Welt zu entwerthe, die es giebt, – um kein Ziel, keine Vernunft, keine Aufgabe für unsre Erden-Realität übrig zu behalten! Der Begriff ‚Seele', ‚Geist', zuletzt gar noch ‚unsterbliche Seele' erfunden, um den Leib zu verachten, um ihn krank – ‚heilig' – zu machen" (Ecce homo. Warum ich ein Schicksal bin, Aphorismus 7 und 8, KSA 6, 372 und 373 f.).

[38] Morgenröthe, Aphorismus 202, KSA 3, 177 f.

[39] Vgl. Odo Marquard, Malum I. Einführung und Überblick, in: J. Ritter – K. Gründer (Hg.) Historisches Wörterbuch der Philosophie, Bd. 5, Darmstadt 1980, 651–656, hier 655.

Gute, Lebensdienliche, unterdrückt und so eine aggressive Wiederkehr des Verdrängten provoziert. So gerät die vom Christentum lange erzwungene Triebunterdrückung psychoanalytisch in die Rolle des Hauptangeklagten. Sie bzw. diejenigen, die sie zu verantworten haben, sind schuld, wenn das menschliche Verlangen nach Erfüllung auf Abwege gerät. Das Christentum definiert die Menschen nicht nur als von Anfang an böse; es macht sie böse. Nietzsche hatte das vorgedacht. Sein sarkastischer Befund: „Das Christenthum gab dem Eros Gift zu trinken: – er starb zwar nicht daran, aber entartete, zum Laster."[40]

Was Nietzsche gesehen hat und in unseren Tagen so erschreckend offenkundig geworden ist, dass die Kirche als moralische Anstalt sich davon kaum erholen wird, kann man ihr nicht allein anlasten. Sie hat eine Anthropologie theologisch sanktioniert, die ihr in der Antike – in einem stoisch-epikureisch-platonischen Denkmilieu – als einigermaßen selbstverständlich gelten durfte: Der menschliche Geist, der sich dem göttlichen möglichst anzugleichen hatte, sollte die vernunftbestimmte Herrschaft über den ganzen Menschen, insbesondere über seine vitalen Antriebe und Leidenschaften innehaben, sodass alles wohlgeordnet dem Guten dienen konnte, dem die Menschen nachzustreben berufen sind. Eine Rebellion der untergeordneten Seelenkräfte oder des naturhaften Begehrens gegen die Herrschaft des Geistes brachte alles durcheinander. Der Mensch geriet in die Gefahr, von ungeordneten Begierden statt von der Ordnungsmacht des Geistes regiert zu werden.

Augustinus taufte diese Anthropologie und begründete sie in der „biblischen" Geschichte von der Schöpfung und dem Sündenfall des Menschen im Paradies. Erst mit dem Fall – der an das Menschengeschlecht weitervererbten Sünde im Anfang – gerät das Menschsein in Aufruhr. Die Begierden – vor allem die sexuellen – machen sich gegen den Geist selbstständig; sie gehorchen ihm nicht mehr spontan, suchen auf ungeordneten Wegen nach Befriedigung.[41] Nun müssen sie

---

[40] Jesnseits von Gut und Böse. Viertes Hauptstück, Aphorismus 168, KSA 5, 102.
[41] Augustinus macht sich detailliert Gedanken darüber, warum es nach dem Sündenfall dahin kommen konnte, dass die menschlichen Geschlechtsorgane nicht mehr willentlich auf die Zeugung von Nachkommenschaft hinwirken konnten, sondern unwillentlich-lustvoll zeugungsfähig werden. Im Paradies hätte man – so seine Vermutung – ohne Lustempfindung und willentlich das Glied in die Scheide eingeführt und so die Zeugung neuen Menschseins ermöglicht. Nach dem Sündenfall war das Gebären wie die Aufzucht der Kinder aber so mühevoll geworden, dass die Menschen sich dazu von sich aus eher nicht mehr bereitgefunden hätte. So schenkte Gott ihnen den geschlechtlichen Genuss, der aber nur erlebt werden durfte, wenn er der

und der von ihnen in Besitz genommene Leib gezähmt und durch strafbewehrte göttliche Gebote veranlasst werden, sich der guten Schöpfungsordnung zu fügen. Aber die Begierden wären stärker, bliebe der Mensch auf sich allein gestellt. So ist er darauf angewiesen und dazu verpflichtet, in rechter Weise von den Gnadenmitteln der Kirche Gebrauch machen, die Jesus Christus ihr durch sein Leiden am Kreuz erworben hat.

Damit sind die Bahnen vorgezeichnet, in denen die Sünden- wie die Gnadenlehre theologisch ausgebildet und ekklesiologisch „codiert" wurden. Sünde geschieht angestachelt von der Begierde nach „mehr" Leben, die einen die gottgegebene Ordnung des rechten Lebens übertreten lässt. Dieser Ungehorsam muss geheilt werden, damit er nicht zum Verlust des ewigen Seelenheils führen soll. Die Heilung geschieht so, dass sich der Sünder der vom Erlöser erwirkten und durch die Kirche zugewendeten Gnade öffnet, sich so neu in die Heilsordnung einfügen lässt, die in dieser Welt von der Kirche repräsentiert, verwirklicht und den Menschen offengehalten wird, wenn sie sich der kirchlichen Autorität unterwerfen.

Das Disziplinierungs-Syndrom, das ich hier schematisch nachgezeichnet habe, wurde vom neuzeitlichen Selbstbestimmungs- und Emanzipationspathos frontal getroffen und in seinen Grundfesten erschüttert. Es hat die kirchliche Rede von Sünde und Gnade tiefreichend in Misskredit gebracht. Es war offenkundig unfähig, die *Conditio humana* aufschlussreich zur Sprache zu bringen und den Menschen zu helfen, mit der Ambivalenz ihres Daseins in dieser Welt besser zurechtzukommen. Das in der Christentums-Tradition verankerte Reden von Sünde und Erlösung scheint eine religiöse Einstellung zu kennzeichnen, die überwunden werden muss, weil sie die Menschen zu einem Dasein verurteilt, in dem sie vor allem ihr Versagen, ihre Schwäche und Abhängigkeit erleben – und so einer Institution ausgeliefert sind, von der sie die Mittel entgegenzunehmen haben, ein hoffnungsvoll-erfülltes Leben zu führen. Dieser Institution muss – so macht man es mehr oder weniger entschieden geltend – der Kredit aufgekündigt werden: Sie lebt von den Schulden – der Schuld – der in ihr arm Gemachten. Die müssten endlich den Reichtum eines Lebens entdecken und aneignen, das sich der unheilvollen Definitionsmacht der „Heilsanstalt" Kirche entzieht. Was in ihr als Sünde galt

---

Zeugung von Nachkommen den Weg bereitete. Ihn für sich allein genießen und in diesem Genuss zu sehr verweilen zu wollen, ist danach schwere Sünde. Vgl dazu: De Civitate Dei XIV, 16, 19, 23 und 24.

– Lebensfreude, Selbstbestimmung, Grenzüberschreitungen –, das darf sich ein emanzipiertes Menschsein nicht von einem Seelenbeherrschungs-Unternehmen streitig machen lassen, das in seinem Funktionärs-Apparat die schlimmsten menschenfeindlichen Verbrechen geschehen ließ.

Vielleicht ist es – auch theologisch – leichter, vor solchen ja nicht unberechtigten Angriffen zu kapitulieren, als einen zweiten Blick auf das „unmöglich" Gewordene einzufordern. Es scheint so überwältigend selbstverständlich, was „nicht mehr geht", dass vielen dieser zweite Blick als Zeitverschwendung und vergebliche Liebesmüh vorkommt. Man hätte seine Kräfte für Bedeutsameres einzusetzen als für kaum erfolgversprechende Wiederbelebungsversuche. Die Theologie sollte sich nicht daran abarbeiten, zu retten, was nicht zu retten ist, sondern das humane Potential des Glaubens ans Licht zu bringen. Oder ist es doch ganz anders? Muss man sich nicht klar machen, dass der Angriff auf das christliche Reden von Sünde und Erlösung das Christentum tödlich treffen will?

Entschiedener Aufbruch aus der Sündenfixierung zu einem nicht mehr moralisierten Christentum? Würde das nicht den Abbruch, die Ruinierung des für die Identität des Christlichen Entscheidenden mit sich bringen? Es ist, so meine ich, der Mühe wert, biblische Inspirationen für die Rede von Sünde und Erlösung gegen die Verzeichnungen und Verzerrungen in Schutz zu nehmen, die ihnen durch eine tief zwiespältige Überlieferung wie eine darauf reagierende Christentums-Kritik zugefügt wurden. Man sollte es sich nicht zu leicht machen mit dem Bescheid: Das geht gar nicht mehr! Da schneidet man sich schnell Quellen eines menschlichen Selbstverständnisses, der Hoffnung, des Vertrauens ab, ohne die der allerorten beschworene Aufbruch Gefahr läuft, sich im hoffnungslos-orientierungslosen Nirgendwo zu verlieren.

3.4 Gottes Geist und die Macht der Sünde

Die Wahrnehmung der biblischen Quellen verändert sich schon, wenn man statt von der Sünde vom *Bösen* spricht und zunächst offenlässt, wie das Eine sich zum Andern verhält. Mit der „Entbösung des Bösen" (Odo Marquard) scheint es im 20. und 21. Jahrhundert an ein Ende gekommen zu sein. Der Zynismus des Bösen und die mörderische Entschlossenheit zynischer Machthaber sprang und springt einen geradezu an: das Böse unmaskiert und so erschütternd direkt, dass ich es mit ganzem Herzen und allen meinen Gefühlen verurteile. Dagegen grenze ich mich mit aller Entschiedenheit ab. Ich werde des Menschenfeindlichen gewahr, kann es nur verabscheuen. Es ist aber eindeutig das Böse der Anderen, des Anderen, nicht mein Böses, mein Böse-Sein. Ich bin nicht im Geringsten in der Versuchung, ihm eine geheime Faszination abzugewinnen. Da ist mein Abscheu ganz eindeutig.

Und doch gibt es diese Faszination. Nicht wenige erliegen ihr, lassen sich vom Hitler- oder Stalin-Kult begeistern, tun sich als Putin-Versteher hervor. Für uns bürgerliche Kirchen-Menschen immer noch „die anderen", Hass-Erfüllte mit ihren Verschwörungsmythen und der Verehrung abartiger oder auch nur peinlicher Erlösergestalten. Aber hie und da nimmt man wahr, wie man selbst in Geringschätzung und geheimen Hass hineingezogen wird, wie Verachtung und Böswilligkeit nach uns greift – sei es auch nur in Reaktion auf die „Nazis" und die „Verschwörungs-Deppen". Wir können wissen, „was im Menschen ist an Kleinlichkeit, Gier, Hochmut, Neid – und Verlangen"[42]; auch in uns. Wir können wissen, wie man all das entfacht, sodass der Hass auflodert und man fast grenzenlos missbrauchbar wird für das Zerstörerische, Böse. Wir können um den Schwelbrand des bösen Willens wissen, den die Vernunft allein kaum löschen kann. Wir wissen vermutlich aus eigener Erfahrung, wie schnell es da um die souveräne Entscheidungsfreiheit geschehen ist, die uns dafür gegeben ist, solche Ansteckungen und Vereinnahmungen durch das Böse zurückzuweisen. Fehlt uns nicht immer wieder die Distanz dazu, der Bewegungs-Spielraum, die „Bewegungsfreiheit"[43], uns zu dem in Distanz zu bringen, was da nach uns greift? Die Dynamiken digitaler Kommunikation im Netz führen vor Augen, wie effektiv Menschen in hermetisch abgedichteten Echokammern vereinnahmt und gleichgeschaltet werden können, wenn man die entsprechenden Techniken beherrscht und über den Zugriff auf relevante Daten die Ansprechbarkeit von Adressaten nutzen kann. „Informations"-gestützte Manipulation unterwandert die Selbstbestimmung; die Generierung von Followern macht sie zu nützlichen Idioten, mit denen man Einfluss und Einkommen steigert.

---

[42] Dag Hammarskjöld, Zeichen am Weg, dt. München 1967, 36.
[43] Eva von Redecker hat gezeigt, wie das überkommene liberale Freiheitsverständnis von solchen räumlichen Konnotationen bestimmt ist: Was wird jetzt aus der Freiheit?, in: Die Zeit Nr. 42 vom 14. Oktober 2021, S. 53.

Man wird das nicht sofort als moralisch sündhaft einordnen. Aber am digitalen Zugriff auf Selbstverständnis, Gefühle, kognitive Muster und Verhalten lässt sich studieren, wie unter völlig anderen kommunikativen Bedingungen in archaischen oder antiken Gesellschaften Einstellungs- und Handlungs-Koordinationen funktionierten und als Machtphänomene erlebt wurden. Mächte bestimmen die Atmosphäre des Miteinanders zum Guten oder zum Bösen, zur Solidarität oder zur Ausbeutung. Die Bibel spricht von Sünde, wenn Solidaritäts-zersetzende Kräfte auf gemeinschaftliche Praktiken und individuelles Verhalten einwirken, wenn der böse Geist unter den Menschen den bösen Blick füreinander hervorbringt und Missgunst sät. Man lebt dann nicht mehr in einer Atmosphäre, die Menschen die gute Gabe der Schöpfung miteinander teilen, schützen und genießen lässt; man ist auf seinen Vorteil aus, hat keinen Blick für den Preis, den das andere kostet.[44] Koste es doch, was es wolle! So kommt die Sünde (im Singular) zur Macht; so macht sie die Menschen zu Sündern. So herrscht sie in ihnen und über sie, nur mühsam im Zaum gehalten und zurückgedrängt von der Tora, die den guten Geist des Miteinanders schützen und neu wecken sollte.

Die Sünde als die Macht des Gegen-Schöpferischen: Sie stört, zerstört die guten Wechselseitigkeiten, in denen man sein Gutsein füreinander und die Produktivität des Miteinanders erlebt. Sie „zernagt" soziale Verbindlichkeiten und Balancen, in denen eine(r) den anderen und die andere mitträgt, einbezieht und das Leben mit ihnen teilt. Sie schwächt das Bewusstsein des Nicht-sein-Sollenden, Nicht-sein-Dürfenden. Sie hat die Menschen im Griff, ist – so legt es der Römerbrief aus – über Adam, also im Anfang schon, in die Welt eingedrungen[45] und herrscht so, dass wir uns immer als „Gesetzes-

---

[44] Vgl. die sozialwissenschaftlichen Einordnungen von Joachim von Soosten, Die „Erfindung" der Sünde. Soziologische und semantische Aspekte zu der Rede von der Sünde im alttestamentlichen Sprachgebrauch, in: Jahrbuch für Biblische Theologie 9 (1994): Sünde und Gericht, Neukirchen-Vluyn 1994, 87–110. Seine Ausgangs-These: „Mit dem Begriff der Sünde wird ein Geschehen namhaft, das sich im Raum des Sozialen auf eine Störung im Ausgleich von sozialen Differenzen bezieht und so Prozesse der *Desintegration* verstärkt" (a.a.O., 93). Sünde provoziert und verstärkt Desintegration, sabotiert konnektive Balancen, mobilisiert diskonnektive Dynamiken.
[45] Ich übersetze das griechische *dia* mit: *über* Adam bzw. *von ihm her*. Die wohl inadäquate Übersetzung mit *durch* hat bei Augustinus den Weg zu einer Erbsündenlehre geöffnet, nach der Adams Sünde im Anfang allen Menschen als Sünde angerechnet wurde und ihnen nicht nur den Verlust des paradiesischen Urstands einbrachte, sondern auch die Begierde als „Zunder des Sündigens", das Leiden an der Schöpfung und die Bedrohung mit dem Verlust der ewigen Seligkeit.

Übertreter" erfahren, die Ohnmacht des Gesetzes gegenüber der Macht der Sünde erfahren (Röm 5,1–19). Das Tun des Tora-Gemäßen kommt nicht an gegen das Verstrickt-Sein in die Sünde. Der Mensch in der Sünde kann nicht „genug tun" und weiß doch, wie er leben sollte (vgl. Röm 7,15–8,11). Er ist nicht mehr Herr im eigenen Haus, im eigenen Leben, denn die Sünde „wohnt" in ihm (Röm 7,20).

Paulus stellt vor Augen, dass die Menschen der Sünde ebenso ausgeliefert sind wie sie diese selbst tun. Sie fangen sie nicht an, aber sie geben ihr Raum, Lebensraum. Dafür, wie es mit ihr angefangen hat, steht Adam. Der aber steht alttestamentlich nicht eigentlich für einen geschichtlichen Anfang, sondern dafür, wie es immer anfängt und zugeht. Er steht für die Erfahrung, dass es mit dem guten Anfang nicht gut weitergeht, dass die Menschen ihr In-der-Welt-Sein tief zwiespältig erfahren, obwohl sie es doch als das gute Geschenk eines zutiefst gutwilligen Gottes glauben dürfen. Die Schöpfungserzählungen der Genesis malen aus, was das Gutsein der Schöpfung ausmacht: wie ein gutes Dasein in ihr und ein guter Umgang mit ihr geht, sodass sie den Menschen ihr Gut- und Schönsein schenken kann: Nahrung, Quellen des Lebens; sodass der Lebensbaum gut wurzelt (vgl. Ps 1), Partnerschaft und geschlechtliche Lust, schamfreies Gern-Sehen und Gesehen-Werden unbefangen gelebt werden, arbeitsames Hegen und Pflegen des Gegebenen zufrieden sein lässt. Das Gutsein des als Schöpfung Gegebenen, mit dem es zu arbeiten gilt, damit die Früchte der Natur nachwachsen, ist noch nicht vom Schönsein getrennt, von der Freude und der Lust, die es bereitet, mit ihm und in ihm zu leben. Man spürt keine Grenzen, durch die man sich eingeschränkt fühlte. So ist das neidfreie Teilen – auch mit den Tieren – selbstverständlich.

Aber das Gut- und Schönsein des „Anfangs" (tov) entbirgt seinen Zwiespalt; es erweist sich als U-topie. Den Menschen sind die Augen aufgegangen; sie erkennen und unterscheiden Gut und Böse (Gen 3,5), die „Köstlichkeit" der Frucht und das Verhängnis des Nehmens. Im Gutsein der ihnen geschenkten und zugänglichen Schöpfung begegnet ihnen auch das Üble, zutiefst Widrige. Was sich ihnen öffnet und sie befriedigt – das für sie Taugliche, sie Erfreuende – ist ihnen auch das Widerständige, sie Begrenzende.[46] So fängt es an mit dem Unterscheiden von Gut und Böse; nicht zuerst im moralischen, sondern im „ontologischen" Sinn, dem sich der Mensch nun zu stellen hat: Was hilft *mir* und was schädigt *mich*? Es fängt an damit, dass

---

[46] Vgl. Claus Westermann, Schöpfung, Stuttgart 1983, 132.

Menschen das Gute missbrauchen und das Schädliche anderen zuschieben; dass sie souverän darüber urteilen wollen, was *für sie* und deshalb für alle gut sein soll und was untauglich. Es fängt damit an, dass Menschen sich zum Herrn des Anfangens machen, selbst entscheiden, was jetzt anfangen soll, was, wer dafür brauchbar ist – einbezogen wird – und wer im Weg ist.

Die Ambivalenz fängt in der biblischen Erzählung mit der Versuchung an: mit der Versuchung des (wie) Gott- sein-Könnens. Ein Verdacht keimt: Der Schöpfer ist missgünstig; er wollte nicht alles, jedenfalls nicht genug schenken. Man muss es sich nehmen, muss immer mehr nehmen, um so die Zwiespältigkeit des Lebens ins ambivalenzfrei Gutsein zu überholen. Man muss selbst die Paradiesgärten herstellen, in denen es schlechthin gut und schön ist zu leben. Man muss aufs herrschaftlich organisierte, Projekt-dienliche Miteinander setzen.[47]

Die Versuchung bringt die Zwiespältigkeit des Menschen an den Tag: Sein Blick wendet sich dem *Fehlenden* zu. Er lässt es sich nicht verbieten, sich das ihm Fehlende zu nehmen, und hegt die Illusion, er könne es ohne Weiteres nutzen und ausbeuten. Das „Fehlende" und der Neid auf den, der es hat, mobilisieren das Begehren, machen es grenzenlos, mobilisieren und globalisieren das Sich-nehmen-Wollen, koste es, was es wolle. Gottes Verbot macht die Grenze geltend – und nicht hinnehmbar. Der Neid befeuert das Begehren; seine Grenzenlosigkeit muss begrenzt werden, damit es sozial erträglich bleibt. Begehren und Verbot rufen sich gegenseitig hervor; sie machen sich gegenseitig ambivalent. Das Paradies ist verschlossen. Die Begehrenden müssen die Endlichkeit und Zwiespältigkeit dessen anerkennen, was ihr Begehren erreicht. Der Baum des „ewigen", erfüllten Lebens ist nicht mehr in Reichweite (vgl. Gen 3,22); ihr Nehmen setzt nun mühevolle (Mit-)Arbeit voraus und zieht ins Rivalisieren um „mehr" hinein; sexueller Genuss und die Freude des Nachwuchses verbinden sich mit dem Geburtsschmerz. Eher am Horizont – am Gottes-Horizont – taucht die Vision des *Schalom* auf, eines Genügens,

---

[47] Da werden die Paradiesgärten und himmelstrebenden Türme der frühen Großreiche im Blick sein, die den Neid und das Minderwertigkeitsbewusstsein Israel mächtig auf sich gezogen haben werden. Vor der Verführung solcher „Menschheits-Projekte" will die biblische Urgeschichte warnen. Der Turmbau von Babel endet nicht gut. Oder vielleicht endet er gerade deshalb gut, weil JHWH das „Projekt-Management" der Großmacht durch die Vervielfältigung der Sprachen und Verständigungsräume sabotiert?

in dem Menschen sich nichts mehr streitig machen müssen, sondern gutwillig miteinander teilen.

Erzählungen liefern keine Dogmatik. Sie erzählen und bezeugen, wie man sich und das Leben erlebt, mit welchen Verletzungen, hoffnungsvollen oder auch schmerzlichen Erfahrungen man unterwegs ist, wovon man sich in Mitleidenschaft gezogen, herausgefordert, angezogen oder abgestoßen fühlt. Sie artikulieren ein spezifisches oder auch von vielen mitvollzogenes Lebens-Gefühl und Selbstverständnis. Und sie bringen es in der Bibel mit dem Gottesverhältnis des Einzelnen oder des Volkes Israel in Verbindung. So bezeugen sie in der Urgeschichte, wie man die Dynamik des Bösen erfährt und ihr als Sünder(in) zum Opfer fällt – oder dazu gestärkt wird, ihr zu widerstehen, über sie hinauszuleben. Die Dynamik des Bösen bringt Gott und die Menschen auseinander; sie entzweit die Menschen, bringt sie in Widerspruch zu sich selbst, zu dem, was sie als die Güte und Schönheit der Schöpfung und des miteinander im Schalom geteilten Lebens zumindest erahnen.

3.5 Paulus deutet das Kreuz Jesu als Gegen-Wirklichkeit zur Sünde

Darauf kommt Paulus zurück, indem er Adam und Christus zueinander in Gegen-Parallele setzt: Wie vom einen, von Adam her die Sünde zur Herrschaft kam, so kommt den Menschen von dem Einen – Jesus Christus – die Gnade zu, in der die Sünde ihre Kraft verliert. Sein Werk war es, sich der Macht der Sünde auszuliefern, damit sie überwunden werde. An ihm hat die Sünde ihre Macht und ihre Ohnmacht offenbart, denn das Kreuz Jesu wurde zum Ort, von dem her Gottes Versöhnungswille in die Welt Eingang findet. Wie das geschah, dazu hat Paulus unterschiedliche Modelle und Narrative entwickelt. Im Zusammenhang der Kapitel 5–8 des Römerbriefs kommt es zentral auf diesen Gedanken an: In Jesus Christus ist durch Gott selbst der neue Anfang Wirklichkeit geworden, der dem von Adam unheilvoll gesetzten Anfang ein Ende setzt und das Leben aus Gott neu erschließt, es in und mit Christus neu schenkt (vgl. Röm 5,18), da es von ihm den Gottesgeist ausgehen lässt, der die Glaubenden nun in der Liebe unauflöslich mit Gott verbindet (vgl. Röm 8,37–39). Gott bricht mit seinem Christus in den Wirkungsraum der Sünde ein; er wird hier *wirklich* – durch den, an dem sich die Sünden-Wirklichkeit „austobt" und ihre Grenze findet, da sie ihn nicht mehr um seine Wirkung in den Gläubigen und durch ihn Geretteten bringen kann. Diese Wirkung ist der Gottesgeist, der in den Gläubigen „wohnt" (vgl. Röm 8,11) und sie in Christus zu einer „neuen Schöpfung" macht (vgl. 2 Kor 5,17), sie in den Gottes-Schalom einführt.[48]

Die Wirklichkeit der Sünde und das Wirklich-Werden Gottes durch seinen Geist in Christus und den Glaubenden sind jeweils als Macht-Phänomene vorgestellt. Die Sündenmacht treibt in die „Nichtigkeit" hinein, in die Vergeblichkeit allen Beginnens (vgl. Röm 8,20 f.), in den Tod. Die Gottes-Wirklichkeit macht lebendig und wirkt Hoffnung (vgl. Röm 8,21); sie führt in die Fülle eines Lebens ein, das nicht vergeblich gelebt ist und nicht zuletzt verlorengeht. Es sind gegensätzliche Dynamiken, die des „Fleisches" und die des Geistes[49], die des hoffnungslosen, weil immer wieder neu übergriffigen, an sich selbst scheiternden und vom „Gesetz" seiner Nichtigkeit überführten Begehrens und die der Hoffnung, die sich von dem ergriffen weiß, wonach sie sich ausstreckt.

Wenn man sich von der spröden Textoberfläche und den auf ihr zwiespältig geltend gemachten Gegensätzen nicht davon abhalten lässt, den Erfahrungen nachzuspüren, die Paulus und seinen Gemeinden offenkundig zugänglich waren, kann man der soteriologischen Intuition auf die Spur kommen, in der Paulus lebte und für die er lebte, ihm den „Dienst der Versöhnung" auferlegte: Gottes Wirklich-Werden durch den Geist in Jesus Christus setzt eine Dynamik in Gang, die die Menschen aus dem Machtbereich der Sünde *auslösen* kann. Gott hat in Christus das Entscheidende getan und tut es durch seinen Heiligen Geist weiter, die Sünden-Dynamis zu brechen, es nicht mehr dahin kommen zu lassen, dass das Böse die Menschen mit sich fortreißt und zu immer noch mehr Bösem hintreibt.[50] Die nachexilischen Rituale der Sühne geben Paulus ein Modell an die Hand,

---

[48] Paulus führt den Gedanken hier in die Versöhnungsmetaphorik hinein: „Das Alte ist vergangen, siehe, Neues ist geworden. Aber das alles kommt von Gott, der uns durch Christus mit sich versöhnt und uns den Dienst der Versöhnung aufgetragen hat." Nicht Gott aber muss versöhnt werden. Die Menschen sind es, die sich von der Macht der Sünde befreien, von ihrer Gott-Entfremdung heilen lassen müssen. An sie ist die von Paulus ausgerichtete Bitte Gottes selbst adressiert: „Lasst euch mit Gott versöhnen", mit ihm und in ihm, unter seiner befreienden Herrschaft, in seinem endzeitlich befriedenden, versöhnenden Schalom leben (vgl. 2 Kor 5,17b,20).

[49] Hier sollte man sexuelle Assoziationen hintanstellen. Sie verkürzen das hier Gemeinte.

[50] Friedrich Schillers Rede vom „Fluch der bösen Tat, dass sie, fortzeugend, immer Böses muss gebären" (Die Piccolomini, Fünfter Aufzug, erster Auftritt) hat dieser Erfahrung einen geradezu sprichwörtlichen Ausdruck verliehen.

diese soteriologische Sicht der Sendung Jesu bis zum Kreuz im Glauben Israels zu verorten; ein Modell freilich, dass uns Heutige tief irritiert und in der Christentums-Geschichte fatale Missverständnisse auf sich gezogen hat.

Um sich vom paulinischen Verständnis des Kreuzes Jesu eine einigermaßen zuverlässige Vorstellung zu machen, müsste man sich von gängigen Opfer-Vorstellungen lösen. Israels Opferpraxis soll nicht einen zornig-gefährlichen Gott durch Opfergaben domestizieren, damit er nicht straft oder sonst wie schädigt. Die hier überlieferten Opferpraktiken sind vielmehr zentral von einer ganz anderen Vorstellung bestimmt: Was die Menschen von sich – an tierischen oder vegetabilen Opfergaben – hingeben, soll den Ort einer heilshaften Gottesgemeinschaft bereiten, die Gott konkret denen öffnet, die ihn *jetzt* im Opfer bei sich zu Gast sein lassen und sich ihm so öffnen.[51] Der Opferaltar ist der „Ort des Kommens Gottes"; das Opfer aber „ist Zeichen der Gastfreundschaft gegenüber Gott."[52] Und wenn Gott „anlässlich eines Opfers kommt, dann nicht in Feindseligkeit, so dass man ihn – wie immer wieder behauptet wird – gnädig stimmen müsste, sondern um die Gastfreundschaft seines Volkes anzunehmen und um es zu segnen (Ex 20,24b)"[53], es einzubeziehen in seinen Segen, sodass es selbst zum Segen wird (vgl. Gen 12,2–3). Das galt auch für Israels Sühnerituale und schließlich für die Liturgie des Großen Versöhnungstages: Mit der von JHWH gewährten Gottesepiphanie ist überwunden – bedeckt, getilgt –, was die Sünde des Volkes anrichtete. Sie hatte den Mächten der Zwietracht und der Ungerechtigkeit im Volk Einlass gewährt und so auch die Wohngemeinschaft zwischen JHWH und seinem Volk zerrüttet. Der Gottesdienst am Tempel überwindet diese folgenreiche Entfremdung. JHWH macht sich von Neuem zugänglich; er *kommt* in die Mitte seines Volkes, um es zu versöhnen. Er löst es heraus aus der unheilvollen Dynamis der Sünde zum Unheil hin. Am Jom Kippur ist es der Hohepriester, dem

---

[51] Ich beziehe mich auf Alfred Marx, Les systèmes sacrificiels de l'Ancien Testament. Formes et fonctions du culte sacrificiel à Yhwh, Leiden 2005 bzw. ders., Opferlogik im alten Israel, in: B. Janowski – M. Welker (Hg.). Opfer. Theologische und kulturelle Kontexte, Frankfurt a. M. 2000, 129–149.

[52] So – mit Bezug auf das sogenannte „Altargesetz" Gen 20,24–26 – die Formulierung Bernd Janowskis, der mit seinem Buch: Sühne als Heilsgeschehen, Neukirchen-Vluyn ²2000 das Verständnis der Opfer- und Sühnepraxis Israels auf eine neue Basis gestellt hat, sich hier aber auf die Forschungen von Alfred Marx bezieht. Zitate aus: Bernd Janowski, Homo ritualis. Opfer und Kult im alten Israel, in: Bibel und Kirche 64 (2009), 134–140, hier 135 f.

[53] Ebd., 136.

als dem Repräsentanten des in Sünde gefallenen Volkes Israel im Vollzug des Blutopfers Zugang zum Allerheiligsten und damit die Nähe des versöhnenden Gottes gewährt wird (Lev 16).

Sieht man in solchen Ritualen eine gottgegebene Ordnung für den heilsamen, auf dem gnädigen „Kommen" JHWHs beruhenden Umgang zwischen Israel und seinem Gott, kann man, wie es Paulus vor allem in Röm 3 und nach ihm der Hebräerbrief tun, das blutige Kreuzesleiden als Opferliturgie beschreiben, in welcher den Glaubenden Gottes Selbstvergegenwärtigung mit eschatologisch-endgültiger Gültigkeit geschieht – gerade *am Kreuz* geschieht. Was sich in den Opferritualen vor-abzeichnet, in ihnen gleichsam vorweg schon immer wieder vollzogen wurde, findet seine eigentliche Gestalt und Wirklichkeit in Jesus Christus, so dass es nun keinen heilswirksamen Opferkult mehr geben muss und geben kann.[54]

Jesus steht nach Paulus, aber auch nach dem Matthäusevangelium, für eine Versöhnung, die nicht an den Tempel gebunden ist: Hier ist „mehr als der Tempel" (Mt 12,6). Im Römerbrief (Röm 3,21–26) spitzt Paulus den Gedanken der Überbietung der Tempelopfer durch das Kreuz Jesu zu einer fast unerträglichen Herausforderung zu: Das Kreuz ist die neue Kapporaet, der mit dem Opferblut besprizte Deckel der Bundeslade, der kultisch als Thronschemel JHWHs und damit als Ort der gnadenhaften Gegenwart Gottes im Allerheiligsten des Tempels vorgestellt wurde, zu dem der Hohepriester nur am Jom Kippur hinzutreten durfte. Nun ist das Kreuz Jesu, des Christus, der Ort, an dem der heilschaffende Gott in dieser Welt gegenwärtig ist. Es ist offen in der Welt aufgestellt; alle können nun zu ihm Zugang finden: zu dem Gott, der noch im tiefsten Abgrund des Leidens und Sterbens an-gekommen und gegenwärtig ist, um zu retten, wen dieser Abgrund verschlingt. Das ist die äußerste Zuspitzung jenes Beziehungs-Dramas, das die Bibel vielstimmig bezeugt und immer wieder neu inszeniert sieht, zuletzt in jener „Liturgie", in welcher der Christus am Kreuz zur definitiven Gottes-Epiphanie wird.

---

[54] Janowski spricht von einer „Transformation des Opfers" durch „Metaphorisierung des Kultischen": „Der von Gott im Tod am Kreuz öffentlich hingestellte Jesus Christus tritt an die Stelle, die zuvor die kapporaet innehatte und wird zu dem Ort, an dem sich nunmehr die Reinigung von Sünden ereignet. Der Tempelkult wird damit zwar abgelöst, aber die in ihm verwurzelten Anschauungen von der Annäherung an die Sphäre Gottes bleiben erhalten, weil sie wie nichts anderes geeignet sind, die urchristlichen Vorstellungen von der eschatologischen Aufhebung der Distanz zwischen Gott und Mensch modifiziert zur Sprache zu bringen" (Homo ritualis, a.a.O., 140).

3. Erlösungs-Ideologien?

3.6 Erlösung von der Übermacht des Bösen?

Gottes-Epiphanie im Abgrund des Bösen, im Scheitern an seiner Übermacht, im Wirklich-Werden des Erlösenden inmitten dieses Scheiterns: Davon will Paulus sprechen, an der Grenze des Sagbaren, im Rückgriff auf das alttestamentlich Gesagte und Gehandelte. Trifft das noch die Erfahrung des Bösen und seiner Überwindung, an der Menschen heute als mehr oder weniger davon Betroffene und ins Böse Einbezogene teilnehmen? Irritierend bleibt die Glaubens-Herausforderung allemal, sich von der *Wirk-lichkeit* des Bösen so dramatisch-innerlich heimgesucht zu sehen. Das Böse ist nicht nur draußen, distanzierbar, bei den Anderen festzumachen. Wir sind die Opfer, aber eben *nicht nur*. Das Ärgerliche an der biblischen Rede von der Sünde ist genau dies: dass ich es bin. Ich bin Sünder, ins Böse verwickelt, sein Agent und Verbreiter. Da sollte es jetzt kein Ausweichen geben, auch nicht den Rückzug ins schlechte Gewissen. Diese Rede von der Sünde zielt nicht darauf ab, mich klein zu machen, sondern darauf, handlungsfähig zu werden, umkehrfähig, zukunftsfähig, entdeckungsfähig. Ich soll herausgefordert sein, meine Möglichkeiten zu entdecken, der so verhängnisvoll vereinnahmenden Macht der Sünde zu widerstehen, *herauszukommen* aus dem *cor incurvatum in se*, aus dem verunglückten Begehren, dem Selbstmitleid, dem Opfer-Selbstmissverständnis.

Es ist elementar Sünde, Gottes guten Willen zu sabotieren, statt ihn zu bezeugen. Wenn ich es so sehe, weiß ich, dass ich Sünder bin, dass durch mich – auch – ein *böser Wille* in die Welt hineinwirkt, aber auch – es ist dann Gnade, das Unableitbare – ein guter Wille wirken kann; dass ich, für mich selbst mitunter kaum zu trennen, Böses und Gutes in die Welt hineinbringe. Ich bin das nicht für mich allein; ich lasse es geschehen, handle mit, lasse mich hineinziehen, entschuldige, schaue weg. Ich bin unheilvoll involviert in Dynamiken der Sünde, einer – wie die Befreiungstheologie es zu sagen versuchte – strukturellen Sünde: eines überindividuell wirksamen bösen Willens, der unterdrückt, klein machen, klein halten will, der zerstört, damit man selbst gewinnt. Jesu Umkehrbotschaft will das Fühlen und die Vorstellung dafür entwickeln, dass es anders sein könnte, jetzt anders werden kann; die Phantasie dafür, wie es dann sein würde. Sie will der Resignation entgegentreten, die allem willenlos seinen Lauf lässt.

Das Böse ist eine Kraft, eine Zerstörungs- und Zersetzung-Energie, das Gute eine Heilungs- und Stärkungs-Energie. So hat man sich glaubend zu fragen: Was trägt man selbst in das soziale Kraft-Feld des Miteinanders ein? Wie bestimmt man es mit? Wie bestimmt man – mit einer anderen Metapher gesagt – die Atmosphäre mit? So wird hier die individuelle wie die soziale Verantwortung greifbar, dem Guten das Übergewicht über das Böse zu geben. Man ist selbst ein Kraftfeld, mit Nietzsche gesprochen: ein Kampfgeschehen, in dem es um Selbstbehauptung und Selbsthingabe geht, in dem ich zum Subjekt werden muss, das sich in diesem Kraftfeld verantwortungsvoll bewegt. Das Böse ist wie das Gute das mich *Ergreifende*, in Besitz Nehmende, Einnehmende. Das Gute wäre das Stärkende, Befähigende, Empowerment, das in dieses Feld – in diese Atmosphäre – einströmt, mich einbeziehen will: Gottes guter Geist.

Der Christus ist neutestamentlich der Gesalbte, der Mensch ganz aus dem Geist Gottes, der mit seiner ganzen Fülle in ihm wohnen wollte (vgl. Eph 1,19); der Mensch, der Gottes Wirklichkeit lebte und Gottes Geist mitteilte. Er ist als Gottes Epiphanie – Gottes Kraftquelle – in der Welt verstanden worden. Ihm anzugehören würde heißen, selbst das Einfallstor dieser Kraft in die Welt zu sein, nicht mehr das Einfallstor des Bösen (vgl. Röm 5). Was die Sünde und das Böse überwindet, ist das Gegenwärtig-Werden Gottes, seine Epiphanie, seine *Doxa* (Herrlichkeit): Gottes Herrlichkeit in Christus, zuletzt und entscheidend in seinem Kreuz (vgl. Joh 12,27–28; 17,1–8). Hier wird der „Name" Gottes – seine heilige und heiligende Welt-Gegenwart, sein solidarisches Da-Sein – geheiligt, endzeitlich *wirklich*.[55] Vom Christus und zuletzt vom Kreuz geht die Geist-Dynamis aus, der Geist, der ihn verherrlicht und die Menschen verherrlichen will: in ihnen Gottes Kraftquelle entspringen lassen will (vgl. Joh 19,34). Diese Kraft aber ist die in der Liebe tätige Hoffnung.

Dann stellt sich für das biblisch inspirierte Glaubensbewusstsein heute die wohl entscheidende Frage: Wie können *wir* glaubwürdig von Gottes erlösendem, machtvoll-machtlos aus-lösendem Gegenwärtig-Werden sprechen? Kann dieses Gegenwärtig-Werden noch bezeugt werden? Hat es sich nicht in eine dramatische Gott-Verbor-

---

[55] Die Theologie des Namens Gottes rekurriert alttestamentlich auf die „Namens-Offenbarung" Ex 3,14: Ich bin der: Ich bin (für euch) da. Er ist „Unser-Löser-seit-Urzeit" (Jes 63,16 nach Martin Buber). Dieser Name ist ausgerufen über den Tempel, den Ort der Gottesgegenwart im auserwählten Volk (vgl. 1 Kön 8,43), über das erwählte Volk selbst (vgl. 2 Chr 7,14 und Jes 63,19a). Er wird wahr – geheiligt – werden mit der endzeitlichen Geist-Ausgießung (vgl. Ez 36,22–32). In diesem Kontext ist auch die Heiligungsbitte des Vaterunsers zu verstehen: Gottes „geistvolles" In-der-Welt-Sein möge das Glaubens-Engagement hervorrufen, sich Gottes Herrschaft zu öffnen.

genheit, Gott-Verlassenheit hinein verflüchtigt. Ist es nicht eine Erfahrung, ein Lebens- und Glaubens-Gefühl, von gestern, eher noch von vorgestern, zugänglich eben nur für Gottes-Nostalgiker? Ist der theologische Verstehens-Aufwand nicht doch – auch wenn er uns heute befremdlich-archaische Vorstellungen und Praktiken neu verstehen lässt und vielleicht sogar für unsere heutige Selbsterfahrung neue Dimensionen erschließt – im Letzten vergeblich investiert, weil unsere Welt eine so durchgreifend andere geworden ist, dass wir mit dem kirchlich als Erlösungslehre Überlieferten nichts menschlich Aufschlussreiches mehr anfangen können?

Zu schnell sollte man hier nicht zustimmen und wichtige Motive der christlichen Glaubensüberlieferung verloren geben. Man könnte sehr schnell vor der Frage steht, was von ihr noch übrigbleibt, wenn man sich als Christ(in) von vornherein auf das heute noch ohne größere Mühe Verständliche und Plausible zurückziehen will: ob man dann überhaupt noch von einem Gott sprechen kann, der den Menschen in der Welt *wirklich* wird. Es scheint mir der Mühe wert, die Herausforderung für ein alltäglich-modernes Selbst-, Welt- und Gottesverständnis anzunehmen, mit der uns die Bibel hier heimsucht. Das ist die zutiefst heilsame Heimsuchung, Gottes Gegenwärtig-Werden in der Welt ernst zu nehmen, seine Gegenwart überall da, wo das Schöpferisch-Gute in die Welt kommt.

4. Gottesverlust[56]

4.1 Was haben wir mit Gott gemacht?

Das ist die Heimsuchung der Bibel: Sie spricht von Gottes Wirklichkeit, seinem Wirklich-Werden in der Welt. Aber uns „Modernen" scheint kaum etwas befremdlicher, als damit zu rechnen und davon noch zu sprechen. Sollte es zu irgendetwas von Belang führen können, Gott unter den Menschen zu suchen? Der tolle Mensch in Nietzsches *Fröhlicher Wissenschaft* dramatisiert das Tragisch-Abgründig-Komische dieser Suche – und die Dramatik des Verlustes.[57] Er ist dem antiken Philosophen *Diogenes von Sinope* nachgebildet. Von ihm erzählte man, er sei am helllichten Tag mit einer Lampe auf den Markt von Athen gegangen und habe ausgerufen: Ich suche einen Menschen.[58] Er meinte: einen wirklichen, menschlichen Menschen. Nun also Nietzsches toller Mensch: Ich suche Gott! Bei den Umherstehenden erregt er nur Heiterkeit: „Ist er denn verloren gegangen? [...] Hat er sich verlaufen wie ein Kind? [...] Oder hält er sich versteckt [...] Ist er zu Schiff gegangen? ausgewandert?"

Wer das heute als um seinen Gottes-Glauben ringender Mensch liest, mag erschrecken. *Ist er uns verlorengegangen? Ist er ausgewandert aus unserer Lebenswelt? Hält er sich verborgen?* Der tolle Mensch lässt sich von der ironischen Gleichgültigkeit der Herumstehenden nicht beirren. Das ist seine Frage, eine Frage auf Leben und Tod: „Wohin ist Gott?", Gott, der es verdient, Gott zu heißen. Das ist nicht mehr die schon biblisch irritierende Frage der Heidenvölker an Israel angesichts der scheinbaren Machtlosigkeit seines Gottes: „Wo ist denn ihr Gott?", die Israel selbst- und glaubensbewusst beantworten konnte: „Unser Gott, er ist im Himmel, alles, was ihm gefällt, vollbringt er" (Ps 115,2 f.). Die heute Gottverlassenen werden sich eher in der bangen Ratlosigkeit des Thomas wiedererkennen: „Herr wir wissen nicht, wohin du gehst. Wie können wir dann den Weg kennen?" (Joh

---

[56] Ich greife hier zurück auf Gedanken und Formulierungen, die ich im PREDIGER UND KATECHET (161 [2022], 292–303) unter dem Titel „Wohin ist Gott?" publiziert habe.
[57] Friedrich Nietzsche, Die fröhliche Wissenschaft, Aphorismus 125, KSA 3, 480–482.
[58] Vgl. Diogenes Laertius, Leben und Meinungen berühmtes Philosophen, VI, 41, dt. von O. Apelt, neu hg. sowie mit Einleitung und Anmerkungen versehen von K. Reich, Hamburg 2015, 298.

14,5).[59] Sie radikalisiert sich in der Ratlosigkeit der vom Gottesverlust zuinnerst Betroffenen. Für sie hält Nietzsches toller Mensch nur diese Antwort bereit: Gott ist tot, wir haben ihn getötet, um seine Bedeutung, seine Lebens-Wirklichkeit gebracht; wir haben sein Vorkommen in unserer Lebenswelt, unserer Selbst- und Welt-Verständigung, auf unseren Foren eliminiert. Den tollen Menschen schaudert vor dem Abgrund dieser Tat. Die Leute auf dem Markt zucken mit den Achseln. Ja und?!

Gott ist ausgewandert aus unserer Lebenswelt, verdrängt aus den Kausalzusammenhängen, in denen wir unser Leben sichern und genießen, aus den Feststellbarkeiten, aus den Erklärungen, mit denen wir uns die Kontingenzen unseres Daseins verständlich machen. Da ist er kein Akteur, kein Faktor mehr. Alles funktioniert nach ewigen Gesetzen, in prinzipiell durchschaubaren Zusammenhängen; Wunder waren vorgestern. Auch aus unserem Seelenleben ist Gott entschwunden. Wir haben einen klareren Blick auf die Dynamik unserer Emotionen; darauf, was uns ergreift, Geborgenheit gibt, Vertrauen einflößt, hoffen lässt. Da sind bestimmte Hormone im Spiel, die bestimmte Bilder hervorrufen, *Projektionen:* Hoffnungs- und Sehnsuchtsbilder, mit denen wir unseren Seelenhaushalt in Unsicherheiten und Krisen stabilisieren. Im Nebel unserer Projektionen ist Gott unsichtbar geworden. Mit Feuerbach haben wir gelernt, erwachsen zu werden und uns unsere Hoffnungen selber zu erfüllen. Bietet das Leben in dieser Welt nicht so viel Freuden und Entwicklungsmöglichkeiten, dass wir darin menschliche Erfüllung finden könnten? Menschen, die sich einsetzen für die Optimierung des Lebens, die eine Ahnung davon bekommen, was da noch alles möglich wird – durch ärztliche Kunst, durch Verfeinerung der Lebenskunst, durch Verlebendigung des Liebeslebens –, wer von ihnen wird noch darüber hinaus einen Himmel erträumen?

Ja, es gibt Leid und Tod. Man wird dafür sorgen, dass der Tod hinausgeschoben und so harmlos wird wie das Einschlafen nach

---

[59] Johann Sebastian Bachs Kantate „Wo gehest du hin" (BWV 166) beginnt mit einer Bass-Arie, die das Gewicht dieser Frage Musik werden lässt. Noch lässt sie sich trösten mit dem Bekenntnis des Tenors „Ich will an den Himmel denken / Und der Welt mein Herz nicht schenken", das die Frage nach dem Wohin schließlich an den Menschen zurückwendet: „Mensch, ach Mensch, wo gehst du hin?" Der anschließende figurierte Choral imaginiert die Festigkeit der Glaubenshaltung und zugleich – in der Umspielung – das Umherirren derer, die in ihr ihren Halt nicht mehr finden. Die „anthropologische Wendung" der Frage „Wohin gehst du?" bestimmt den Ernst unserer Tage. Und sie manifestiert, dass mit der Metapher Gottverlassenheit die Fragen eingespielt werden: Wer hat wen verlassen? Und mit welchen Konsequenzen?

einem lebensprallen Tag. Und überhaupt: Wenn es einen Gott gäbe, wieso ist dann so viel Leid und Ungerechtigkeit in der Welt? So könnten die Leute, die das Verschwinden Gottes wohlwollend zur Kenntnis genommen haben, ihre Gemütslage erläutern, ihr Desinteresse an Gott und Religion begründen. Und wie stehen wir da – wir, die wir Gott nicht vergessen haben, nicht von ihm lassen können, die Gottes-Nostalgiker? Wir, die wir ihn vermissen, uns von ihm allein gelassen fühlen, weil er zu „hintergründig" geworden ist?

4.2 Der entkirchlichte Gott

Heute brennen solche Fragen noch mehr in der Seele, weil das Leben mit der Kirche als Erfahrung des Vorkommens Gottes in unserer Alltagswelt für viele wegbricht. An der sakralen Aura, den heiligen Vollzügen und geheiligten Personen der Kirche, in der erhabenen Atmosphäre der Kirchenbauten und des darin gefeierten Gottesdienstes bekam man etwas mit von Gott, wurde er irgendwie sichtbar, fühlbar. Das in ihr gepflegte und gegen den Zweifel gestärkte Lebens- und Glaubensgefühl scheint sich endgültig zu zersetzen. Die Kirche hat ihre Glaubwürdigkeit auch in den Augen vieler ihrer Mitglieder ruiniert. Für viele „Kirchen-Menschen" sind die Zeiten vorüber, in denen die Kirche ihnen eine Hilfe für ihren Gottesglauben war.[60] Jetzt ist sie ihnen ein schwer erträgliches Hindernis. Ihre früher so eindrucksvolle Sichtbarkeit kann Gottes Unsichtbarkeit nicht mehr kompensieren. Jetzt sind Gläubige und um ihren Glauben Ringende Gottes Verborgenheit in der Welt schutzlos ausgeliefert. Die Kirchen schützen sie nun nicht mehr. Sind die nicht überhaupt – wie es Nietzsches toller Mensch besingt und verkündigt – die „Grüfte und Grabmäler Gottes"? Dass ein Gott, der wirklich Gott ist, nicht sterben

---

[60] Das 1. Vatikanum war sich da ganz sicher: „[…] die Kirche selbst ist durch sich – nämlich wegen ihrer wunderbaren Ausbreitung, außerordentlichen Heiligkeit und unerschöpflichen Fruchtbarkeit an allem Guten, wegen ihrer katholischen Einheit und unbesiegten Beständigkeit – ein mächtiger und fortdauernder Beweggrund der Glaubwürdigkeit und ein unwiderlegbares Zeugnis ihrer göttlichen Sendung" (Denzinger – Hünermann 3013). Die römische Kirche hat diesen Konzilstext in anderthalb Jahrhunderten gründlicher widerlegt als es ihre Gegner je hätten tun können. Was folgt daraus für den Gültigkeits-, ja Wahrheits-Anspruch konziliarer Texte? Wie steht es um den Unfehlbarkeitsanspruch kirchlicher, zuletzt päpstlicher Entscheidungen, wenn die Kirche sich als so abgründig fehlbar erweist. Theologisch wird man das subtil auseinanderhalten. Kommt man damit auch im kirchlichen Glaubensbewusstsein durch?

kann, wird man dem tollen Menschen nicht entgegenhalten. Es ist ja klar, was seine Rede zu Bewusstsein bringen will: Die Menschen haben Gott um seine Bedeutung gebracht, in diesem Sinn *umgebracht*. Jetzt sind sie damit beschäftigt, überfordert, sich die Überreste des Gottesglaubens unschädlich zu machen, ihren Glauben zu „begraben". Steht auch uns das heute bevor? Oder widersprechen wir dem tollen Menschen mit dem Risiko, den Zeitgenossen verrückter vorzukommen als Nietzsches toller Mensch?

4.3 Exodus-Perspektive? Gottes-Ausbruch?

Die biblische Prophetie entwirft ein anderes Narrativ, kaum weniger verstörend: Gott ist ausgezogen aus seinem Tempel. Da wollte er nicht mehr wohnen, nicht länger mit sich machen lassen, dass man sich seines Schutzes sicher war, weil man die entsprechenden Riten pflegte – und tat, was man wollte. Er zieht aus, entzieht sich seinen „Stellvertretern", die ihn vor den Völkern blamieren (vgl. Jer 7,1–15). Das kann der Kirche Jesu Christi nicht mehr passieren, der unfehlbar in Christus gegründeten! Diese Christen-Gewissheit zerfällt. Wird man sich auch in der Kirche der Scheiterns-Perspektive aussetzen müssen, die Jeremia aufreißt. – Einem Exodus-Narrativ, das die biblische Exodus-Erzählung auf den Kopf zu stellen scheint?

Gott zieht aus. Er will nicht im Macht-Gehabe und der pompösen Inszenierung seiner Sachwalter sein, nicht im Herunterdonnern der Moralapostel. Im Sturm, im Donner ist er nicht, nicht im Glanz des Feuers, der blendenden Inszenierung; die Macht, die die Erde beben lässt, da sucht man ihn vergebens. Er fährt nicht machtvoll dazwischen. Diese Lektion muss Elia lernen: Gott ist im leisen Wink, der ihn dahin weist, wo er jetzt gebraucht wird (1 Kön 19,1–18).

Erstaunlich, wie wenig die Kirche dieses Gottes-Lernen auf sich bezogen hat. Nun ist auch für die römisch-katholische Kirche das 19. Jahrhundert definitiv zu Ende. Nun muss sie damit rechnen, dass Gott ausgezogen ist, dass er nicht mehr da ist, wo man ihn für sich in Anspruch nimmt; dass er sich von der aufdringlichen kirchlichen Selbstfeier distanziert, vom ekklesialen und amtstheologischen Narzissmus. Nun muss sie auf den leisen Hauch achten, nach der Spur suchen, in der sie ihm *jetzt* nachzufolgen hätte. Die Mesalliance zwischen der Kirche Jesu Christi und einer feudalen kirchlichen Selbst-Inszenierung ist so sehr aus der Zeit gefallen, dass sie fast schon skurril wirkt.

Aber damit beginnt erst das Suchen nach der Spur, in der wir neuem und in der Lerngemeinschaft mit Israel lernen sollten, Kirche zu sein und den Gott zu bezeugen, der da ist, wo man ihn nicht erwartet hätte: für Christinnen und Christen in Jesus von Nazaret, dem Gekreuzigten und Auferweckten. Hier gilt es sich bereit zu machen dafür, dem verborgenen Gott auf die Spur zu kommen, den man nicht an überwältigenden Welt-Geschehnissen aufweisen und dessen „Handeln" man nicht in diesem Sinne als vor aller Augen machtvoll-geschehend ausweisen oder unfehlbar ins kirchliche Handeln einbezogen glauben kann.

Wenn Gott ausgezogen wäre aus „seiner" Kirche – wir ihn vielleicht „woanders" suchen müssten? Dann würden wir uns fragen müssen, ob wir tatsächlich ihm, dem so Befremdlichen, Abhanden-Gekommenen glauben, geglaubt haben, oder doch eher einer Kirchlichkeit, in der wir emotional zuhause sein wollten? Man kann nur hoffen, dass das eine falsche Alternative ist; dass die Kirche doch noch – vielleicht gegen das derzeit ins Auge Fallende – Dienerin für unseren Gottesglauben und der Raum für Gottes Wirklich-Werden in der Welt geblieben ist. Dass man Gott in ihr missbraucht hat: durch Moralisierung, Sakralisierung, Vereinnahmung, das ist wahr. Aber unser Gottesglaube sollte doch nicht untergraben oder widerlegt werden können vom kirchlichen Scheitern! Gott sollte uns als er selbst glaubwürdig sein, nicht deshalb, weil uns die Kirche mit ihrer Selbstinszenierung so sehr *für sich* einnimmt.

So wird es wohl sein: In unserer Alltags-Welt hat sich die Kirche mächtiger Gottes-Stellvertreter vor Gott geschoben und ihn zugedeckt; sie hat sich in ihren Ansprüchen verabsolutiert, nicht deutlich genug von ihrem Herr relativieren lassen. So hat sie selber das fromme Entsetzen aufkommen lassen: Wohin ist denn nun Gott? Hier kann er nicht sein: an der Seite der Macht-Geilen, Lügner und Besserwisser, derer, die die Hoffnung der Menschen nicht hegen und wachhalten, sondern eher missbrauchen! Auch nicht bei denen, die große Worte leichtsinnig in den Mund nehmen und die Menschen mit schäbigen Taten skandalisieren.

4.4 Das Gottes-Wagnis

Gott ist nicht da, wo man sich in seinem Glanz sonnt, sondern da, wo es nicht nach Gott aussieht. Das ist für die ersten Christinnen und Christen die ebenso furchtbare wie beglückende Erfahrung gewesen;

das Kreuz Christi hat sie ihnen zugemutet. Gott war in Jesus Christus da, abseits der religiösen Zentren; Jesus brachte ihn dahin, wo man ihn vermisste. Auch an seinem Kreuz, nach der Tora (Dtn 21,23) Zeichen einer definitiven Verworfenheit, war Gott *wirklich da*. Für Paulus ist es der Gottesthron für das Exodus-Gottesvolk (Röm 3,21–25). Der Johannesprolog spricht von Jesus Christus als dem Gotteszelt, in dem Gottes Herrlichkeit und Wort „voll Gnade und Wahrheit" mit den Menschen wandert (vgl. Joh 1,14).[61] So ist es nach dem Glaubenszeugnis Israels immer mit dem *Dasein Gottes:* Es ist ein Dasein für uns, so aber, wie *Er* für uns da sein will: Ich werde da sein, wie *ich* für euch da sein will, legt Martin Buber Ex 3,14 aus.

Gott bleibt der Souverän seines Daseins, lässt nicht über es verfügen, auch nicht von denen, die meinen, ihm besonders nah zu sein und ihn zu kennen. Gottes-Erfahrenheit wird eher heißen, darin erfahren werden, wie man sich auf seine Spur setzt, nicht jedoch alle möglichen Antworten zu allen möglichen neugierigen Fragen Gott betreffend parat zu haben.

In solchen Antworten wartet ja die alle kirchliche Selbstgewissheit unterminierende Frage: Was bedeutet das für mich, für uns? Was bedeuten die Sätze des Glaubensbekenntnisses, des Vaterunsers? Was bedeuten sie mir, dir? Erst mit dieser Frage geht es ums Glaubens-Entscheidende, könnte uns Gottes Wink, sein Anklopfen erreichen. Ist es nicht überhaupt so, dass Gott aus dem Tempel der kirchlich-prachtvollen Antworten ausgezogen ist und uns von „draußen" mit dieser Frage belästigt: Was bedeuten dir die Antworten? Sie entwaffnet die Antwort-Besitzer. Gott ist ausgezogen aus dem, was sie schon von ihm wussten. Er klopft an, damit wir herauskommen, uns seinen Fragen zu stellen, uns denen aussetzen, die zu viel haben von den wohlfeilen Antworten. Oder klopft der Auferstandene gar von innen, damit wir ihn nicht einsperren, *ihn* endlich hinauslassen, mit ihm hinausgehen?

Kardinal Bergoglio hat vor seiner Wahl zum Papst das Wort des Auferstandenen „Ich stehe vor der Tür und klopfe an. Wenn einer meine Stimme hört und die Tür öffnet, bei dem werde ich eintreten und Mahl mit ihm halten und er mit mir" (Offb 3,20) so zugespitzt: „In der Apokalypse sagt Jesus, er stehe vor der Tür und klopfe an. Offensichtlich bezieht sich der Text darauf, dass er von außen an die Tür klopft, damit er hereinkommen kann [...] Aber ich denke an jene Momente, in denen Jesus von innen klopft, damit wir ihn hinausge-

---

[61] Gottes Wort hat, da es Fleisch geworden ist, „unter uns gezeltet".

hen lassen. Die selbstreferentielle Kirche will Jesus in ihren eigenen Reihen festhalten und nicht hinausgehen lassen."[62]

Gott und seinen Christus hält es nicht in unserer „selbstreferentiellen" Enge. Sie klopfen an unser Kirchen- und Antwortgehäuse, damit auch wir es verlassen. Dann wäre es so: Gott verbirgt sich in sein Anklopfen und Fragen, vielleicht auch in unsere Ahnung, wir hätten viel zu klein von ihm gedacht und zu zaghaft an ihn geglaubt, eher an die Kirche geglaubt als an ihn. Wir werden hinausgerufen, dahin, wo Gott und sein Christus und ihre Bedeutung für die Menschen auf dem Spiel stehen. Draußen ist Gott nicht als Patentlösung für offen gebliebene Fragen und die sich auftürmenden Probleme in unserer Lebenswelt gefragt. Für die sind wir selbst zuständig: *etsi deus non daretur* (Dietrich Bonhoeffer). Es ist ganz unfruchtbar sich zu streiten, ob „man" Gott braucht, brauchen müsste. Der Gott Jesu Christi ist nicht der, den man unabweisbar braucht. Am Kreuz hätte Jesus ihn „gebraucht". Gott selbst ließ „sich aus der Welt herausdrängen ans Kreuz"[63]. Wo man ihn brauchen könnte, um zu überleben, hilft er nicht heraus. *Brauchen* lässt er sich nicht. Man muss ihn *wagen*, mit Jesus, seinem Christus; wie der ihn wagte. Ich müsste, wir müssten es wagen, mit ihm anders zu leben, Gottesherrschaft zu leben; draußen, da, wo das gute, menschliche Leben auf dem Spiel steht. Aber wenn man ihn tatsächlich nicht mehr brauchte, wäre das nicht der Bankrott des Gottesglaubens?

Der Bankrott scheint sich abzuzeichnen; der Bankrott hinter der Glaubens-Insolvenz der Kirchen: So lange brauchten die Menschen einen Gott, dem sie ein gütiges Schicksal verdanken, den sie darum anflehen, mit dem sie in Lebens-Kontakt kommen und sich so ihres Lebensreichtums, ihrer Lebensfruchtbarkeit vergewissern konnten. Wenn Gott nicht mehr schützt, nichts mehr nützt, warum dann noch

---

[62] http://www.valoresreligiosos.com.ar/ver_nota.asp?Id=33864; Übersetzung von Norbert Arntz. Kardinal Bergoglio verändert bewusst den „Richtungs-Sinn" dieses Wortes der Johannes-Apokalypse. Während es in Offb 3,20 um die womöglich schon mit einer kultischen Mahlfeier verbundene Zusage geht, der Herr werde in sie – in die Gemeinde der Mahlfeiernden – eintreten und sie an der endzeitlich rettenden Christus-Gemeinschaft teilhaben lassen (vgl. Ansgar Wucherpfennig, Wie hat Jesus Eucharistie gewollt? Ein Blick zurück nach vorn, Ostfildern ²2021, 35–38), akzentuiert Bergoglio den Sendungs-Aspekt der zur Eucharistie Versammelten. Ob er damit schon bewusst gegen eine Kult-Esoterik Stellung bezieht, die die *exklusive* Sammlung von der Sendung der eucharistisch Gestärkten abtrennt (vgl. etwa das Apostolische Schreiben *Gaudete et exsultate*, 104–109)?

[63] Dietrich Bonhoeffer, Widerstand und Ergebung. Briefe und Aufzeichnungen aus der Haft, hg. von E. Bethge, Taschenbuchausgabe München – Hamburg ⁴1967, 177 f.

mit ihm rechnen und sich um ihn kümmern? Die neuzeitliche Katastrophe des überlieferten Gottesglaubens wird entscheidend damit zu tun haben, dass es zum Selbstbewusstsein der aufstrebenden Bürger und Proletarier gehört, sich selbst zu helfen, da Gott ja doch nicht mehr hilft, wenn man ihn braucht. Schon die Bibel kennt diese Abgrund-Erfahrung des Gottes-Ausfalls; das Buch Ijob rührt an sie. Wir sind heute mittendrin. Warum also dann noch Gott? Gott nicht als Lebens-(Hintergrunds-)Versicherung, sondern als Lebens-Herausforderung in die Wirklichkeit hineinzuhoffen, hineinzuglauben, hineinzuleben, die in Jesu Verkündigung Gottesherrschaft heißt, das wäre jesuanisch geglaubt. Ist das menschlich-allzumenschlich nicht zu viel verlangt? Ist es nicht so viel naheliegender, den als Natur- und Schicksals-Gott abgedankten Gott Jesu Christi ehrlich verloren zu geben?

Mehr Gottesherrschaft leben, Gottes Blick auf die Wirklichkeit wagen, sein Wirklich-Werden mitten unter uns wagen: *glauben*. Nichts daran ist einfach plausibel. Es ist nicht selbstverständlich, mehr Leben zu wagen als das alltäglich Überschaubare. Es ist nicht selbstverständlich, mehr Solidarität zu wagen als die von unseren Sozialsystemen getragene, mittelfristig vielleicht allerseits vorteilhafte. Es ist nicht selbstverständlich, mehr Liebe zu wagen, mehr nebenabsichtsloses Wohlwollen, mehr Treue, mehr Versöhnung, mehr Stärkung, mehr selbstvergessene Hingabe, als es die Logik wechselseitiger emotionaler Befriedigung nahelegt. Es ist nicht selbstverständlich, an Gottes Zukunfts-Macht zu glauben, die keine und keinen verlorengibt. Es ist auch nicht selbstverständlich, dem Menschen zuzutrauen, dass er gut sein kann – dass er sein Gutsein immer wieder neu aus Gottes Güte empfängt, um es mit seinen Nächsten zu teilen.[64] Es ist jenseits allen vernünftigen Kalküls, auf Rettung zu hoffen, wo das Unheil übermächtig scheint, und in dieser Hoffnung kein Unheil als endgültig hinzunehmen. Es ist alles andere als selbstverständlich, das Leben und das Sterben zu wagen im Vertrauen darauf, dass ich mich und die Meinen und alle in Gottes Hand hinein lassen kann, weil er es mit uns so gut machen wird, wie es überhaupt gut mit uns werden kann.

---

[64] Der Glaube daran, dass der Mensch gut sein kann, mag einem im Annus horribilis 2022 endgültig abhandenkommen. Da lauert die notorisch bedrückende Theodizeefrage. Aber zugleich eine höchst aufschlussreiche weitere Frage: „Wenn Gott ist, woher kommt dann das Schlechte? Wenn Gott nicht ist, woher das Gute?" (Boêthius, Consolatio Philosophiae/Trost der Philosophie, hg. von E. Gegenschatz u. O. Gigon, Düsseldorf 2004, 41).

Gott ist abgründig *unselbstverständlich* geworden, Welt-fremd, befremdlich. Und die kirchlich-theologische Einhegung seiner Befremdlichkeit zerfällt. Wir entdecken – mehr oder weniger ausdrücklich und dramatisch –, wie Gott uns fremd geworden ist. Vielen ist er so fremd geworden ist, dass sie mit ihm „nichts mehr anfangen" können.[65] Vielleicht ist das ja der nüchterne Sachverhalt, den die oben angesprochenen biblischen oder Aufklärungs-Narrative nachzuvollziehen und auf ihre Weise zu verstehen suchen: Gott steht für das Nicht-Selbstverständliche, Unmögliche – oder aber für das Lebensirrelevant-Gewordene. Es ist unselbstverständlich, mit dem – nach dem Urteil der „nüchternen Rationalität" – Unmöglichen noch Hoffnungen und positive Emotionen zu verbinden. Man lässt es, um sich dem *uns* Möglichen, Erreichbaren, Wählbaren zuzuwenden, aus ihm das Bestmögliche zu schöpfen; man weiß sich ins Gelingen verliebt. Oder ist es doch noch ganz anders? Befremdlich anders?

Sören Kierkegaard hat den Menschen seiner Zeit leidenschaftlich nahezubringen versucht, sich nicht vom Menschlich-Unmöglichen desinteressiert abzuwenden und ins Menschenmöglich-Selbstverständliche einsperren zu lassen Das Überhaupt-nicht-Selbstverständliche ist *möglich.* Es ist möglich, weil Gott wirklich da ist. Kierkegaard hat vom „Kampf des Glaubens" gesprochen, „welcher, wenn man so will, verrückt für Möglichkeit kämpft. Denn diese Möglichkeit ist das Eine, was rettet": die Möglichkeit des Menschen-Unmöglichen. Sie ist „das ewig sichere Gegengift gegen Verzweiflung". Wenn vom Kämpfen-Müssen des Glaubens zu sprechen ist, so meint das: den mit der Resignation ringenden Wagemut, sich an Gott zu halten statt an die Wirklichkeit zurechtfrisierenden Illusionen eines Höher-Besser-Weiter: „Gott ist dies daß alles möglich ist oder daß alles möglich ist, ist Gott." [66]

Kierkegaards pathetische Sprache mag uns Heutigen fremd sein. Aber sie hat in der Dramatik unserer Glaubens-Situation der Gottes-Befremdlichkeit etwas zu sagen. Resignation ist das Naheliegende: Nicht zu viel und zu groß hoffen, damit wir „hinterher" nicht zu sehr

---

[65] Gottes-Fremdheit statt Gottverlassenheit: Da wird weniger ein absichtsvolles Verlassen oder Weggehen (wer von wem?) imaginiert als dieses tragisch-abgründige, rätselhafte Sich-fremd-Werden. Da wird auch nicht alle Schuld an der Gottes-Entfremdung den „Weggehenden" zugewiesen. Ich danke Norbert Caßens für seinen Hinweis auf die Metapher der Gottes-Fremdheit und die hier von mir nur angedeutete Zwiespältigkeit der Gottverlassenheits-Narrative.

[66] Sören Kierkegaard, Die Krankheit zum Tode. Gesammelte Werke, hg. von E. Hirsch und H. Gerdes, 24. und 25. Abteilung, Gütersloh ⁴1992, 35 und 37.

enttäuscht werden! Das Unausweichliche akzeptieren, damit wir im Leben nicht auf Möglichkeiten setzen, die uns doch verschlossen bleiben werden! Nicht zu viel wagen. Was man dabei alles verlieren könnte! „Nüchterner Realismus" will uns einnehmen: Der Mensch ist nichts anderes als ein bio-elektrisch funktionierendes, höchst differenziertes Lebewesen, das auf sozial-kooperatives Überleben und Fortpflanzung programmiert ist. Wenn es seine Fortpflanzungs- und Überlebensmöglichkeiten ausgeschöpft hat und als Lebewesen erschöpft ist, stirbt es: ist es hinfort so wenig da, wie es vor seiner Geburt dagewesen ist. Aufs Ganze gesehen wären wir ein Fast-Nichts, weniger als ein Wimpernschlag. Darauf sollten wir uns einstellen, um uns keine falschen Hoffnungen machen und das Leben genießen, solange wir das können! Einspruch: Was nicht Menschen-möglich, nicht Lebewesen-möglich ist, weil gegen das Bedeutungslos-Werden des Menschen im Tod biologisch kein Kraut gewachsen ist, das ist Gott möglich: eine Zukunft, für die unsere Hoffnung und unsere Sehnsucht nicht groß genug sein können; eine Zukunft, von der die Liebe einen Vorgeschmack gibt und in die sie hineinführt.

Es braucht Mut, diese Alltags-befremdliche Hoffnung zu hegen und auf diese Gottes-Möglichkeit zu setzen, weil Gott wirklich da ist. Und den Ermutiger, den Gottes-Hauch, der schon Elia den weiten Atem für seinen Auftrag gab. Es braucht das Hineinspüren in den Gottesgeist, damit uns vorstellbar wird, wohin er uns mitnehmen will. Nicht jedes Wagnis führt auf dem Weg in die Gottesherrschaft weiter. Die Unterscheidung der Geister, der „Motivationen", ist unerlässlich. Aber wir können uns an unseren Bruder Jesus von Nazaret halten, hie und da die Frage wagen: Wie hätte er jetzt geredet, gehandelt, sich entschieden? Was hätte er gewagt, wovor hätte er gewarnt? Mit seinen Jüngerinnen und Jüngern hat er ausprobiert – elaboriert –, wie Gottesherrschaft geht, wie das Leben anders wird, wenn es aus Gottes weitem Atem gelebt wird: was das an Freiheit gegenüber dem Festhalten am vermeintlich Unabdingbaren einbringt, an Phantasie für mehr Liebe, an Einfühlsamkeit für den Nächsten, an Entschiedenheit im Blick auf das jetzt Notwendige, an Bereitschaft zu selbstvergessenem Dienst, an Mut, aus den bodenlosen Selbstverständlichkeiten auszuscheren, auf die wir unser alltägliches Miteinander gründen versuchen – an Vertrauen darauf, dass Gott uns nicht hängen lässt, wenn wir wagen, wozu er uns durch seinen Sohn herausfordert und durch seinen Geist stärken will.

Gott bleibt unsichtbar, unerfahrbar, „unwirklich" in den Praktiken und Selbstverständlichkeiten, mit denen wir in unserem Alltagsleben zurechtkommen wollen. Er entzieht sich, wenn man sich mit ihm eines zufriedenstellenden Lebens und der eigenen Machtpositionen versichern will. Er klopft an, wenn wir uns gegen die Resignation wehren, gegen das Eingezwängt-Werden in die Unmöglichkeiten eines Lebens, in dem man bloß behalten will, was doch verlorengeht. Er klopft an, fordert heraus, mehr Leben und mehr Liebe zu wagen, mehr Zukunft, und darauf zu vertrauen, dass das erst der Anfang von dem ist, was er vollenden wird.

So darf man es heute vielleicht im Blick auf die biblischen Zeugnisse eines Lebens in der Gottes-Fremde erzählen: In seinem Anklopfen kommt Gott uns nahe, zeigt er sich, lehrt er uns, was Gottes-Glaube im Unterschied zu bloßem Kirchen-Glauben heißt: sich herausfordern lassen von seiner Zukunft – und in sie eintreten. Wer an ihn glaubt, glaubt für sich und die anderen nicht mehr daran, dass all das, was das Leben ihm gebracht hat und was in ihm misslungen ist, das Letzte sein muss. Er glaubt an die Auferstehung, an Gottes „Aufstand" gegen Tod, Zynismus und Vergeblichkeit.[67] Der glaubt, dass Gott der Rücksichtslosigkeit der Mächtigen Herr wird und für den guten Ausgang bürgt. Und der lebt so – anders als Menschen, die sich mit dem Nicht-Hinnehmbaren abgefunden haben.

So könnte es sein: Gott will *geglaubt* und nicht als einigermaßen selbstverständlich hingenommen werden. So verbirgt er sich in sein Anklopfen, in den Anruf, auf seine Möglichkeiten zu setzen und von ihnen Gebrauch zu machen, um dem Zerstörerisch-Unmöglichen des Menschlich-Allzumenschlichen zu widerstehen. Gott kann nicht sichtbar sein in dem, was sowieso passiert und was die Menschen dann daraus machen. Er kann erfahrbar werden in dem, was daraus werden soll, weil es seine Schöpfung ist und er entschlossen ist, sie nicht verlorenzugeben; weil er die Menschen ruft, sich dafür herzugeben, dass sein guter Wille in ihr geschieht und sie selbst gerettet werden. Gott wird erfahrbar, wenn Menschen erfahren, was er mit ihnen anfangen will und nicht aufhören wird, mit ihnen anzufangen. Greifbar ist er in dem herausfordernden Wort, das sein Sohn mitmenschlich gelebt hat; in seinem ermutigenden Geist, der uns die Spur der Nachfolge in die Gottesherrschaft aufnehmen lässt.

---

[67] Vgl. Kurt Martis Leichenreden, Taschenbuchausgabe München 2004, 67.

Gott glauben heißt, Gott hineinlassen in sein Leben, in unser Miteinander. Wenn ich ihn hineinlasse, ist er da.[68] Er ist nicht da, wenn man sich seinem guten Willen nicht aussetzt, der schon geschieht und endlich geschehen soll, seinem liebend-herausfordernden Blick auf die Wahrheit meines Lebens. Das hat nichts mit Gottes-Moralisierung zu tun. Es ist vielmehr so, dass die Moralisierung diese Gottes-Erfahrung verdorben hat. Die Moralisierung des Glaubens hat damit zu tun, dass man an Gottes Wirklich-Werden im Leben verzweifelte. Wenn man Gottes Dasein und Gutsein nicht wahrnimmt, verlegt man sich darauf, das Gutsein und Gutwerden einzuschärfen. Irgendwie muss es doch die Alternative zum Zynismus einer auf Verbrauch und Missbrauch eingestellten Menschen-Wirklichkeit geben!

Ob es da „hilft", Gott noch ins Spiel zu bringen? Moralisierung macht ihn zur Randbedingung, vielleicht zur Voraussetzung. Sie entwirklicht ihn, will das moralische Selbstvertrauen mobilisieren, zu dem das Gottvertrauen vielleicht etwas beiträgt. Dass das angefochtene Gottvertrauen zur Randbedingung wird, ist keine Glaubens-Nebensächlichkeit. Es kann bedeuten, dass Gott schließlich *draußen* bleibt, dass man eher nicht mehr mit seinem Wirklich-Werden hier und jetzt rechnet. In Entscheidenden auf sein Wirklich-Werden und nicht auf die Mobilisierung unseres guten Willens zu vertrauen heißt, darauf schauen, was er mit uns anfängt: Wahrheit und Liebe, die Wahrheit in der Liebe, die er ist; es heißt darauf schauen, wie er seinen Geist der heilenden Veränderung mächtig werden lässt und uns in seine Gegenwart hineinzieht, damit es mit mir und mit uns gut wird. Immer wieder klopft er an, dass wir der Wahrheit unseres Lebens auf die Spur kommen, uns nicht zufriedengeben mit den Wahrheiten in Kirche und Welt, die man zur Kenntnis nimmt. Immer wieder klopft er an, damit wir seine große Liebe in *unserer* kleinen Liebe entdecken, diese nicht geringschätzen, weil sie so zwiespältig-ichbezogen ist – damit wir in ihr *seinen* Anfang erkennen und ergreifen.

Dieses Anfangen und den Gott, der es anfängt, nimmt man nicht in der Beobachter-Perspektive zur Kenntnis. Man ist in die Teilnehmer-Perspektive gerufen. In ihr kann sich erschließen, was es bedeutet, einen Gott zu „haben", *diesen* Gott zu haben, ihn zu wagen,

---

[68] Meister Eckehart spricht davon eindringlich in seiner Predigt 1 „Intravit Jesus in templum", in: Deutsche Predigten und Traktate, hg. von J. Quint, München ⁵1978, 153–158.

ihm das eigene Leben anzuvertrauen.[69] Jeremia hat dem aller Gottes-Sicherheit im Exil beraubten Volk das Gotteswort ausgerichtet: „Ihr werdet mich suchen und ihr werdet mich finden, wenn ihr nach mir fragt von ganzem Herzen. Und ich lasse mich von euch finden – Spruch des HERRN" (Jer 29,13–14a). Schon das Mit- ganzem-Herzen-Fragen ist Gottes Gnadengeschenk. Wenn es uns erreicht, bewegt es uns zu fragen, woran unser Herz hängt – und wer der oder die sein darf, dem oder der es gehören soll. Wer sich dieser Bewegung überlässt und seine Sehnsucht entdeckt, dem gilt die Verheißung: *Ihr werdet mich finden.*[70] Sie ist das Gegenstück zur Tempelrede im 7. Kapitel des Jeremiabuches, in der JHWH seinen Exodus aus dem Jerusalemer Tempel ankündigt. Neutestamentlich gilt die Verheißung: Ihr werdet mich finden, wenn ihr dieser Welt anseht, wie in ihr Gottes Herrschaft geschehen will. Gott suchen bedeutet, danach suchen, wie man ihn und sein Reich leben kann; danach suchen, was es austrägt und verändern kann, die Zwiespältigkeiten dieser Welt – auch dich und mich – im Licht seines guten, herausfordernden Willens zu sehen. Glaubende interpretieren die Weltgegebenheiten so, dass sie ihnen zur Gottes-Herausforderung werden. Glauben heißt in diesem Sinne *interpretieren*, Gott wagen, indem man anfängt, es so mit dem Geschehen der Welt aufzunehmen.

In der Emmaus-Geschichte kommt einer dazu und hilft, das Geschehene neu, zukunftsfähig, zu sehen. Und er feiert mit den Weggenossen Auferstehung, Gottes-Aufbruch. Der Weg nach Emmaus ist Paradigma für das Offenbarwerden des verborgenen Christus, für das Aufgebrochenwerden unserer unruhig-rastlosen, ratlosen Herzen durch den Hinzukommenden und das, was er zu sagen hat, was er mit uns und an uns tut. Dass Gott das ratlose Jetzt zumutet, das Hineingehen ins Unbekannte, in seine Zukunft, in sein Dasein, ist eigentlich Glaubens-selbstverständlich. In einer Kirche, die im Entscheidenden immer alles Glaubens-Wichtige gewusst haben will und peinlich darauf achtet, dass aus dem Reichtum ihrer Tradition nichts wegkommt, hört es sich befremdlich an. Die scheut das Wagnis,

---

[69] Vgl. dafür die unvergleichlich treffenden Ausführungen Martin Luthers in seinem großen Katechismus zu der Frage, was es heißt, einen Gott zu haben (Luthers Werke, hg. von O. Clemen, Bd. 4, Berlin ⁶1967, 4–8).

[70] Augustinus bezeugt auf seine Weise, wovon hier die Rede ist. Zu Beginn seiner Confessiones (1,1) ruft Augustinus betend den Menschen in seiner Kreatürlichkeit in Erinnerung, der von sich aus keinen angemessenen Zugang zum Lobpreis Gottes finden könnte. Dann folgen die berühmten Worte: „Du selbst aber gibst den Antrieb […] denn zu dir hin hast du uns geschaffen und unruhig ist unser Herz, bis es ruhet in Dir."

möchte lieber im Vorgestern als im Jetzt leben: Bleiben wir bei dem, was Gott durch Christus für unsere Kirche angeordnet hat! Es ist verblüffend, mit welcher Sicherheit man weiß, was diese Anordnung umfasst. Aus aufmerksamer Bibel-Lektüre kann sich diese Sicherheit kaum speisen. Da findet man nur Spurenelemente einer Amtstheologie, die man für unabänderlich festgeschrieben hält. Und viel anderes, was einem in die Quere kommen könnte; auch die Apostelin Junia, die man im Mittelalter zum Mann Junias umfälschte, weil nicht gewesen sein konnte, was kirchlich nicht sein durfte. Wie kleinkariert denkt man den Vater Jesu Christi, wenn man ihm das Verbot unterschiebt, eine Kirche zu wagen, in der nicht nur Männer amtliche Verantwortung tragen!

Aber die Kirchenkrise geht ja tiefer: Wie soll eine Kirche den Menschen das *Wagnis Gott* bezeugen, wenn sie nichts wagt? Wenn sie Gottes Fremdheit und Verborgenheit nicht annimmt, wenn sie die Gott-Suche und den Gottes-Aufbruch versäumt, da sie zu wissen meint, wie man mit Gott dran ist? Eine Kirche, der man nicht ansieht, dass sie Gott sucht und seine Befremdlichkeit wagt, zeigt sich den Menschen ratlos und geistlos, mit Antworten auf Fragen, die nur noch „Eingeweihten" etwas bedeuten mögen. Diese Kirche ist auf dem Weg zur Insider-Kirche: Sie verständigt sich intern mehr oder weniger reibungslos über Gott und über das, was er will. Und sie löst sich mehr oder weniger entschieden von allem ab, was sie in Frage stellen könnte. Zuletzt – zuerst? – von Gott, der in ihr ja zuhause sein soll und ihr deshalb alles andere als fremd ist. Die sich *ablösende,* sich verabsolutierende Kirche: gottverlassen und von den Menschen verlassen, die ihre Ansprüche und ihre „Abgehobenheit" nicht mehr ertragen?

4.5 Gott relativiert

Die Kirche hat sich *verabsolutiert;* sie hat sich vom Mitleben mit den Menschen abgelöst, ihre Gefühle dominieren wollen: die Kirche derer da oben. So scheint es Vielen. Man zählt sie zu den Mächten, die sich verabsolutieren, ihre Relativität verdrängen, sich ins Leben der Menschen hineindrängen. In der Bibel nennt man sie *Götzen.* Die verstehen sich ganz selbstverständlich so, als seien wir für sie da, ihnen Opfer zu bringen. Im schlimmsten Fall sollten – wie wir gerade sehen – Menschen bloß noch dafür da sein, in einen Krieg geschickt zu werden, der die Götzen-Absolutheit demonstrieren soll. Es werden ihnen verführerische Bilder von einer Absolutheits-Faszination vor Augen gestellt, für die sie da zu sein hätten, Götzenbilder. So wird ihnen ihre totale Relativität demonstriert, die Zufälligkeit, da zu sein oder nicht da zu sein, da oder dort oder überhaupt nicht zu sein. Relativität in der unerträglichsten Form und doch ganz alltäglich: Es kommt nicht auf dich und mich und sie und ihn an. Wir sind ja überhaupt und durch und durch Kreaturen des Zufalls. Absolutheit alltäglich: Dafür müssen wir da sein, um überhaupt etwas zu bedeuten. Dafür: für die Nation, diese Ideologie, das Kapital, meinen Besitz, mein Ein und Alles; dafür: Götzenbilder in den Kathedralen der Absolutheits-Produzenten verbreiten den flüchtigen Glanz des jetzt Angesagten.

Ja, unser Dasein ist zufällig, höchst kontingent. Ich bin nicht selbstverständlich da. Es ist – so scheint es – purer Zufall, dass ich existiere und in meinem genetischen Bestand so bin, wie ich bin. Dass meine Eltern sich Ende der Dreißigerjahre gefunden haben, über den Weltkrieg hinweg beieinandergeblieben sind, die Tödlichkeit der Ostfront wie der „Heimatfront" einigermaßen unbeschadet überstanden und zu einem fruchtbaren Zeitpunkt miteinander geschlafen haben: Wenn es auch nur irgendwo in dieser Geschichte ein wenig anders gelaufen wäre, gäbe es mich nicht; wäre diese Welt – ich kann es mir gar nicht vorstellen – eine Welt ohne mich. Die Unvorstellbarkeit des Nicht-Daseins gilt ebenso für dich. Sie gilt für die wirkliche Welt im Ganzen. Wenn man mit Leibniz fragt: Warum ist überhaupt etwas und nicht vielmehr nichts? trifft man, naturwissenschaftlich einigermaßen informiert, auf die radikale Zufälligkeit der Faktoren und Verläufe, die es zu dieser Welt – zur Wirklichkeit im Ganzen? – haben kommen lassen. Kann es diese Relativität und Kontingenz ohne eine absolute Wirklichkeit geben, die sie will und zu etwas gut sein lassen kann? Oder ist sie selbst in ihrem kontingenten Entstehen und Geschehen absolut: unabhängig von jedem ihr äußerlichen Wofür in sich da?

Die Absolutheit des Geschehens, des Prozesses selbst, der alles umfassende Vorgang, dessen innerer evolutionärer Logik und Notwendigkeit man empirisch- wissenschaftlich auf die Spur kommen kann: Das ist, so scheint es, die neuzeitlich-gottlose Antwort. Dann wäre ich nicht nur ein zufälliges, sondern – was mein Dasein und Sosein angeht – annähernd gleichgültiges Element des Prozesses, in dem es auf mich allenfalls in einer nicht mehr bestimmbaren Minimalität ankäme. Dann hätten die Götzen, die Pseudo-Absolutheiten, die mich vorübergehend bedeutend sein lassen, mit mir leichtes Spiel.

Das zu realisieren bringt menschliches Selbstbewusstsein an die Grenze des Erträglichen. Es müsste sich selbst zuletzt als sinnlos, nutzlos, erkennen und womöglich negieren. Es müsste hinnehmen, dass es – Gott-verlassen – zu nichts gut ist außer dazu, sich Illusionen über ein Prozess-überschreitendes Wofür zu machen.

Schon mit seinem Fragen entzieht es sich der Selbstverständlichkeit eines radikal zufälligen, in sich einigermaßen erklärbaren Weltprozesses, für den die Menschen wie alles andere Daseiende eine bloße Ressource dafür wären, dass er sich vollziehen kann: ein Tropfen Treibstoff für den Raketenmotor der Evolution. Fragen heißt, solche Selbstverständlichkeiten nicht mehr hinnehmen; heißt hier: die Selbstverständlichkeit der radikalen Kontingenz nicht hinnehmen, die Selbstverständlichkeit des grundlosen Prozesses und unseres restlosen Involviertsein in ihn nicht hinnehmen, sie in Frage stellen. Wir können nicht nach uns selbst fragen, ohne uns gegen die alles Fragen als letztlich sinnlos erweisende Zufälligkeit unserer Existenz und die radikale Zufälligkeit des Prozesses aufzulehnen, in dem wir zufällig vorkommen; ohne uns gegen die Götzen aufzulehnen, die unsere Zufälligkeit missbrauchen.

Unser Dasein ist das Dasein einer *Person*, die sich selbst thematisieren und nach dem Grund ihres Daseins fragen kann, sich nicht fraglos als bedeutungslos hinnimmt. Wir gehen nicht in der Welt und in den Prozessen auf, die uns zufällig hervorbringen und verschlingen. Uns eignet – so Peter Strasser – „als Personen in der Welt [...] eine radikale ontologische Nicht-Involviertheit: Was immer unser Leben mit all seinen empirischen Eigenschaften und Möglichkeiten sein mag, stets sind wir auch noch etwas darüber hinaus. Etwas an uns hat keinen Ort in der Welt."[71] Wir sind die „Sichentziehenden": mehr als das, was mit uns in der Mechanik des Weltzusammenhangs passiert, mehr als die Funktion, die wir darin erfüllen – Personen, denen Transzendenz zukommt: das Nicht-aufgehen-im-Weltprozess, ein Darüber-hinaus-Sein.[72]

Transzendenz – die Nicht-Abgeschlossenheit, die Nicht-Restlosigkeit unserer Weltprozess-Immanenz – öffnet sich mit dem „Hinzutretenden"; so sagt es der Philosoph rätselhaft-beziehungsreich. Dürfen wir darin auch den auf dem Emmaus-Weg Hinzukommenden wiedererkennen? Der Philosoph spricht vom Hinzukommen

---

[71] Peter Strasser, Journal der letzten Dinge, Frankfurt a. M. 1998, 44. Das gilt – so Strasser – mutatis mutandis für alle Dinge, wenn wir sie sehen, wie sie wirklich sind.
[72] Vgl. ebd., 46.

dessen, was nicht in der Welt des Relativen aufgeht und aus ihr hervorgeht, vielmehr auf sie zukommt. Es kommt als das wirklich Absolute[73] hinzu; so bleibt nicht absolut, was das Letzte und Äußerste zu sein schien. Die Selbstverabsolutierer sind entlarvt, dramatisch *relativiert*. Wir werden relativiert: unsere Allzu-Selbstverständlichkeiten und praktisch lebensbestimmenden Gewissheiten – durch ein befremdliches Hinzukommen und Dazwischenkommen. Das/der wahrhaft Absolute kommt dazwischen. Er tritt hinzu als das Nicht-Vereinnahmbare, Nicht-Selbstverständliche, Nicht-Repräsentierbare, als der selbst nicht Relativierbare, der als solcher Anerkennung fordert, eine Anerkennung mit den besten erreichbaren Gründen, keine blinde Unterwerfung unter seinen Anspruch. Mit seinem Hinzutreten rettet er die Relativierten, zum Evolutions-Brennstoff Degradierten, von den Selbstverabsolutierern als Quantité négligeable Missbrauchten; tritt er ein für das Übersehende, die Ignorierten und Missachteten. Vielleicht ist er – so möchte man das biblische Narrativ fortspinnen – aus dem Reich und den Tempeln falscher Absolutheitsmächte ausgezogen, um von außen auf sie zuzukommen und durch sein Hinzutreten das zu relativieren, was alles zu sein und alles verlangen zu dürfen schien; um anzuklopfen, damit er dazwischenkäme, wenn wir in der Gefahr sind, uns Absolutheits-Götzen zu unterwerfen.

In der narzisstischen Selbstfeier der Selbstverabsolutierer kommt der Hinzutretende nicht vor; hier ist allenfalls gegenwärtig als der Abwesende, mit der göttlichen Selbstverständlichkeit, der nicht weiter begründungsfähige Gegenwart des alles relativierenden Absoluten. Sie erweist das Geschehen der Welt im Ganzen als nicht-selbstverständlich und *in sich grundlos*. Mit ihrem Hinzukommen stellt sich die Frage aller Fragen, die befremdlichste aller Fragen: Was *bedeutet* der Weltzusammenhang, da er doch seine Bedeutung nicht in sich hat und die Bedeutungs-Zuweisungen von innerhalb der Welt sich als Ideologie erweisen? Hat er eine Bedeutung, der die im Weltzusammenhang Befangenen, auf die Spur kommen können?[74]

---

[73] Es gibt – so sagt es gewiss mit Recht Klaus Müller – „philosophisch gute Gründe, das, was der Terminus ‚Gott' in den Blick nimmt, mit dem Begriff des Absoluten zu identifizieren" (Gott jenseits von Gott. Plädoyer für einen kritischen Panentheismus, hg. von F. Schiefen, Münster 2021, 278).

[74] Diese Frage wirft ein irritierendes Licht auf die metaphysisch-grundlegende Unterscheidung der Substanz von den Akzidentien, die dem Substantiellen inhärieren. Das Hinzukommende inhäriert dem Substantiellen des Weltprozesses eben nicht, sondern stellt es abgründig in Frage. Es provoziert die Frage an menschliches Selbst-

Wie relativiert das (der) Hinzutretende die Wirklichkeit der Welt? Der Sinn seines Hinzutretens erschließt sich nicht mit der logischen Unvermeidlichkeit, in der man es als das Absolute zum Relativen hinzudenken muss.[75] Entlarvt es nur die Nichtigkeit, die zu vernachlässigende Bedeutung des Relativierten?[76] Entlarvt es sich selbst als einen bloß formalen Denk-Zwang, in dem das Selbstbewusstsein nicht anders kann als von der Zufälligkeit des eigenen Daseins auf ein notwendiges Dasein zu schließen und von ihm her zu verstehen? Das Hinzutreten des Absoluten entzieht sich der klärenden Einordnung und der argumentativen Beherrschbarkeit; das Absolute entzieht sich dem Denken und seinen Vergewisserungen, so sehr es ihm zu denken gibt. Es bleibt ihm transzendent, geschieht ihm – religiös gesprochen – als *elementare Gottes-Verborgenheit*. Der verborgene Gott lässt sich nicht einbeziehen in weltimmanente Begründungs- und Legitimations-Bedarfe. Wenn er sich gewährt, kommt er hinzu, wie *Er* will, weil es ihm so entspricht; und das macht ihn unverfügbar, befremdlich. Sein Hinzutreten bleibt allein seine Sache. Er kommt hinzu mit seinem Einspruch gegen das für Absolut Ausgegebene oder Gelebte und gegen die Lügen, die es dafür braucht; mit seinem Widerspruch gegen den Menschen-Missbrauch und die Rücksichtslosigkeit, die dabei zutage kommt; mit der kritischen Verheißung, die ihn als das *wahrhaft* Absolute ankündigt. Dass in seinem Hinzukommen das entschieden liebende Sich-involvieren-Lassen in die Not und die Verheißung menschlichen Daseins geschieht und sich eine göttlich-absolute Beziehungswilligkeit manifestiert, erschließt sich nur denen, die sich darauf einlassen. Gott wird ihnen zur Wirklichkeit; ihnen geschieht er, wenn sie sein Wirklich-Werden geschehen lassen, wenn sie es wagen; wenn sie es hoffend, glaubend, liebend, nachdenkend

---

bewusstsein, in welchem Sinn man in ihn involviert – in ihm „zuhause" – ist und ob man die eigene Weltentzogenheit, das Nicht-aufgehen in der Welt, adäquat versteht und lebt.

[75] Diese Selbstverständlichkeit wird vielfach philosophisch bedacht: als die Unvermeidlichkeit, das Endliche aufs Unendliche bezogen zu sehen, das Bedingte auf Unbedingtes und eben das Relative aufs Unbedingte; vgl. den Überblick bei Klaus Müller, Gott jenseits von Gott, 125–186.

[76] Dass das Relativieren die dunkle Kehrseite des Herabwürdigens hat, darf nicht aus dem Blick geraten; es ist ja das sich meist Vordrängende und die heilsame Relativierung Verdeckende. Relativieren bedeutet dann, das Relativierte im Blick auf das, was es „auch sein könnte" – sein sollte? – abzuwerten. Dieses Relativieren war, so Gilbert K. Chestertons Bild, das Werk der Schlange im Paradies: „Die Schlange der Relativität oder des Vergleiches, die passenderweise aus Kurven besteht, brachte nichts als Sünde und Tod in die Welt" (ders., Die englische Weihnacht, dt. hg. von M. Marx, Bonn 2009, 102; zitiert in: Klaus Müller, Gott jenseits von Gott, 386).

auf seine Wirklichkeit ankommen lassen, sich geschehen lassen, dass er sie zu seinen Geliebten relativiert und als Mitliebende gewinnen will.

Gottes Wirklichkeit geschieht den Glaubend-Hoffend-Liebenden, wenn sie ihr ins zufällige Weltgeschehen eingebundenes Dasein und das Dasein der mit ihnen Lebenden als *gewollt*[77], als einen bedeutungsvollen Anfang er-leben, seine Bedeutung verstehen und (mit-)gestalten, als Gottes bedeutungsvolles Geschenk empfangen wollen; wenn sie den, der es ihnen macht, als solchen anerkennen und als das Du ihres Dankes, ihrer Klage über das darin zugemutete Leid wie ihrer Bitte um den guten Ausgang adressieren: wenn sie seine Solidarität in Anspruch nehmen und es auf sie ankommen lassen; wenn sie seine Absolutheit als das Rettend-Einbergende anerkennen. An den Verborgen-Gegenwärtigen glauben heißt so zu leben wagen, als sei er der uns solidarisch Verbundene, der mit uns und durch uns den guten Anfang macht, einen Anfang, der nicht aufhören wird anzufangen. Es heißt, mich in meiner ganzen Wankelmütigkeit und Vergänglichkeit nicht als letzte Instanz anerkennen, nicht zuletzt noch an mich glauben zu müssen, sondern mich relativieren dürfen. Es heißt, so zu leben, als gäbe es den Absolut-Verlässlichen, und in diesem Lebenswagnis daran glauben lernen, zuletzt darauf hoffen dürfen, dass ich das *Als ob* durchstreichen darf[78], weil der, auf den hin wir uns zu leben wagen, da ist und in etwa der ist, auf den hin und in den wir uns in der Unabsehbarkeit und erschütternden Kontingenz unseres Lebens hineinwagen.

Schwer erträglich, dass Gottes einbergende Absolutheit uns kontingent-gnadenhaft als absolute Beziehungsfähigkeit und Beziehungswilligkeit geschieht. Wir können über das Uns-Geschehen

---

[77] Hans Blumenberg nennt den Menschen „das gewollt sein wollende Wesen" (ders., Beschreibung des Menschen, Frankfurt a. M. ²2020, 639). Ob sein Wollen das darin Gewollte als das bloß Gewollte und deshalb bloß Unterstellte relativiert und entlarvt?

[78] Der Schriftsteller Michael Köhlmeier hat den „Modus des Als ob" als den originären Modus literarischer Produktion angesehen: als den Modus der Fiktionalität, in der die erfundene Welt wirklicher sein kann als die empirisch gegebene und zu erleidende (vgl. „Der erste Schritt von Gott weg ist die Gründung einer Religion". Ein Gespräch mit dem Schriftsteller Michael Köhlmeier, in: Herder Korrespondenz 76 [3/ 2022], 17–21, hier 17). Die Frage ist freilich die: Überschreitet sich das Als ob zur unabweisbaren Realität des Menschseins und seiner archetypisch-mythischen „Wahrheit" oder in einem Gott hinein, der im Erfundenen womöglich *gefunden* wird? Klaus Müller verfolgt diese Frage im Gespräch mit Thomas Manns Josefsroman wie unter Inanspruchnahme einer transzendentalen Selbstbewusstseinstheorie; vgl. von ihm: Gott jenseits von Gott, 78–85, 295–301 (dieser Abschnitt trägt die Überschrift: Von der Logik des „als ob" oder: Wie Imaginationen wahr sein können) u. ö.

Gottes nicht verfügen; wir können es nicht als allgemeine Wahrheit festmachen, wie man neuzeitlich die absolute Geltung von Naturgesetzen meinte festmachen zu können. Es gilt, sich über das Sicherzustellende hinauszuwagen. Gott ist nichts Sicherzustellendes, im Geschehen der Weltimmanenz Verortbares. Er ist der Nicht-Involvierte, der sich involvieren lässt, von sich aus hinzukommt, hineinkommt, zu retten: damit wir uns in unserer Relativität und Zufälligkeit nicht verlieren, nicht verloren geben und auf pure Zufälligkeit reduzieren lassen; damit wir das bloß Faktische nicht verabsolutieren (lassen) und als letztgültig hinnehmen.[79]

Er kündigt sich an, da wir über unser bloßes Vorkommen in der Welt, wie sie nun einmal ist, hinausfragen und hinausdenken müssen. Diese Ankündigung wird – unterwegs zum Glauben und beim Glauben – zur Herausforderung, so zu leben, zu lieben, zu hoffen, als sei sie eine Verheißung, in deren Erfüllung wir hineinleben dürfen. Das *Als ob* klafft auf, wenn wir realisieren, dass das *Hinausdenken* über das Kontingente auch im absolut Absurden ankommen könnte.[80] Die guten Argumente werden es dagegen nicht hinreichend schützen; den unergreifbar-befremdlich in unsere Welt Hineinkommenden werden sie nicht ergreifen. In ihrer Armut werden sie uns an das *Hinausleben* über das im Denken Sichergestellte verweisen. So zu leben, wie es dem Mit-Leben mit dem absolut-gutwillig Zugewandten, uns Bergenden entspräche, um in die immer noch kontingente und fragile Glaubensgewissheit hineinzufinden, dass uns dieses Mit-Leben tatsächlich geschenkt ist: Das ist weit mehr als ein moralisches In-Pflicht-genommen-Sein. Es ist eine Lebensweise, ein Lebensgefühl, in dem das uns geschenkte Leben sich als *Seine* Verheißung anfühlt und bejaht werden darf – uns dann dafür in Pflicht nimmt, dass sich diese Verheißung erfüllen kann; ein Lebensgefühl, das uns

---

[79] Heinz Robert Schlette hat das Kritisch-Werden des Absolutheits- bzw. Unbedingtheitsbezugs als Bestimmung eines kritisch-hermeneutischen Religionsbegriffs herausgestellt: „[Ü]ber das Moment des Bezugs zum Unbedingten hinaus" ist Religion, philosophisch begriffen, die aufgeklärte „*Verweigerung des Einverständnisses mit der Verfasstheit der Wirklichkeit im Ganzen*" (Religion, in: H. Krings – H. M. Baumgartner – Chr. Wild (Hg.), Handbuch philosophischer Grundbegriffe, Studienausgabe, München 1974, 1233–1250, hier 1247; vgl. ebd. 1248).

[80] Emil M. Cioran macht ernst mit dieser Aussicht und wendet sich mit philosophischer Verve gegen alle, die sich ihr entziehen wollen: „Die Wissenschaften beweisen unsere Nichtigkeit. Doch wer hat daraus die höchste Lehre gezogen? [...] Wer ist nicht von der Überzeugung durchdrungen, dass alles eitel ist? Doch wer ist Manns genug, den Folgen Rechnung zu tragen?" (Lehre vom Zerfall. Übertragen von Paul Celan, Stuttgart [10]2018, 57 und 60).

anders im Leben zuhause sein lässt, da Er uns ins Leben gerufen hat und es mit uns lebt[81]; ein Lebensgefühl, das sich davon nährt, dass wir dieses Mitleben-Dürfen mit unserem Gott in Gemeinschaft feiern, Gelegenheiten finden, sich seiner zu vergewissern, einander bezeugen, was es uns bedeutet, und es auch miteinander auszuhalten versuchen, dass es uns gerade jetzt nicht zugänglich ist.

Dafür ist die Kirche da: dass das Lebensgefühl des Glaubens seiner selbst innewird und nicht austrocknet, sich nicht im alltäglich Erschöpfenden erschöpft. Es braucht die in Gemeinschaft gestaltete Erfahrung des Hinzukommenden, in unsere Welt Hineinkommenden, sie wohltuend Relativierenden, die Feier des Bei-Gott-sein-Dürfens: im liturgischen Raum, der den Himmel offenhält, damit Er uns segnend heimsuchen kann und sich dann alles ändert; den Auslegungs-Raum, in dem uns im alltäglichen Miteinander Möglichkeiten zuwachsen können, mit Jesus, dem Messias, die Anfänge der Gottesherrschaft wahrzunehmen und zu wagen. Es braucht den Raum, sich gegenseitig zu ermutigen, uns im Nächsten von unserem Bruder Jesus berühren und über die Alltags-Dynamik des Auf-seine-Kosten-kommen-Wollens hinausführen zu lassen. Es braucht Reich-Gottes-Räume, in denen wir Gottes guten Willen glauben, ihn wenigstens erahnen können, in denen Er uns erlösend nahekommt.

Aber wenn die Kirche in ihren Skandalen und in ihrer Mittelmäßigkeit Gott vergessen lässt, wenn sie selbst erschöpft ist, sich in Machtansprüchen, in Selbstbehauptung wie im Widerspruch gegen ihre Gottes-Anmaßungen erschöpft? Wenn sich das Vertrauen darauf erschöpft, in ihr öffne sich der Raum des Vertrauens auf den Erlösend-Hinzukommenden, weil auch die Kirchen so verhängnisvoll in die Missbrauchsgeschichten dieser Welt hineingehören?

---

[81] Damit ist kein zwingendes Argument dafür formuliert, dass die Bejahung der eigenen Kontingenz auf die Bejahung durch das mir zugewandte Absolute angewiesen ist. Man kann den Versuch machen, „Kontingenz in unser Geschick zu verwandeln", sich in diesem Sinn von Bejahungs-verbürgenden Instanzen zu emanzipieren und die Überzeugung auszubilden, „das Beste aus seinen oder ihren praktisch unendlichen Möglichkeiten gemacht zu haben" (Agnes Heller) – so auch anderen eine bejahenswürdige Kontingenz zuzuerkennen, sie zu *tolerieren*, ihnen solidarisch verbunden zu sein (vgl. Zygmunt Bauman, Moderne und Ambivalenz. Das Ende der Eindeutigkeit, dt. Neuausgabe Hamburg 2005, 364–372; Bauman zitiert Agnes Heller, From Hermeneutics in Social Science toward a Hermeneutics of Social Science, in: Theory ans Society 18 [1989], 291–322). Christliche Soteriologie nimmt aber auch das Scheitern dieses Versuchs in den Blick. Darin mag ihre Menschenfreundlichkeit liegen.

4.6 Der Hinzukommende – und seine Verborgenheit

Da kommt eine(r) von außen hinzu, klopft an, wird wegen seiner Befremdlichkeit nicht eingelassen ins Alltags-, Welt- und Selbstbewusstsein. Die apokalyptische Weisheit der zwischentestamentarischen Zeit imaginiert dieses Motiv.[82] Der Johannesprolog nimmt es auf und spricht vom Ankommen des Logos bei denen, die ihn „aufnahmen" (Joh 1,11–12) und so nicht mehr nur restlos Welt-Involvierte, sondern aus Gott sind.

Der Logos steht für das erlösende Hineinkommen-Wollen Gottes in eine Verhängnis-Welt, die nicht relativiert werden will und dabei ist, das Verhängnis absolut zu machen, da man in ihr den sich selbst verabsolutierenden Mächten – den Götzen – das Regiment und die (Definitions-)Macht überlässt. Der Messias Jesus, der Sohn, der ganz aus dem Vater und seinem Geist ist, kommt befremdlich dazwischen, um Gott dahin mitzubringen, wo man ihn vermisst, wo die Opfer der falschen Absolutheiten leben und den Selbst-Verabsolutierern zum Opfer fallen. Da kommt er mit seinem Gott dazwischen – und unter die Räder. Da kommt die Menschlichkeit unter die Räder[83], wie sie seither immer wieder unter die Räder kam. Da kam auch der in diesem Hingemordeten hinzukommende Gott unter die Räder. Da schien er auch dem verlorenzugehen, der ihn den Menschen mitzubringen hatte. Oder kam er gerade so hinzu, dass er in der Gottverlassenheit des unter die Räder Gekommenen in diese Welt hineinfand; nicht als Triumphator, sondern als der Mitmenschlich-Treue, der in und mit seinem Messias da sein will; als der, der noch im tiefsten Abgrund des Opfer-geworden-Seins da ist?

Eine tiefere, abgründigere Gott-Verborgenheit könnte es nicht geben; eine Gott-Verborgenheit, die hier verwechselbar wird mit definitiver Gottverlassenheit, mit dem von Nietzsche proklamierten Gottes-Tod. Dahin ist es mit Jesus Christus und nach ihm mit dem Gottesglauben gekommen. Seine Relativierungs-Macht erwies sich als innerhalb der Machtzusammenhänge und Zwangsläufigkeit dieser Welt bedrängend machtlos. Der Hinzukommende kommt unter die Räder. Die Kirche hat das nicht hinnehmen wollen, hat sich selbst verabsolutiert, damit Gott doch als der machtvolle Welt-

---

[82] Vgl. etwa 1 Hen 42,2 f. Mein früherer Münsteraner Kollege Karl Löning hat mich auf diese Stelle hingewiesen.

[83] So habe ich es in der Besprechung einer Neuaufnahme der Johannespassion von Johann Sebastian Bach im Blick auf den erschütternden Eingangschor gehört.

Herrscher über allem thronte. Aber so konnte sie diesem Gott nicht dienen. Er ist kein *Gott drüber*, sondern ein *Gott dazwischen*, befremdlich mittendrin, verstoßen, draußen, um Annahme bittend; ein Gott der Dazwischen-Geratenen und so auch derer, die zwischen Glauben und Zweifeln hängen, immer wieder neu versuchen, über ihre Zweifel hinauszuglauben an den Gott, der so verborgen für uns da ist, uns zu retten.

Man möchte sich ins Wort fallen, wenn man so redet, so selbstverständlich die dem wahrhaft Absoluten letztlich unangemessenen räumlichen Vorstellungen und Kategorien gebraucht und das Unbegreifliche erzählen will: drinnen, draußen, drüber, dazwischen, auch philosophisch reflektierter: das Umgreifende, Einbergende und das darin Vorkommende, Geborgene, das (von außen) Hinzukommende und der unter die Räder Geratene. Die Sprache kann sich von solchen Vorstellungen und Narrativen nicht lösen; auch die Philosophie bleibt den hier gebrauchten Kategorien verhaftet: Das Absolute ist ihr das, *worin* alles ist; ein *Außerhalb* des Absoluten ist undenkbar. So ist das wahrhaft Absolute zu denken als das, worin das Einzelne – der einzelne endliche Mensch – tatsächlich als er selbst vorkommen darf, nicht untergeht: das Absolute als der Selbstausdifferenzierung fähig. Es ist in allem und auch des Anderen als eines frei sich bestimmenden Anderen fähig, fähig und willens, ihm sich liebend zu verbinden.

Dann versagen diese Kategorien zuletzt doch. Sie sagen, erzählen nur an der Grenze zum Widersinn, dass der (das) Absolute sich relativiert und rettend dazwischenkommen, dazukommen will, um das Gefangensein derer, für die er sich beziehungswillig und beziehungsmächtig selbst relativiert, aufzubrechen, ihr Gefangensein in entmenschlichenden, falschen Absolutheiten. Sie sagen das spezifisch Christliche an der Grenze zum Unbegreiflichen, an der Grenze zum Verstummen. Mit ihnen gerät man ins Stammeln, wenn man die panentheistische Intuition[84] mit der Vorstellung eines personal liebenden und in seinem Christus auf die Menschen zugehenden, ihrem Selbstverabsolutierungs-Treiben dazwischenkommenden Gottes abzugleichen versucht. Ist das ein Manko? Oder muss es dazu kommen? Muss es bedacht werden als das bleibend Herausfordernde, *Hinaus*-Fordernde?

---

[84] Klaus Müller hat sie mit beeindruckender Stringenz herauszuarbeiten versucht und für so tragfähig erachtet, dass sie auch die personale Intuition zu integrieren vermag. Darüber wird man weiter diskutieren müssen.

5. Ein Gott, der hilft?

5.1 Auf Gottes-Entzug

Die Kirchen und ihre Gläubigen sind auf Gottes-Entzug. Und sie wissen nicht, was ihnen da geschieht. Vielleicht ahnen sie, dass ihnen das auch deshalb geschieht, weil man Gottes-Missbrauch getrieben hat: sich Gottes bedient hat, um sakrale Macht auszuüben und Verbindlichkeit für das zu generieren, was man den Menschen auferlegte. Gottes-Missbrauch: die Menschen zu Untertanen konditionieren und mit ihrem Elend zu versöhnen, ihr Leben, Denken und Fühlen unter Kontrolle bringen. Dafür brauchte es das Opium des Volkes.[85] Menschen sollten ihr Leiden am vorenthaltenen Leben, an der Unterdrückung, an der Kirche nicht mehr spüren. Dazu missbrauchte man Gott. Nun sehen sich die Kirchen und Gläubige auf Gottes-Entzug gesetzt. Sie müssen von einem wirkungslos und nutzlos gewordenen Opium loskommen. Gott ist auch für die Kirchen nicht mehr zu greifen. Gottes- oder Christus-Repräsentations-Ansprüche gehen ins Leere, wenn man den, den man zu repräsentieren und in dessen Namen man zu sprechen vorgibt, so nachhaltig blamiert, wie die Kirchen es tun. Das ganze Repräsentations-System ist dabei zusammenzubrechen. Gott lässt sich – so die Jeremia-Wahrnehmung – in ihm nicht mehr dingfest machen. Er ist ausgebrochen.

Gottes-Entzugs-Erfahrungen säumen schon die biblisch gedeutete Geschichte Israels. Jeremia dramatisiert sie bis zum Glaubens-Unerträglichen: Die Vernichtung des Tempels war Gottes eigene Entscheidung. Er ist aus dem Wohnort ausgezogen, den ihm die Menschen anwiesen. So war der schon eine sinnlose Ruine, bevor er von den Besatzern geschleift wurde. Erleben wir von Neuem einen Gottes-Entzug im Modus des Genetivus subjectivus: mit Gott als den

---

[85] Karl Marx hat so gesprochen; vgl. Zur Kritik der Hegelschen Rechtsphilosophie. Einleitung, Marx-Engels-Werke, Bd. 1, Berlin 1970, 378–391, hier 378. Das Motiv begegnet schon bei Heinrich Heine (Ludwig Börne. Eine Denkschrift, Werke, Historisch-kritische Gesamtausgabe, hg. von M. Windfuhr, Hamburg 1973 ff., Bd. XI, 9–132, hierzu 103) in ganz ähnlichem Sinne: „Für Menschen, denen die Erde nichts mehr bietet, wurde der Himmel erfunden ... Heil dieser Erfindung! Heil einer Religion, die dem leidenden Menschengeschlecht in den bittern Kelch einige süße, einschläfernde Tropfen goß, geistiges Opium, einige Tropfen Liebe, Hoffnung und Glauben." Es ist nicht zu klären, ob Marx diesen 1840 publizierten Text bei der Abfassung seines Textes im Jahre 1843/44 kannte.

ihn selbst Herbeiführenden? Kaum auszudenken, was den Kirchen dann bevorstünde! Nicht auszudenken auch, in welches Exil wir gerieten.

Oder sind wir längst dahin geraten: wir, Gott-verlassene Kirchenmenschen ebenso wie eine Weltgesellschaft, die von allen guten Geistern verlassen scheint und sehenden Auges auf eine Sintflut lossteuert, die vielleicht nicht schon uns selbst, aber unseren Nachkommen den Raum zum Leben nehmen wird? Der Gottes-Entzug und das Exil, das Wohnen-Müssen im Widersinnigen, in Hoffnungsarmut, in Zynismus und Ausbeutung. Ob Gott, ob der Gottesglaube irgendwann zurückkommt? Christenmenschen sehnen sich danach. Ob es helfen würde? Ob es eine Erlösung gäbe, die Erlösung, von deren Geschehen-Sein die Kirchen so lange im Brustton der Überzeugung geredet haben? Wir wüssten wohl, wozu wir Gott bräuchten, was es uns bringen würde, wenn wir zurückdürften in unsere Glaubens-Heimat. Aber wiegen sich nicht viele Zeitgenossen in dem Selbstbewusstsein, Gott nicht mehr zu brauchen? Wir wissen um die tiefe Zwiespältigkeit des Gott-Brauchens, um die Gefahr, sich Gott so zurechtzulegen, wie man ihn bräuchte? Riskiert man da nicht, dass er sich dem Gebrauchtwerden entzieht?

Wir sollten wenigstens sagen dürfen, dass wir ihn vermissen und auf ihn hoffen – wie sehr er uns fehlt, wie Gott-verlassen wir uns fühlen! Viele werden das nicht mehr verstehen, gar entschieden bestreiten. Ich brauche keinen Gott. Mir fehlt er nicht. Ja, es braucht vielleicht einige Selbstaufklärungs-Anstrengungen, bis man soweit ist, Gott und seine Erlösung nicht mehr zu brauchen. Aber dann hat man es hinter sich. Man wird sich gelassen-gutwillig zu den Erlösungs-Gläubigen zurückwenden: „Ach dass Einer sie noch von ihrem Erlöser erlöste!"[86]

Wer es „hinter sich" hat, wird sich kaum von den händeringenden theologischen Bemühungen beeindrucken lassen, die Notwendigkeit einer Erlösung für alle nachweisen zu wollen. Wer nicht an die Sünde glaubt, nicht an die Strafe, die sie nach sich ziehen wird, der hat es nicht nötig, an Erlösung zu glauben. So hat man sich der Selbstverständlichkeit seines Erlöst-Seins von allen Erlösern selbst vergewissert. Und doch gäbe es vielleicht diese eine Möglichkeit für Erlösungs-Sehnsüchtige oder Erlösungs-Gläubige mit den „Erlösungs-Befreiten" ins Gespräch zu kommen: Man könnte davon erzählen und Zeugnis geben, was für mich, für uns, Erlösung bedeuten würde.

---

[86] Also sprach Zarathustra II. Von den Priestern, KSA 4, 117.

Oder wenn man zum Erlösungsglauben gefunden hat: Was es für mich, für uns bedeutet, an Erlösung glauben zu dürfen. Solche Zeugnisse müssten keine subjektiv-überschwänglichen Frömmigkeit-Ergüsse sein; sie könnten erst einmal erzählen wollen, warum man diese Sehnsucht nicht fahren lässt und das Ersehnte nicht verloren gibt, warum man es wagt, auf Erlösung zu setzen und sie – wo immer einem das geschenkt ist – jetzt schon zu leben. Es wird unterschiedliche Erzählungen geben. Erlösung wird darin unterschiedliche Bedeutungen annehmen; die Zeugnisse werden sich den herkömmlichen theologischen Normierungen womöglich entziehen, vielleicht selbst Theologie-produktiv werden. Sie werden sich in dem, was sie der Erlösung an Bedeutung zuschreiben oder sich von ihr erhoffen, nicht absolut setzen. Und sie werden, so wäre zu hoffen, möglichst genau an exemplarischen menschlichen Erfahrungen bleiben, ihnen auf den Grund gehen und so vielleicht den Grund nennen können, warum von Erlösung zu sprechen wäre, davon, was von Gott zu erhoffen wäre, davon wie es geschehen ist, geschehen wird.

Auf Gottes-Entzug: Gläubige und nach dem Glauben Suchende sind unsicher geworden, ob und wie, wann sie Gott für das in Anspruch nehmen dürfen, was ihnen fehlt. Soviel ist ja klar geworden: Gott ist nicht der Ersatzmann, den man einwechselt, wenn man ihn braucht, weil das Spiel nicht gut läuft. Lässt er sich überhaupt noch in Anspruch nehmen? Ist er aus unseren Ansprüchen an ihn ausgebrochen? Oder zwingt er uns immer wieder neu zur Unterscheidung zwischen Selbstverantwortlichkeit und Erlösungsbedürftigkeit, zwischen Verantwortungslosigkeit und elementarer, das Menschen-Vermögen begrenzender Hilfebedürftigkeit? Welche Hoffnungen dürfen wir auf ihn richten, womit dürfen wir zu ihm kommen? Was ist „seine Sache" und was unsere?

Die fromme Auskunft: Wir dürfen mit allem zu ihm kommen! deckt zu, dass wir menschlich-geistlich zu verantworten haben, welche Hoffnungen wir ihm anvertrauen.[87] Sie zieht den Frommen den Verdacht zu, bei Gott ihre Zuflucht zu suchen, wo sie selbst Verantwortung zu übernehmen hätten. Es wird jedenfalls immer wieder neu zu entdecken und ernst zu nehmen sein, dass das Sich-

---

[87] Davon spricht die Benedikts-Regel (Kapitel 4.41): Seine Hoffnung Gott anvertrauen (diesen Hinweis verdanke ich Vera Krause). Es wird wohl so sein: Die geistliche Praxis des Sich-Gott-Anvertrauens wird dafür sensibel machen, welche Hoffnungen wir Ihm anheimstellen dürfen.

Gott-Anvertrauen und das Selbst-Verantwortung-Übernehmen sich im konkreten Fall nicht ausschließen, vielleicht sogar ineinander liegen und miteinander aufgegeben sind.[88] In diesem Sinne fange ich mit einem Erlösungsnarrativ an, in dem beides auffällig miteinander verknüpft und voneinander unterschieden wird.

5.2 Umsonst?

Dieses Erlösungsnarrativ bringt die wieder vielfach besprochene „Dialektik der Aufklärung"[89] theologisch ins Spiel. Der gesellschaftlich-technologische Aufbruchs-Optimismus hat sich zersetzt und seine tiefe ökologische Ambivalenz offenbart. Apokalyptische Perspektiven machen sich breit: Die Menschen werden es nicht schaffen, ihre Lebens-Umwelt zu bewahren. Vielleicht geht es mit ihnen überhaupt zu Ende. Aber die Religionen sind nicht die Apokalyptik-Gewinnler. Was hätten sie anzubieten? Eine andere Welt, ein Paradies in Reserve? Oder können sie eine andere, weitere Perspektive entwerfen, in der man sich nicht nur auf dem Weg in den Untergang sehen müsste? Hätten sie eine Deutung unserer Situation anzubieten, die uns hoffnungsvoller und handlungsfähiger macht?

Eine *Deutung:* kein gesichertes Wissen; nichts, was die Sicherheit böte, auf dem richtigen Weg zu sein. *Meine* Deutung, vielleicht eine Deutung von Erfahrungen, die sich in dieser religiösen Tradition herausbilden konnte; aber auch in ihr kein allgemein-verbindliches Glaubens- und Hoffnungs-Wissen begründet; eine Deutung, die sich in Frage stellen lassen muss und selbst die Frage stellt: ob sie das Gedeutete tatsächlich trifft, ihm gerecht wird oder es interessebedingt so zurechtmodelliert, dass Gott wieder ins Spiel kommt. Eine Deutung immerhin, mit der man erst einmal arbeiten kann, um zu sehen, ob man mit ihr besser leben und klarer sehen kann, was sie aufschließt, ermöglicht oder auch verdeckt und dann unmöglich macht? Im Christlichen ist es die Erlösungs- oder Gnaden-Perspektive, die in der Geschichte des Christentums immer wieder neu ausgeleuchtet und entworfen wurde und sich immer wieder als sperrig, ja als un-

---

[88] Die vermutlich auf Dietrich Bonhoeffer zurückgehende Unterscheidung in Letztes und Vorletztes mag dafür eine wichtige heuristische Bedeutung haben. Aber sie ist kein Patentrezept – und will das auch nicht sein (vgl. das ganze 3. Kapitel in: Dietrich Bonhoeffer, Ethik. Werkausgabe, Bd. 6, hg. von I. Tödt u. a., Gütersloh ²1998).

[89] Man bezieht sich da auf: Theodor W. Adorno – Max Horkheimer, Dialektik der Aufklärung. Philosophische Fragmente, Frankfurt a. M. 1969.

zugänglich erwiesen hat. Vielleicht wird man sie heute so zur Sprache bringen:

Viele Zeitgenoss(inn)en machen eine Erfahrung, die gar nicht so anders ist als die, von der die apokalyptisch denkenden und fühlenden Zeitgenossen Jesu in Anspruch genommen waren: Es liegt ein lähmender Bann auf unserer Welt. Nichts scheint zum Besseren führen zu können. Es gibt die guten Anfänge und Aufbrüche nicht mehr, in die man sich mit Begeisterung und Tatkraft einbringen möchte. Irgendwie scheint alles auf das große Umsonst zuzulaufen[90], wie wenn in unserer Welt Mächte zur Herrschaft gekommen wären, die uns lähmen, mutlos und motivationslos machen, uns mit Sinnlosigkeit überfluten. Was werden wir hier im kleinen Deutschland mit den Opfern, die man uns politisch auferlegen will, groß an der Klima-Katastrophe ändern, wenn die Chinesen und der Rest der Welt nicht mitmachen! Das hat doch alles keinen Sinn, es ist ganz und gar unvernünftig, verkündet Dieter Nuhr unter dem Gelächter seines Publikums. Es ist der Bann der Gleichgültigkeit, auch einer Ironie-unterfütterten Resignation, der sich auf so vieles legt: auf das einfühlende Sehen, die Sprache, die Phantasie und das Hoffen, die Initiative.

Die Apokalyptiker zur Zeit Jesu sahen eine Heilsperspektive vor sich: Gott selbst würde diese Welt bald in Flammen aufgehen lassen, eine ganz neue himmlische Welt errichten und die Treugebliebenen darin bergen. Seine Apokalypse wäre das Heil der Frommen, die den Zusammenbruch in Glaubenstreue aushalten. Die uns heute drohende menschengemachte Apokalypse hat für die Zeitgenossen keine Verheißung parat. Ist der Zynismus eines „Nach mir die Sintflut" die adäquate Antwort? Oder dürfen wir an eine Lösung dieses Banns über unserer Welt und unserer Hoffnung glauben? Jesus wollte mit seiner Reich-Gottes-Verkündigung und seinem Handeln in Gottes Namen den Bann des Umsonst im Jetzt lösen: Gott kommt nicht erst am Ende, wenn alles zusammengebrochen sein wird. Seine Herrschaft fängt an, wenn Menschen es wagen, in sie hineinzuleben – und hineinzusterben: die Seligpreisungen zu leben und es auf die Auferstehung in Gottes Wirklichkeit hinein ankommen zu lassen, jetzt schon und auch dann, wenn es ans Sterben geht. Die sogenannten Wunder, die Jesus wirkte, machen die Lösung dieses Bannes

---

[90] Nietzsche spricht in seinen Notizen von der „Qual des ‚Umsonst'". Ihr sieht man sich als „Nihilist" ausgesetzt, der etwas erreichen will und dabei fortwährend scheitert (vgl. Nachgelassene Fragmente November 1887–März 1888, KSA 13, 46 f.). Diesen Nihilismus gelte es durch das Nichts-für-sich-erreichen-Wollen zu überwinden, durch das übermenschliche Ja zum zwecklos sich verwirklichenden Leben.

zeichenhaft erfahrbar. Sie geben den Geheilten *Zukunft jetzt*, eine Zukunft, die sie wahrnehmen, in die sie hineingehen, hineinleben konnten.

Erlösung geschieht mit der *Lösung des Umsonst-Bannes:* wenn sich der Gottes-Horizont auftut, wenn das Wofür meines Lebens mich ergreift und ich ahne, wofür ich da sein darf, wie ich den Weg dahin gehen kann. Dass ich für *Ihn* da sein darf, *seine* Wirklichkeit in dieser Welt zu leben; dass er mich auch nicht verlorengeben wird, wenn ich scheitere und mich verirre. Wie ein Mensch Gottes Wirklichkeit in dieser Welt lebt, dafür steht der Messias Jesus. Er bringt sie mit zu dem Menschen, den Notleidenden und Perspektivlosen. In seiner Nachfolge öffnet sich der Weg in Gott hinein, in Gottes Herrschaft. Er ist der *Archegos*, der Wegbahner, Horizontöffner, so Apostelgeschichte 3,15; 5,30 f. und Hebräerbrief 2,10. Der Erste Johannesbrief nennt die Wirklichkeit Gottes, die der Messias Jesus unter den Menschen Wirklichkeit werden lässt und die die Glaubenden geschehen lassen dürfen, mit dem Rätselwort *Liebe*. In ihr und mit ihr kommt Gottes „Herrschaft" in die Welt. Mit ihr *beginnt* es damit. Wo es so anfängt, fängt mit den Menschen an, was nicht aufhören wird anzufangen, was nicht verlorengehen wird, weil es in Gott hineinführt und seine Vollendung findet.

Ändert das etwas, hier und jetzt? An dem Bann, der auf uns liegt? Oder sind nur große Worte gemacht, Zaubersprüche zitiert, die allenfalls im Märchen den Bann lösen? Man sollte die Erfahrung machen können, dass etwas Gutes aus Gott in der Liebe anfangen kann und ins erstarrte Leben *Leben* hineinbringt. Die theologische Überlieferung sprach von Erlösung, von Gnade. So könnte man womöglich heute davon sprechen: dass ich anfangen kann, zu meinem Leben und zu deinem Leben aus vollem Herzen ja zu sagen: Gut, dass es dich, dass es mich gibt; und dass ich Menschen-Herabwürdigung nicht hinnehme. Man sollte die Hoffnung hegen können, dass der enge Horizont des Umsonst aufgesprengt wird und sich in unserem Miteinander Hoffnungsvolles tut, da es eine Gottesperspektive, eine Gottes-Zukunft gewinnt, da wir zu mehr unterwegs sein dürfen als zum Ausbrennen und Erlöschen unserer Initiativen.

Erlösung würde dann die Erfahrung mit sich bringen: Du bist keine gleichgültige Wirklichkeit, die im Grunde nichts bedeutet, nicht ausmacht, nichts ändert, vergeblich lebt und liebt. Dein Dasein ist nicht umsonst, sondern willkommen, berufen, sich in Menschen-Geschichten, Hoffnungsgeschichten einzubringen, Unverlierbares zu wirken. Das wird dich selbst einbringen in Gottes Wirklichkeit. Damit fängt es immer jetzt an. Kein Scheitern, keine Selbst-, Gott- und Menschenverfehlung macht es unmöglich. Dir ist ein Anfang geschenkt, weil Gott mir dir etwas anfangen kann. Du darfst es zuletzt ihm überlassen, was aus dem Anfang wird, der du bist. Und mit mir kann es ebenso gehen. Was er mit uns anfängt, wird er – wenn wir uns nicht verweigern – auf die bestmögliche, *ihm* mögliche Weise vollenden.

Dabei muss man doch mit der Alltags-Erfahrung umgehen, dass wir ein einziges Zu-Ende-Gehen und Erschöpft-Werden sind, dass wir „immer weniger" werden, dem endgültigen Verbraucht-Sein entgegengehen. Man wehrt sich gegen die lähmende Perspektive des Zu-Ende-Gehens, in der zuletzt nichts zu etwas führt, und entwickelt Vorhaben, die motivieren und Bedeutung geben sollen. *Wir* fangen etwas an, wollen etwas erreichen, was uns Bedeutung gibt. *Das* will ich erreichen, dahin will ich kommen: Selbst-Sorge, Selbst-Motivation! Ohne die wird es im Leben nicht gehen. Aber auch: Mit ihr und durch sie kann viel Unheil geschehen. Es geschieht, wenn Menschen unter den Bann des Sich-selbst-bestätigen-Müssens geraten und es ihnen in allem darum gehen muss; wenn sie sich – mit Martin Luther gesagt – zu einem Leben im Zeichen des des in sich verkrümmten Herzens verurteilen.

Dann kann das Etwas-Anfangen der Anfang der Hybris sein: Meine Vorhaben und Einschätzungen geben den Lebens-Horizont vor, in dem ich etwas „Sinnvolles" anfangen und erreichen will. Alles andere nehme ich in diesem Horizont wahr, als für mich gut – oder unbrauchbar – oder hinderlich. So spricht das *Buch der Anfänge* – die Genesis – von der Selbst- und Schöpfungs-Verfehlung der Menschen, von ihrem Versuch, Gott, dem unvergleichlich kreativen Anfänger, gleich zu werden und das unvergleichlich Bedeutsame anzufangen, das sie selbst bestätigt. Menschen wollen und können etwas anfangen; dazu haben sie die Freiheit. Aber sie haben nicht die Macht und das Recht, brutal durchzusetzen, was sie anfangen wollen und selbst zu entscheiden, was dabei „herauskommt". Wenn sie sich das anmaßen, verderben sie die guten Anfänge; wollen sie rücksichtslos über all das und alle die verfügen, mit dem/mit denen sie etwas anfangen, „etwas anfangen können". Man fängt eine Intervention an, zieht sie durch – und fährt alles an die Wand; in Afghanistan und anderswo. Man fängt eine Aggression an, um einer vermessenen Vision von Größe nachzustreben, koste es, was es wolle, in der Ukraine und anderswo. Man ist geblendet, verblendet, vom eigenen Anfangen-Können und nimmt nicht mehr wahr, womit und mit wem man etwas anfängt, und was geschehen müsste, damit es tatsächlich – für alle die und all das, womit und wogegen man etwas anfängt, schließlich für einen selbst – sehr gut werden sollte. Wahrnehmen, ein Gefühl dafür bekommen, wie es – nach Gottes gutem Willen – *mit uns, mit den anderen* sehr gut werden kann: Das wäre die Lösung des Bannes, des Gefangenseins in unerlöster Selbstbestimmung, im Cor incurvatum in se. Wir wären Mitschöpfer(innen), Menschen des Empowerments, nicht länger Menschen der Ausbeutung und des Menschen-Missbrauchs, der Menschen-Missachtung.

Der Bann, der auf uns – oder doch nur auf mir – liegt und uns – mich – gegen-schöpferisch sein lässt: Man will das uns auflauernde *Umsonst*, die uns bedrängende Vergeblichkeit, abwenden, indem man zielbewusst das eigene Vorhaben durchzieht und sein Dasein damit sinnvoll macht: dass es zu etwas gut und bejahenswert ist. Man will Herr oder Herrin des eigenen Lebens sein – und wird zum Sklaven, zur Sklavin des Lebens-Erfolgs, den man einheimst oder auch nur am Horizont sieht. Man will Herr(in) der Lebens-Perspektive sein, selbst bestimmen, was dem Leben *Perspektive gibt.* Erlösung und Gnade sprengen diese Perspektive auf: Da kommt etwas erlösend, auslösend, auf uns zu, da kommt Gott auf uns zu, mit seiner alles wohltuend relativierenden „Herrschaft", seiner Wirklichkeit, seiner Zukunft. Es liegt nun an uns, dass wir uns in sie einfühlen, in sie hineinhandeln; dass wir entdecken, was das ist: Die Bibel nennt es Liebe, *Aufgetanwerden* für dein Gutes, ihr Gutes, das Gute des Lebendigen und des nicht Lebendigen um uns und mit uns, Aufgetanwerden für die Güte, die Gott ist und lebt und mitteilt, die uns sein Christus vorlebte und sein Geist in uns lebendig machen will.

Was das konkret heißt? Wir sind nicht Herr(inn)en unseres Lebens und Sklav(inn)en unseres Lebenserfolgs. Wir unterwerfen uns, andere und anderes nicht mehr den Resultaten und Erfolgen, die in dieser Welt, in unserem Leben, herauskommen oder herauskommen sollen. Geschichts- und Lebens-Erfolg sind nicht letzte Instanz. Wir versuchen daran zu glauben, dass Gott die letzte Instanz ist, die über die Güte unseres Lebens nicht nur entscheidet, sondern sie zuletzt rettet, von sich aus Wirklichkeit werden lässt. Wir sind nicht darauf fixiert, selbst zu bestimmen, was herauskommen muss. So könnten wir daran mitwirken, dass herauskommt, was gut ist: für dich, für mich, für alle und alles. Das wäre Freiheit, Gottes-Freiheit: das Uns-Mitnehmen-Lassen zu Gott, von seinem Sohn, unserem Menschenbruder Jesus Christus, durch den Heiligen Geist in den Gottes-Aufbruch, in die sehr gute Gottes-Zukunft hinein.

Wer wird sich von dieser Erlösungsperspektive inspirieren lassen? Für wen mag in ihr der gute Grund dafür zum Vorschein kommen, zu seinem Leben und zu den Herausforderungen, vor die es ihn oder sie stellt, ja zu sagen? Mehr als ein Angebot, Gott die entscheidende Rolle in seinem Leben spielen zu lassen und ihm den Anfang zuzutrauen, der nicht aufhören wird anzufangen, wird es meist nicht sein können. Ist es ein gutes Angebot, dem man sich anvertrauen darf? Oder eine Verführung zum religiösen Wahn, in dieser Welt überhaupt etwas von Bedeutung anfangen zu können, damit anfangen zu wollen? Für Emil Cioran ist das überhaupt das schlechthin Üble, das die Erlösungsreligionen in die Welt bringen: ihr soteriologischer Wahn, Erlöste sollten, ja müssten in der Welt das Heilsame anfangen und durchsetzen. So wendet Cioran sich gegen alle Soteriologien. Sie reden den Menschen ein, im Namen Gottes zur Ursache des Erlösenden, alles zum Guten Ändernden, in dieser heillosen Welt zu werden: Mit Gott verändern wir – wir allein – die Welt dahin, wie sie sein soll. Die andern hindern uns und Gott daran. So übe jeder Glaube „eine Art Terror aus". Fanatismus sei sein wahres Gesicht. Cioran im Originaltext: „Die Gesellschaft: eine Hölle voller Erlöser! Einen Gleichgültigen – das war es, was Diogenes mit seiner Laterne suchte …", als er auf den Markt ging, einen Menschen zu suchen. Der Gleichgültige weiß um die Nichtigkeit seines Daseins und lässt sie geschehen, damit er nicht mit seinem aufgeblasenen Selbstbewusstsein anderen zur Last fällt. Wer würde – so noch einmal Cioran –, „wenn er seine eigene Nichtigkeit deutlich vor Augen hätte, noch versuchen, unter den Menschen zu wirken und sich zum Erlöser aufzuwerfen?"[91]

Man wird gegen diese Art von Gleichgültigkeit revoltieren; und sich fragen, was die Religiösen, zumal Christ(inn)en, angestellt haben, dass Menschen wie Cioran sich veranlasst sehen, Gleichgültigkeit als bessere Alternative zu einer Fanatismus-affinen Erlösungsreligion ansehen. Ist Gleichgültigkeit denn nicht die Wurzel einer Desolidarisierung, der auch die anderen gleichgültig sind? Sophie Scholl hat sie *in extremis* herausfordernd sichtbar gemacht: „Zerreißt den Mantel der Gleichgültigkeit, den Ihr um Euer Herz gelegt." Und Papst Franziskus will das Evangelium der Gnade als Gegen-Kultur zur Kultur der globalisierten Gleichgültigkeit verstanden wissen, die

---

[91] Emil M. Cioran, Lehre vom Zerfall, 9 und 11. Der „tolle Mensch" legt die prophetische Tat des Diogenes genau „andersherum" aus: Es gilt, den guten Anfang, der mit dem Gottesmord gemacht ist, tatsächlich zu wagen.

wie ein Virus lähmt und unempfindlich macht, „eine Krankheit, welche die Mitte der Religiosität selbst befällt"[92]. Die Heilung von der Gleichgültigkeit würde zu neuen, erlösten Menschen machen. Christ(inn)en versuchen, Gott zu glauben, dass er diese Heilung zu seiner Sache gemacht hat und die von ihm initiierte Erlösung unter uns schon unterwegs ist. Sie sollten aber auch wissen, dass das Gegenteil der Gleichgültigkeit Fanatismus sein kann: nicht Gottergriffenheit, sondern der zerstörerische Anspruch, das Göttliche in die eigene Hand zu nehmen. Ihn hat Cioran im Blick. Er ist heute beileibe nicht nur bei den Religiösen finden – und zurückzuweisen. Bei ihnen aber hat er die Gestalt des Gottesmissbrauchs.

Dass das Göttliche, Rettende, nicht unsere Sache ist, dass es unverfügbar bleibt und doch *menschlich wirklich* wird, uns als faszinierende Verheißung in Anspruch nimmt, das ist das Geheimnis, das den Christen im Glauben an die Inkarnation zugänglich werden kann. Schon in philosophischer Reflexion kann es in den Blick kommen. Wer ein bewusstes Dasein führen und sich seiner Situation vergewissern will, wird sich – so Dieter Henrich – in der Bedrohung durch das Umsonst vorfinden. Als Subjekt weiß er sich als der (die) alles auf sich Beziehende, als Mittelpunkt einer „Welt", die nur er (sie) so bewohnt, aneignet und gestaltet, und darin als für sich selbst unendlich bedeutsam. Als Person – ich sage lieber: Individuum – weiß er (sie) sich zusammen mit unendlich vielen anderen, unendlich, ja bis an den Rand der Bedeutungslosigkeit relativiert, als ganz und gar vorübergehendes, in seinem Beginnen immer schon überholtes, vergebliches Dasein.[93] Wie kann dieser „Subjekt-Person- (oder Individuum-)Antagonismus menschlich gelebt, nicht aufgelöst, aber „erlöst" werden?[94]

Ich möchte einen Schritt über Dieter Henrichs und Klaus Müllers Beschreibung der menschlichen Selbstwahrnehmung hinausgehen

---

[92] Ansprache von Papst Franziskus beim Weltgebetstreffen in Assisi am 20. September 2016.
[93] Klaus Müller zitiert zur „Veranschaulichung" John Updikes autobiographisches Werk: Selbst-Bewußtsein, dt. Hamburg 1990, 59): „Milliarden Bewusstseine sickern wie Treibsand die Geschichte voll, und jedes einzelne ist der Mittelpunkt des Universums. Was können wir im Angesicht dieser undenkbaren Wahrheit anderes tun als schreien oder Zuflucht suchen bei Gott?" (vgl. Klaus Müller, Gott jenseits von Gott. Plädoyer für einen kritischen Panentheismus, hg. von F. Schiefen, Münster 2021, 112).
[94] Dieter Henrich spricht tatsächlich von der „‚Erlösung' des Selbstbewusstseins" (ders., Fluchtlinien. Philosophische Essays, Frankfurt a.M. 1982, 116; von Klaus Müller zitiert in: ders., Gott jenseits von Gott, 112).

und habe deshalb auch eine abweichende Terminologie vorgeschlagen.[95] Selbstbewusste Lebensführung findet sich nicht nur im Antagonismus zwischen Subjektivitäts-Bewusstsein (Perspektive der ersten Person) und der Selbstwahrnehmung als Objekt unter unendlich vielen – als Individuum in der Perspektive der dritten Person – vor, sondern eben auch als Person unter Personen: in der Perspektive der zweiten Person, als ein Du. In dieser Perspektive erfährt es sich als angenommen, womöglich gar geliebt und so als unendlich bedeutsam gesetzt, oder aber als übersehen, gar verachtet. Es ist die Perspektive des Subjektivitäts-stiftenden Resonanz-Findens – oder der Resonanzverweigerung, einer Beziehungs-stiftenden oder Beziehungs-verweigernden Relativierung. So kann sich in dieser Perspektive der zweiten Person eine erlösende Wirklichkeit im Gegenüber zu einer Bedeutungs-vernichtenden Wirklichkeit (der Sünde) ankündigen, aus der der Antagonismus der Subjekt- und der Objekt-Perspektive überwunden, vielleicht versöhnt werden könnte – wenn nicht auch die mitmenschliche Liebe selbst dazu bestimmt wäre, in der zur Gleichgültigkeit relativierenden Perspektive der dritten Person unterzugehen.[96] Darf man darauf hoffen, dass sie so stark ist, dem zu entgehen, dass sie selbst gerettet und gegen das Umsonst allen menschlichen Beginnens in Geltung gesetzt wird? Ihre Rettung vor dem Umsonst könnte nur von einem Gott erhofft werden, der sich in die Liebe hineingibt und sie so erlösend sein lässt; von einem Gott, der die Liebe ist und so die Anderen seiner selbst – die in ihr Geliebten – ins Dasein ruft, sich ihnen zuwendet, sie relativiert, sie aber nicht in Gleichgültigkeit untergehen lässt, sondern in seiner absoluten Beziehungswilligkeit und Beziehungsmächtigkeit zur Teilhabe an seinem göttlichen Leben und Lieben beruft.

5.3 Mit Gottes Hilfe?

Aber macht es Gott nicht menschlich-allzumenschlich „klein", wenn ich ihn so brauche, um mein endliches Leben selbstbewusst führen zu können; wenn ich ihn so sehen will, wie ich ihn brauche? Wird er in meinem Glauben nicht darauf zurechtgestutzt, aufzukommen für

---

[95] Vgl. Jürgen Werbick, Christlich glauben. Eine theologische Ortsbestimmung, Freiburg i. Br. 2019, 192–204.
[96] Vgl. in meinem Buch: Theologie anthropologisch gedacht, Freiburg i. Br. 2022, 119–127.

das, was mir fehlt und womit ich selbst nicht zurechtkomme – damit ich hinwegkommen kann über die Selbst-Fixierung auf das Fehlende? Mitmenschlich wird einem der Zwiespalt des *Dich-Brauchens* kaum verborgen bleiben: Es gehört in die Liebe hinein, dich zu brauchen, auf dich angewiesen zu sein in meiner – unserer – Suche nach einem guten Leben. Und es bringt mich zugleich auf die schiefe Bahn des Übergriffig-Werdens: Sei du der (die), den oder die ich jetzt brauche! Sei so, wie ich dich jetzt brauche. Wenn es gut geht, überbrückt die Liebe diesen Zwiespalt oder hält sie die Spannung aus, die sich da immer wieder auftut. Sei für mich da! – Gott um Gott bitten: Das ist der Kernvollzug des Bittgebets. Und es ist die biblische Kern-Überzeugung, dass dieses Gebet nicht vergebens gesprochen ist. Das ist ja der Name des Gottes, von dem Mose sich in Anspruch nehmen lässt: Ich bin (für euch) da! (Ex 3,14). Martin Buber hat den gleichwohl unverfügbaren Geschehens-Charakter dieses göttlichen Daseins so zum Ausdruck bringen wollen, dass er ergänzt: so, wie *ich* für euch da sein werde (da sein will). Und das wird oft so anders sein, als ich es jetzt brauche oder zu brauchen meine. Die biblische Gottes-Bezeugungs-Geschichte ist durchzogen von der unbegreiflichen Spannung zwischen dem Gott-Brauchen der Menschen und Gottes verborgenem Dasein, zwischen Gottes-Hoffnung und Gottes Fehlen – und den vielfältigen Versuchen, das Eine mit dem Anderen irgendwie zu vereinbaren: Er fehlt uns, gerade wenn wir elementar auf ihn angewiesen sind. Oder ist er gar selbst in der Not, die da über uns gekommen ist? Hat er uns, auch noch seinen Messias, verlassen, seinen Namen widerrufen? In der Klage des Gekreuzigten (Mk 15,34) wird diese Frage zum tiefsten Glaubens-Abgrund, offenbart sie den Gottes-Abgrund der Verlassenheit und Ungeborgenheit, erneuert sie die Bedrohung durch das abgründigste Umsonst.

Der Gott, den die Bibel bezeugt, geschieht den Menschen als der Grund für das Ja zu ihrem Leben im Lebensabgrund zwischen Geborgenheits-Sehnsucht und Sich-genommen-Werden. Gott als meinen Helfer in Anspruch nehmen heißt deshalb zugleich, mit seinem Einbruch in mein Leben und Sterben „rechnen" zu müssen. Da ist theologisch mitunter von dem dunklen Seiten Gottes die Rede, die man im Glauben an den „lieben" Gott nicht unterschlagen dürfe. Aber man sehe sich vor, Gott nicht zwiespältig zu machen: als ob er noch etwas anderes als Liebe und anderswo als in der Liebe wäre, als ob er einen dunklen, zweifelhaften Hintergrund hätte. Wenn man damit anfängt, landet man in gnostischen Mythologien.

Dass Gott nicht einfach „in unserer Tiefe" als der Grund da ist, auf den wir uns gründen und einbergen dürften; dass er auch nicht gedanklich verfügbar ist als das Missing Link, zu dem wir gekommen wären, weil wir nicht ohne es auskommen, dass er vielmehr mein Abgrund ist und mir geschieht, wenn ich mich an nichts mehr, nicht mehr an mich, nicht einmal mehr an ihn, halten kann: Auch darauf bereiten uns die biblischen Zeugnisse vor, ohne uns diese Erfahrung damit entdramatisieren zu können. Gott bricht ein ins Leben und im Sterben: So „gewalthaltig" wird man es erleben (müssen) – und so wenig als das, was man dann *brauchen* könnte. Jesus selbst greift zu dieser Metapher (vgl. Mt 24,43–44). Alle Wachsamkeit und Selbstsorge werden vergebens sein. Vergebens sein dürfen, so versuchen wir zu glauben, weil der, der uns da „heimsucht" und in unser Leben einbricht, der ist, der so für uns da sein will.[97]

Es ist schwer erträglich, das so Harmonie-fremde Metaphern-Feld des (Ein-)Bruchs mit Gott in Zusammenhang gebracht zu sehen. Aber es lässt sich aus den biblischen und glaubensgeschichtlichen Zeugnissen nicht eliminieren, weil es treffsicher auf Erfahrungen anspielt, die der Gottesbeziehung zugemutet sind. Gott bricht ein ins Weitermachen, Irregehen, Sich-abschirmen-Wollen, in ein Leben, das sich in Selbstbewahrung und Glücklichsein-Wollen erschöpft; er bricht ein in das *Cor incurvatum in se*. Er bricht ein in den Herrschaftsbereich der Mächte, des Herrn der von Ungerechtigkeit und Menschenmissachtung beherrschten Welt. Er bricht die Herrschaft des Satans, der wie ein Blitz vom Himmel stürzt, jetzt entthront, wenn auch noch nicht endgültig entmachtet ist (vgl. Lk 10,18). In seinem Messias bricht die Gottesherrschaft in den – nach apokalyptischer Welt-Sicht – unerträglich stabilen Machtbereich des Unheils ein, ihn endzeitlich aufzubrechen. Gott bricht ein, unterbricht das unheilvolle Weiter so, um mit uns aufzubrechen: Seine *Unterbrechung* erlöst.[98]

Zeichnet sich da nicht ein weiteres Erlösungs-Narrativ ab, ebenfalls aus apokalyptischer Erfahrung, nahe bei dem, wie Jesus selbst es erzählte? Johann Baptist Metz nimmt es auf seine Weise auf, plädiert für eine apokalyptisch orientierte „Hermeneutik der Unterbre-

---

[97] Vgl. Christoph Störmer, Heimgesucht. Ob Naturkatastrophe oder Pandemie: Die Rede vom liebenden Gott prallt an der Tragik menschlicher Erfahrungen ab. Wie gehen Gläubige damit um?, in: DIE ZEIT. CHRIST UND WELT Nr. 51 vom 9. Dezember 2021, S. 5.
[98] „Kürzeste Definition von Religion: Unterbrechung", so Johann Baptist Metz in: Glaube in Geschichte und Gegenwart, Mainz 1977, 150.

chung"⁹⁹, die des unheilvoll Sich-Fortwälzenden ansichtig wird und es beim Namen nennt. Sie nimmt Jesus von Nazaret als Apokalyptiker ernst, der auf die radikalste Unterbrechung setzt, die sich denken oder schon nicht mehr denken lässt: Gottes Unterbrechung, die aus dem Tod das Leben hervorgehen lässt. Mit Verve wendet Metz sich deshalb gegen theologische Hermeneutiken der Kontinuität, nach denen es Jesus darum ging, dass es in dieser Welt etwas anders weiterginge: etwas mehr Gottesherrschaft, Gottes-Gegenwart, Gerechtigkeit, neuer Wein in den Pokalen der alten Welt. Apokalyptik schreibt die alte Welt ab, hat schaudernd ihr Unheil gesehen, die Katastrophe erlitten. Vom Weiter-so erwartet sie nichts.¹⁰⁰ Aber – so Jesu Umprägung der Apokalyptik: Es kommt etwas dazwischen; es geht nicht mehr so weiter. Gott selbst ist es, der das *Weiter so erlösend* unterbricht, uns von ihm erlösen wird, damit schon angefangen hat. So wäre eine Theologie der Hoffnung auf der Tagesordnung, der Hoffnung, dass nichts so bleiben wird, wie es sich jetzt als unabänderlich aufzwingt; dass der Gott und Vater Jesu Christi ein Gott ist, der alles ändern kann und ändern wird; der Hoffnung darauf – der Erfahrung? –, dass der Bann des Umsonst gebrochen ist, dass der Liebe noch im Abgrund zu trauen ist, weil ihr die kreative Macht der Überschreitung zugesprochen ist.

Aber ist der Bann des Umsonst denn gebrochen? Ist Gott dazwischengekommen mit seiner Unterbrechung? Ist der Gottes-Aufbruch, den er in seinem Messias initiierte, in der Menschenwelt angekommen und als die Provokation aufgenommen worden, mit ihm aufzubrechen – aufzubrechen, was die Menschen gefangen hält? Die Metapher ist ungeduldig mit dem Weitermachen; vielleicht ungerecht mit dem Versuch, zu retten, was gegen das unheilvoll Einbrechende zu retten ist – in Kirche und Gesellschaft. Da werden sensible Differenzierungen zu finden sein. Wenn nur nicht in den Schatten gerät, wie schnell das Sichern-Wollen von Kontinuitäten unter den Bann des Vergeblichen, Sich-Erschöpfens gerät. Zu glauben, dass Gott und die Leben-rettende, Leben-erneuernde Unterbrechung zusammengehören, das ist heute die vielleicht Glauben-rettende Zumutung, das apokalyptische Erbe nicht zu vergessen. Metz hat sie angesprochen. Aber man sieht noch kaum, was kirchlich-glaubens-

---

⁹⁹ Vgl. ders., Memoria Passionis. Ein provozierendes Gedächtnis in pluralistischer Gesellschaft, Freiburg i. Br. 2006, 143–150.
¹⁰⁰ Walter Benjamin erschloss Metz diesen Sinn des Apokalyptischen: „Dass es ‚so weiter' geht, ist die Katastrophe"; Walter Benjamin, Gesammelte Schriften, Bd. V/1, Frankfurt a. M. 1991, 150.

geschichtlich konkret daraus folgen muss, folgen kann – wo die Schwerkraft der Kontinuitäten und des Weitermachens alles zu dominieren scheint. Werden die Kirchen den Bruch, den sie wahrnehmen, als Gottes Unterbrechung, als Einbruch Gottes wahrnehmen und annehmen können, verstehen müssen?

5.4 Unterbrechung

Wie geht das, eine Glaubens-Hermeneutik der Unterbrechung einzuüben, damit sich die biblische Perspektive der Überschreitung auftut: im Glauben damit rechnen zu lernen, dass mit Gott nicht nur das *Immer schon und bis in alle Ewigkeit* zusammengebracht werden soll, sondern ebenso sehr, wenn nicht weit entschiedener, die Unterbrechung, sein *Unterbrechen:* dass er mich – uns – mit seiner „Herrschaft", dass er diese Kirche, diese Erschöpfungs-Praktiken und -logiken mit seinem Anfangen unterbricht? Der Bann, der auf zeitgenössischen Kommunikations- und Erlebnis-Gesellschaften lastet, hängt mit der Unwilligkeit, auch Unfähigkeit, zusammen, sich unterbrechen zu lassen. Sich nicht unterbrechen lassen müssen sichert Identität! Welch ein Irrtum. Gerade christlich darf man ihm nicht verfallen. Aber ist es tatsächlich *Er*, der uns unterbricht? Sind es nicht doch nur die Pandemie, das Sprachloswerden bei all den Zynismen, die uns das Wort abschneiden, die Auszeiten, die wir uns gönnen, Umstände und Maßnahmen, die uns am Weitermachen hindern oder es suspendieren sollen, zuletzt die Gewalt-Exzesse und Heimsuchungen durch kriegerische Ausbrüche der Unmenschlichkeit? Welche Unterbrechungen werde ich mit Gott zusammenbringen dürfen? Und wie? Wie wäre er da „drin", womöglich erlösend gegenwärtig?

Auch Kirche und Unterbrechung gehören irgendwie zusammen; neuzeitlich in durchaus zwiespältiger Weise. Unterbrechen kann ja auch heißen: nicht ausreden lassen, autoritär unterbrechen. Die Neuzeit deutete sich von Anfang an in der Metapher des *Mündigwerdens:* Man will sich nicht mehr vorschreiben, vorsagen lassen, wie man sich, die Welt, in der man sich vorfindet, die Erfahrungen, die man mit ihr und sich selbst macht, zu verstehen hat. All das erscheint in neuem Licht, wenn man sich der Vormundschaft der Kirche entzieht, eigenverantwortlich wahrnimmt und reflektiert, interpretiert, was einem das selbst Erlebte zu denken gibt. Die Kirche wollte sich ihre Interpretationshoheit nicht streitig machen lassen. Mündigkeit war für sie sündige Selbstüberhebung, Selbstverabsolutierung: Man entzog sich den Seh- und Leseanweisungen, die die Kirche in Gottes Autorität geltend machte. Die versuchte, Diskurse über selbst Gesehenes und Ausgelegtes zu unterbrechen, ihnen ins Wort zu fallen, wo immer sie konnte. Sie manövrierte sich ins Abseits, da sie sich nicht aufs Gespräch und auf die Menschen einließ, die endlich zu Wort kommen wollten. Das war verboten, wenn da ein eigener Tonfall, eine eigene Sichtweise ins Spiel kamen: *Ungehorsam* – die Neuzeit-Sünde par excellence, zugleich eine Wesens-Beschreibung der Sünde, die geradezu in die DNA christlicher Anthropologie zu gehören schien.

Etwas wirkungsvoll als Sünde brandmarken zu können, nahm denen, die sich da als Sünder(innen) gebrandmarkt sehen, jede Legitimation. Es war das Nein zu dem, was sie angefangen und „begangen" haben, machte sie vergebungsbedürftig; es ließ sie auf die Gnade angewiesen sein, die die Kirche zu verwalten hat. Nur über diesen „Umweg" sollte das Ja zu meinem Leben noch erreichbar sein. Kirche beanspruchte die Macht über das Bejahen-Können: eine Manipulationsmacht, die tiefer als jede andere in das Selbstgefühl der Menschen eingriff. Das ist dann das Verhängnis, der Bann, die auf dem *Leben-Wollen* der Menschen liegt: Es ist sündig, erlösungsbedürftig. Erlösung aber gibt es nur in der Kirche, die das Leben-Wollen unterbricht, es tauft, reinigt, ordnet, in die Bahnen des Erlaubten bringt.

Nun durchschaut man, was die Kirche da mit den Menschen anfing: wie *ihre* Herrschaft die Menschen mit einem entfremdenden Bann schlug, wie sie mit der Sünde „arbeitete", um sie erlösungsbedürftig zu machen. Wenn sich die Definitionsmacht erschöpft, mit der die Kirche den Sinn und den Wert des Lebens und des in ihm Begonnenen abmisst; wenn sich ihre Macht über das Fühlen der Menschen erschöpft, weil das System von Lohn und Strafe, das sie „verkündigt", nicht mehr ängstigt, dann scheint sie ihre Möglichkeiten der Einflussnahme auf das Alltagsleben der Menschen erschöpft zu haben. Die Kommunikationsmacht der Kirche ist gebrochen; ihre Einflussnahmen auf das Selbstverständnis der Menschen scheint nachhaltig unterbrochen. Ihre Sinnressourcen sind kaum noch gefragt, wenn es im Leben nicht mehr darum geht, vor Gott besser dazustehen.

Nun scheint die *säkulare* Unterbrechung irgendwie erlösend zu sein, in der man von der Kirche und ihrem Einfluss Abstand nimmt, Abstand gewinnt von ihrer Bevormundung, ihrer Auslegungs-Macht. Ihre Message ist so nachhaltig mit den „negativen" Scheiterns- und Defizit-Gefühlen amalgamiert, ihre Sinnangebote scheinen so weit weg von den Krisenerfahrungen der Menschen, dass man ihrer überdrüssig geworden ist. Zuletzt sieht und spürt man bei ihrem eigenen Scheitern von der Alternative nichts mehr, für die sie doch stehen soll. Die ruinöse Institution sieht man noch; aber ihr „Geist" bewirkt nichts mehr, er scheint definitiv erschöpft.

5.5 Erschöpfung

So sind die Kirchen selbst hineingerissen in eine geradezu epidemische Gegenwarts-Erfahrung und ihr Narrativ, statt ihnen etwas Heilsames entgegensetzen zu können. Erschöpfung: Kraftlosigkeit, man ist am Ende; allerorten kommt man darauf zu sprechen. Es geht nicht mehr ums Schuldigwerdens und die religiöse Perspektive der Sündenvergebung, sondern um Erfahrungen der Entkräftung, des Sich-nicht-fähig-Fühlens. An die Stelle des *homme coupable* (des schuldigen Menschen) und seiner Hoffnung auf Versöhnung tritt der *homme capable* (der fähige, kompetente Mensch), der Mensch, dem die Nutzung innerer Kraft-Ressourcen verheißen wird, die Mobilisierung seiner Selbstentfaltungs-Kraft, sein Leben neu zu vitalisieren und Heilung zu finden, wenn sie ihm abhandengekommen ist[101], und der genau hier sein Scheitern erfährt.

Der normative Kompass ist ein anderer geworden. Er ist nicht mehr auf die Erfüllung der Elementar-Bedingungen eines moralischen Lebens geeicht, mit der man in den Augen der Mitmenschen, vor allem aber in den „Augen Gottes", Ansehen finden und sich wertschätzen konnte. Die Wahrnehmung des eigenen Inneren ist nicht mehr von Gewissen-Haftigkeit bestimmt, sondern davon, Fühlung aufzunehmen mit meinem wahren Selbst und es gegen entfremdende sozial-moralische Vorgaben authentisch zu verwirklichen. Wer Zugang findet zu dem, was ihn im eigenen Inneren aus der Quelle des eigentlichen Selbst an Kraft zu authentischer Selbstverwirklichung zufließen kann, sollte in der Lage sein, den Sinn seines Lebens zu entdecken, ihn zu verwirklichen und zum „Besitzer"

---

[101] Paul Ricœur und Alain Ehrenberg haben diesen Übergang unterschiedlich, aber eben doch in der „gleichen Richtung" nachgezeichnet. Vgl. Alain Ehrenberg, Das erschöpfte Selbst. Depression und Gesellschaft in der Gegenwart, dt. Frankfurt – New York ²2015, 16–22; zu Ricœur vgl. Michaël Fœssel, De l'homme coupable à l'homme capable, in: Esprit 316 (Juillet 2005), 99–103.

eines Lebens zu werden, das er sich selbst gewählt hat, ihm nicht mehr als Schicksal zugemutet ist.[102]

Sich spüren und die Lebensmöglichkeiten entdecken, die zu mir passen, macht beziehungsfähig. Wer zu sich gefunden hat oder auf dem Weg dazu ist, kann sein Leben teilen und es so optimieren; der wird sich selbst als „fähiges" Subjekt eines gelingenden Lebens erfahren und Anerkennung finden, als „capable", jenseits aller Beschuldigungen als „coupable". Ehrenberg spricht von „Evangelien der Beziehung" und der „Selbstentfaltung", die nun therapeutisch verkündigt werden. Das Evangelium nach Arthur Janov lautet: „Wenn wir die Fähigkeit zurückgewinnen, diese Liebe frei zum Ausdruck zu bringen, sind wir fähig, uns an uns selbst und den anderen zu erfreuen. Wir gewinnen die Lust zu leben zurück. Wir sind geheilt. Darüber hinaus gibt es nichts zu wollen". Ehrenbergs Fazit: „Die christliche Botschaft ist weltlich geworden. Sie ist von jeder Theologie entleert", im Horizont einer „mystischen Biologie" reformuliert und hat nun zum Ziel, „die Menschen den Glauben an sich selbst wieder finden zu lassen, analog zum Gottesglauben der Christen."[103]

Der Glaube an sich zehrt von Erlebnissen, in denen man ein erfülltes Leben vor sich sah. Er ist aber auch angefochten von der Erfahrung, es nicht weit genug zu bringen. So viel ist möglich. Aber was ist gerade meine Möglichkeit, mein „Schicksal" in die Hand zu nehmen und glücklich zu werden? Wie werde ich sie leben, sie verwirklichen? Könnte ich zu der Erfahrung kommen, dass es darüber hinaus „nichts zu wollen" gibt? Dass man am Ziel ist; an dem Ziel, das für mein Leben „Sinn macht"? Eine vielfältige therapeutische Kultur will denen, die sich hier nicht *fähig* genug fühlen, Ressourcen erschließen, die in ihnen schlummern und darauf warten, genutzt zu werden. Die daran geknüpfte Verheißung ist die des souveränen Individuums[104], das auf sich und seine Möglichkeiten vertraut, dem eigenen Leben einen tragfähigen Sinn zu geben.

Solches Selbst-Vertrauen baut auf die Unerschöpflichkeit der eigenen Selbstentfaltungskraft; es glaubt an das Projekt, aus dem eigenen Leben das immer noch Bessere machen zu können. Man un-

---

[102] Vgl. Alain Ehrenberg, Das erschöpfte Selbst, 153–163.
[103] Zitiert nach Ehrenberg, 165; vgl. ebd., 274.
[104] Es ist – so Nietzsche – eine „späte Frucht" der Menschen-Entwicklung, „ein eigentliches Macht- und Freiheits-Bewusstsein", das sich einen souveränen freien Willen zuzuschreiben vermag (Zur Genealogie der Moral. Zweite Abhandlung, Aphorismen 2 und 3, KSA 5,293–295).

terstellt sich nicht der Überich-Norm des moralisch geforderten Besseren, sondern „einem Normengefüge, das von uns verlangt, wir selbst zu werden und uns durch unser Handeln selbst zu übertreffen"[105]. Dieser Anforderung durch uns selbst nicht zu genügen, ist das Unverzeihliche; es untergräbt den Glauben an mich. Alle seelischen Ressourcen müssen aufgewandt werden, damit es nicht dazu kommt. Nicht selten aber wird die Selbstwahrnehmung dominant, dass die inneren Ressourcen erschöpft sind, die Motivation zum Projekt der Selbststeigerung erlahmt und eine Selbstwert-inszenierende Selbst-Kommunikation nicht mehr gelingt. Ehrenbergs Rede vom erschöpften Selbst[106] bezieht sich auf diese Selbstwahrnehmung; in der Depression sucht sie Menschen als dramatische Ungenügens- und Selbstentleerungs-Erfahrung heim. Wo sich die Person als „die Quelle der Handlungen" und Motivationen verstehen muss, durch die es sich in ihnen „persönlich engagiert" fühlen kann, wo es „als Ursprung, als hervorbringende Ursache aller seiner Akte gedacht wird", die sich an keiner äußeren Norm messen lassen müssen, stellt sich nicht die Frage: „Habe ich das Recht es zu tun?, sondern: Bin ich in der Lage, es zu tun? Wir leben eine allen gemeinsame Erfahrung, dass sich die Frage nach dem Erlaubten der Frage nach dem Möglichen unterordnet."[107] Für das Mögliche muss ich selbst aufkommen, unterstützt durch therapeutische Hilfen, meine Möglichkeiten zu entdecken und nach Kräften zu verwirklichen. Dass ich dabei an Grenzen gerate und mich als unfähig erfahre, meine Möglichkeiten auszuschöpfen, ist schlechterdings indiskutabel – und doch die vielfach geteilte Alltagserfahrung in einer auf effektive Ausschöpfung von Ressourcen gepolten (Selbst-)Ausbeutungs-Gesellschaft, für die das erschöpfte Selbst das No Go schlechthin geworden ist. „Mit dem Evangelium der persönlichen Entfaltung in der einen Hand und dem Kult der Leistungsfähigkeit in der anderen"[108] sieht man sich einer Mobilisierungsdynamik ausgesetzt, die die inneren Ressourcen erschöpft und das sich *aus sich selbst* verwirklichende Subjekt zur *Selbst-*

---

[105] Alain Ehrenberg, Das erschöpfte Selbst, 283.
[106] Der Originaltitel seines Buches: La fatigue d' être soi (1998) hat die Metapher der Selbst-Ermüdung im Blick.
[107] Alain Ehrenberg, Das erschöpfte Selbst, 292.
[108] Ebd., 274 f. Bei genauerer Betrachtung käme wohl eine narzisstische Symptomatik in den Blick, in der Betroffene sich über dem Abgrund der Selbsterschöpfung an das Evangelium der Selbstidealisierung klammern, es geradezu wahr machen müssen.

Überforderung treibt[109], es gerade so in eine erschöpfende Fixierung auf sich selbst – in die *Incurvatio cordis in seipsum* – hineintreibt, die auch von stabilisierenden Routinen nicht mehr aufgefangen, eher auf Dauer gestellt wird.

Erschöpfung zweifelt, verzweifelt an der Unerschöpflichkeit der Quelle, die ich bin: der Quelle meiner Lebendigkeit, meiner Motivation, meines als persönlich erlebten Engagements, meines Glaubens an mich, an mein Initiativwerden und an meine Möglichkeiten, ein erfülltes Leben oder überhaupt etwas Bedeutsames erreichen zu können. Die Verheißung der Fülle scheint sich als leer herauszustellen; innere Leere untergräbt die Selbstwirksamkeit. Da weiß man nur zu gut, was *das Erlösende* wäre: aus Quellen schöpfen zu können, aus denen mir das Leben-Erfüllende zukäme und möglich würde; einer Inspiration folgen zu dürfen, aus der ich das Gute anfangen könnte, dem ich mich hingeben will; eine Kraft in mir zu spüren, die das routiniert Geistlose meines Dahinlebens unterbricht, es durchbricht und mir eine Herausforderung zu-mutet, in der ich mich einfinden könnte; eine Herausforderung, die nicht nur meine Selbstentfaltung, sondern Selbstverausgabungs- und Hingabekräfte mobilisieren würde, die Kraft des Vertrauen-Könnens darauf, dass mein Selbstwirksamwerden in mir und unendlich über mich hinaus, über mein Ungenügen und Versagen hinaus, Gutes hervorbringt.

Das Evangelium von der in selbst gewählten und gestalteten Beziehungen erreichbaren Selbstvervollkommnung überfordert vielfach. Es führt zu Erschöpfung und Selbst-Entwertung, wo man sich ihm nicht gewachsen erfährt: nicht nur, aber vielfach eine Frauen-Erfahrung in einem gesellschaftlichen Umfeld, in dem sie mit der so anstrengenden Verheißung, Erwerbs- und Beziehungsarbeit miteinander leisten zu können, allein gelassen und von ihr ausgebeutet werden.[110] Das Evangelium der Selbstvervollkommnung verspricht zu viel, wenn es den Glauben an sich selbst und die eigenen Möglichkeiten als das verkündigt, worüber hinaus es nichts gibt, was man noch „wollen" könnte. Judentum und Christentum lassen sich nicht

---

[109] Dass auch kollektive Selbstüberforderungen in den Blick kommen müssten, wird ekklesiologisch von Belang sein. Eine erschöpfte Kirche ist in vielfacher Hinsicht eine sich überfordernde, in ihren institutionellen Möglichkeiten und Ressourcen überfordernde und erschöpfende Kirche – deren „Kehrseite" und Vergangenheit eine sich selbst narzisstisch überhöhende Kirche (gewesen) ist. Eine andere Frage ist, ob es auch so etwas wie eine Selbstüberforderung des Glaubens gibt, die dann als Glaubens-Erschöpfung in Erscheinung träte.

[110] Vgl. Franziska Schutzbach, Die Erschöpfung der Frauen. Wider die weibliche Verfügbarkeit, München 2021.

von der Unterscheidung des Glaubens an sich selbst und des Glaubens an Gott abbringen. Und das Neue Testament richtet ein Evangelium aus, das die Menschen nicht sich selbst überlässt, sondern zur Teilnahme an Gottes eigener Wirklichkeit und „Herrschaft" berufen weiß. Der Glaube an diesen Gott streicht den Glauben an sich selbst nicht durch, wie manche Ausprägungen der paulinisch-lutherischen Rechtfertigungslehre es nahelegten. Das Gott-Vertrauen negiert das Selbst-Vertrauen nicht, sondern *relativiert* es, bindet es heilsam ein. Es relativiert die Selbstbezogenheit des Selbstvertrauens: Ich dürfte, wenn ich ins Gott-Vertrauen hineinfinde, meine Selbst-Optimierungs-Sorge von Gottes gutem Willen überholt glauben und mein Selbstvertrauen darauf gründen, dass er mich für mich selbst wie für die anderen *gut sein lässt*, dass wir aus seiner Fülle empfangen und teilen dürfen, „Gnade über Gnade" (vgl. Joh 1,16).

Aber ist die Gnaden-Kraft des biblischen Evangeliums, Menschen aufzurichten und heilsam zu relativieren, nicht selbst erschöpft? Seit der Frühzeit des christlichen Mönchtums hat man mit dieser Bedrängnis umgehen müssen: Gerade religiöse „Profis" werden von der *Acedia* heimgesucht, vor ihr gewarnt. Erschlaffung der Seele, Austrocknung und Trägheit des Herzens sind die Metaphern, die ihnen vor Augen gestellt werden. Born out ist ihr (post-)modernes Gegenstück: Motivationslosigkeit. Die Tradition spricht von Traurigkeit, bucht sie schnell als eine der Hauptsünden ab und weiß doch darum, wie sie aus der Selbstüberforderung hervorgehen kann, auch sie freilich schnell als Sünde der Selbstaufblähung denunziert.[111] Die Freude am Evangelium kann erschöpfen, in Traurigkeit umschlagen, wenn man sie durch religiöse Selbst-Steigerung sichern will, individuell und kirchlich. Dann findet sie immer weniger inspirierende Zeugen, immer weniger Resonanz in einer Kirche, die sich als Wahrheitsgarantin selbst hoffnungslos überfordert, sofort misstrauisch wird, wenn glaubende Menschen die Lebendigkeit der Glaubensquellen ungewohnt artikulieren. Wie kann das Evangelium in der Kirche neu zur Quelle eines vom Gott-Vertrauen heilsam relativierten Selbstvertrauens werden? Wie wird es sich den Vertrauens-Resonanzraum, besser vielleicht: die Vertrauens-Atmosphäre schaf-

---

[111] Paul Deselaers hat mich auf diese monastische Vorgeschichte des Themas *Erschöpfung* aufmerksam gemacht. Als Quellen einschlägig sind die Texte: Johannes Cassianus, De institutis coenobiorum 10,2 Johannes Climacus, Scala paradisi 13, wo ausdrücklich von der Entkräftung oder Erschöpfung des Geistes die Rede ist. Zur Einordnung vgl. Michael Schneider, Aus den Quellen der Wüste. Die Bedeutung der frühen Mönchsväter für eine Spiritualität heute, Köln 1987, 89 f.

fen können, in der man etwas davon spürt, was das Leben selbst – mein Leben – auf Gott hin vertrauenswürdig, fruchtbar, bejahenswert macht, wie Gott, der es schenkt, den Menschen anvertrauenswürdig und zum Ursprung der Gnade wird?

Die kirchliche Hypothek lastet auf dem Evangelium. Kirche stand und steht vielen für eine Misstrauens-Unkultur, in der man eher auf Überwachen, auf Intransparenz, Abgrenzung und Vorschriften setzt; auf eine erschöpfende Selbstüberforderung, die garantieren sollte, was nur Geschenk sein kann: die Anvertrauenswürdigkeit der Gottes-Wahrheit und der darin erschlossenen Verheißung des menschlichen Lebens. Dass die Misstrauens-Unkultur auch die Gottesbeziehung der Gläubigen kontaminierte, wird man als das problematischste Erbe einer so wenig vertrauensgeprägten Kirchen-Atmosphäre ansehen müssen. Man modellierte Gott nach dem „Ideal" einer Gehorsams-zentrierten Kirche: Nur die penibel-fragenlos Gehorchenden dürften sich seiner Gnade gewiss sein, die der Gottessohn durch seinen Gehorsam bis zum Kreuz erworben hat. Nur dieser menschliche, gottmenschliche Gehorsam hielte einen im Grunde unberechenbaren Gott vom Strafen ab, mit dem er ansonsten die Ungehorsamen heimsuchen würde. Nur die Unterwerfung ohne Wenn und Aber würde Gott verlässlich-ungefährlich machen. Dass dabei der Gehorsam vor allem als Lustverzicht eingefordert wurde, diskreditierte einen Gottes-Anvertrauensglauben zutiefst, der von der Erfahrung des uneingeschränkt guten Gotteswillens getragen sein dürfte.[112]

Das war nie die ganze Wirklichkeit der Kirche. Das Evangelium hat sich in ihr immer wieder Zeugnisse hervorgebracht, die den Menschen die Quellen ihres Glauben- und Vertrauen-Könnens neu erschlossen, sie in das Sich-Gott-Anvertrauen hineingeführt und so

---

[112] Die über so viele Jahrhunderte lustfeindliche katholische Sexualmoral illustriert bedrückend, was hier nur angedeutet ist. Zuletzt hat man sich noch zu der Behauptung verstiegen, der Schöpfergott habe homosexuell veranlagte Menschen nur gewollt oder in seiner Schöpfung als genetisches Unglück zugelassen, damit sie ihm das Opfer ihrer sexuellen Neigungen darbringen. Dass es für solche monströsen Vorstellungen theologische Schützenhilfe gibt, macht fassungslos; vgl. meine Auseinandersetzung mit Karl-Heinz Menke in: Gegen falsche Alternativen, 126–137. Es scheint nun unter den deutschen Bischöfen die Einsicht zu wachsen, dass es hier zu grundlegenden Revisionen kommen muss. So hat der Bischof von Aachen, Helmut Dieser, deutlich gemacht: „Was wir in der Schöpfung vorfinden, ist gut. Homosexualität ist keine Panne Gottes, sondern gottgewollt im selben Maß wie die Schöpfung selbst: Er sah, dass es gut war, heißt es in der Schöpfungsgeschichte" („Homosexualität ist gottgewollt". Interview mit Bischof Helmut Dieser, in: CHRIST UND WELT Nr. 37 vom 8. September 2022, S. 1).

erlösend – die erschöpfend-erschöpfte Selbstverkrümmung auflösend – gewirkt haben. Glaubende werden daran das Wirken des Gottesgeistes in einer Kirche erkennen, die von sich aus viel getan hat, den Geist auszulöschen. Sie ist weit damit gekommen, so weit, dass man ihr die Erschöpfung ansieht; nicht die Erschöpfung ihrer geistlichen Quellen, sondern die Selbstbehauptungs-Erschöpfung und die Erschöpfung einer Theologie der Kirchen-Verabsolutierung. Die römisch-katholische Kirche hat zu viel an sich und ihre Machtmittel, an ihren Gottes-Repräsentations-Anspruch geglaubt und muss nun damit zurechtkommen, dass sich dieses prekäre institutionelle Selbstvertrauen erschöpft hat – dass das Kirchen-Vertrauen dem Misstrauen gegen eine religiöse Institution gewichen ist, der man bis in ihr „institutionelles Herz" hinein die unerlöste Selbst-Verkrümmung ansieht.

5.6 Jesus Christus, der Umkehr-Helfer

Kirche kommt so unerlöst, so erschöpft und ausgebrannt daher.[113] Sie bezeugt nicht, wovon sie redet. Man mag ihr mit den Resten des ererbten Kirchenvertrauens mitunter noch abnehmen, dass sie, weil es nicht mehr anders geht, den Aufbruch aus dem lähmenden und erschöpfenden Misstrauens-Milieu versucht. Und man kommt doch schwer zurecht mit dem Kleinmut und dem Kleingeist einer Umkehrverhindernden Wahrheitsbesitzer-Mentalität.

Umkehr – Metanoia, folgenreiches Umdenken, Lebens- und Existenz-Umkehr, Bekehrung, ja „Beschneidung der Herzen" (Röm 2,29) – wäre erlösend. Das war Jesu Evangelium: Kehrt um! Es ist Zeit, jetzt. Die Gottesherrschaft, Gottes eigene Wirklichkeit will euch nahekommen! (vgl. Mk 1,15). Seine Sendung im Ganzen lässt sich verstehen als ein Werben darum, sich Gottes gutem Willen anzuver-

---

[113] Auch deshalb ist die Sentenz des Nietzsche-Zarathustra heute in aller Munde: „Bessere Lieder müssten sie mir singen, dass ich an ihren Erlöser glauben lerne: erlöster müsste mir seine Jünger aussehen!" (Also sprach Zarathustra II, Von den Priestern, KSA 4, 118). Dass sie nicht erlöster aussehen, weil ihr Glaube sie nicht erlösen kann und sie einen unerlösten Glauben predigen, auch davon spricht Nietzsche-Zarathustra: „Allzugut kenne ich diese Gottähnlichen: sie wollen, dass an sie geglaubt werde, und Zweifel Sünde sei. Allzugut weiß ich auch, woran sie selber am besten glauben" (Also sprach Zarathustra I. Von den Hinterweltlern, KSA 4, 37). Wie ärgerlich befreiend und tief Nietzsche die Anmaßungen einer Lehrautorität doch trifft, die – mitunter unübersehbar und unüberhörbar – eher das eigene Rechthabenwollen als die Würde der Menschen schützt.

trauen, den Jesus gelebt und den Seinen anvertrauenswürdig gemacht hat: Er ist dabei zu geschehen. Wie er geschieht, dafür ist Jesus Christus der „treue Zeuge" (Offb 1,5). So kann er auch mit den Seinen darum bitten, dass er „wie im Himmel so auf der Erde" geschehe und den Menschen glaubwürdig werde, sie sich ihm öffnen und ihn mitwollen. Mit Jesus zu leben, sich in sein Zeugnis hineinzuleben – hineinzufühlen, hineinzuglauben – ist die Vertrauensschule, in der die Gläubigen dem wahrhaft Anvertrauenswürdigen nahekommen und in ihm die Quelle ihres Vertrauen-Könnens erreichen können. Jesus, der Christus, ist die Bezugsperson christlichen Glaubens: An ihm und mit ihm als ihrem Weggefährten lernen sie den Gott kennen, dem sie sich anvertrauen und auf den hin sie *sich relativieren* dürfen.

Es ist eine befreiende, erlösende Relativierung, die auf den Anvertrauenswürdigen angewiesen ist, dem man die Selbstsorge hingeben, zu dem hin man die Selbst-Verabsolutierung aufgeben, aus dem man sich neu empfangen darf: Das Erschöpfungs-Gesetz der Selbstbehauptung und Selbstentfaltung wird relativiert. Für sich allein genommen ist es so erschöpfend, wie Paulus und die ihm folgende Rechtfertigungslehre das an einem nicht mehr ins Gott-Vertrauensverhältnis eingebundenen Tora-Gehorsam aufweist.[114] Nun soll es nicht mehr gelten. Oder darf man sagen: Nun soll es heilsam *relativiert* sein, da Gott in seinem Messias Jesus die *Absolutheit* seiner rettenden Zuwendung in der Welt Wirklichkeit werden ließ? Menschlich-allzumenschlich ist das Evangelium der Selbstentfaltung zum Gesetz geworden: zum *Müssen* – wo es ein *Dürfen* sein könnte. Damit es erlöst wäre, bedürfte es dieser Relativierung: Gott rührt die Menschen darin mit seiner Geist-Dynamik an, um sie für seine Liebe zum Leben zu gewinnen und mit ihr zu erfüllen. Ich muss mein Dasein nicht durch meinen Selbstentfaltungs-Erfolg rechtfertigen. Ich muss mir nicht fortwährend beweisen, dass mein Dasein Sinn macht, dürfte darauf vertrauen, dass es aus Gott ist, ihm willkommen ist und er es *gut sein lässt* – über das hinaus, was ich selbst aus ihm machen

---

[114] Vielleicht kann das Reden von Relativierung über traditionelle Kontroversen der Rechtfertigungstheologie hinausweisen: Relativierung heißt nicht Aufhebung („Abrogation") des Gesetzes, sondern eben seine Einbindung. Wo es sich gleichsam selbstständig macht, erschöpft es mit seiner Forderung alle, die sich ihm aussetzen. Wo es in die Beziehung des Gottvertrauens eingebunden ist, gibt es der Freiheit vom Selbst, die diese Einbindung gewährt, den Entfaltungsraum, in der sie produktiv wird.

könnte.[115] Gilt das nicht auch für seine Kirche, für die Erlösung aus ihren unseligen Selbstbestätigungs-Krämpfen und Menschen-Missbrauchs-Katastrophen?

Es gibt eine Herauslösung, eine Erlösung aus der Selbstbezogenheit, der Selbst-Sorge und ihrer Vergeblichkeit, die im Tiefsten befreit und beziehungsfähig macht. Es muss nun nicht in allem und zuletzt darum gehen, dass ich mein Leben entfalte und es so lebe, dass es sich zu leben „rentiert". Ich muss meine Lebenskräfte nicht darin erschöpfen, mich hervorzubringen und zu vollenden. Sie dürfen davon in Anspruch genommen sein, sich zu verschwenden – im Vertrauen darauf, dass sie nicht vergebens „verausgabt" sind. Die Fokussierung des Selbstbewusstseins auf die Entbindung der Selbstentfaltungskraft darf aufgebrochen werden, damit ich meine Lebenskraft als Selbstverausgabungs- und Hingabekraft erfahren kann. Dass mich ergreift, was meine Hingabe auf sich zieht, ohne meinen Selbst-Wert durchzustreichen, das ist – christlich gesprochen – Gnade: Gott macht sich mir anvertrauenswürdig; er teilt sich mir darin mit, dass mir meine Hingabe als verheißungsvoll herausforderndes Geschenk *gegeben* wird, dass ich mich als unerschöpfliche Quelle seiner Güte in der Welt wahrnehmen kann.

Das Evangelium, dem Christen Glauben schenken, ist das Evangelium der heilsamen Selbstrelativierung: dass die Menschen und auch die Kirchen sich von Gott relativieren lassen dürfen, um an ihm, seiner Güte, seiner „Herrschaft", teilzunehmen und unverlierbar teilzuhaben.[116] So ist es das *Evangelium eines Teilnehmen-Dürfens*, an das man glaubt, wenn man sich ins Teilnehmen hineinwagt. Die Selbst-Hineingabe ist ermöglicht von Gottes eigener Selbst-Hineingabe in das zwiespältige und bedrohte Leben der Menschen, von Gottes eigener Selbstrelativierung. Sie relativiert seine Absolutheit

---

[115] Wenn Relativieren *Einbinden* und Relativiert-Werden *Eingebunden-Werden* heißt, kann es eigentlich nicht zu dem Missverständnis kommen, die hier skizzierte theologische Relativierung bedeute das Unwichtig-Machen des so Relativierten. Dass es Christentums-geschichtlich wie in der Christentums-Kritik gleichwohl so oft zu diesem Missverständnis gekommen ist, stellt der herkömmlichen (Gnaden-)Theologie kein gutes Zeugnis aus.

[116] Vielleicht kann dieser Gedanke heute *einen* authentischen Zugang zur paulinisch-lutherischen Rechtfertigungstheologie selbst bahnen. Er wird sie nicht ersetzen, will sie auslegen – aufgrund von Erfahrungen, die Paulus selbst in Anspruch nimmt (vgl. Röm 7 und 8), aber immer wieder neu kontextualisiert werden dürfen. An der ursprünglichen Kontextualisierung festhalten zu wollen, würde ihnen ihre Erschließungskraft nehmen und die Botschaft von der Gnade zu einer kirchlichen Fremdsprache versteinern.

und Entzogenheit, seine „Nicht-Brauchbarkeit", da er der Menschen-solidarische Gott sein will, den Menschen auf seine Weise verlässlich nahe, die seine Solidarität brauchen, um nicht auf ihre Selbstverabsolutierungen zurückzufallen und ihrer Selbst-Erschöpfung zum Opfer zu fallen. Er lässt sich hineinziehen in Menschenfreude, Menschennot und Menschenliebe, in ihr erlösend da zu sein, so wie er in ihr da sein will. Christen glauben das im Blick auf den Messias Jesus, in dem Gott, der Vater, „mit seiner ganzen (Geist-)Fülle wohnen" (Kol 1,19) wollte, den er zu der Gotteswirklichkeit gemacht hat, an der die Menschen Gottvertrauen erleben, selbst Zutrauen zu Gottes Menschen-Solidarität fassen und ihre Erwählung zur Gottesteilhabe (er-)greifen können. An ihm und mit ihm lernen sie, über sich hinauszuglauben; durch seinen und des Vaters Geist können sie den Mut erlangen, über sich hinauszuleben und sich Gottes Vorhaben mit den Menschen hinzugeben.

Am Ende dieser soteriologischen Überlegung wird noch einmal von Relativierung die Rede sein müssen. Nun aber von der Relativierung der Rede von Erlösung. Wo sie dazu benutzt wird, sich über Mechanismen und Dynamiken gesellschaftlicher Ausbeutung und Sinnzerstörung hinwegzusetzen und sie als vom Glauben überholt oder durch ihn als überholbar anzusehen, da wird die Verheißung, in die der christliche Heilsglaube einführen will, zur bloßen Kompensation. Dieser Glaube muss sich relativieren lassen, sonst erschöpft er sich, weil er vorgibt, leisten zu können, was nur in gesellschaftlich-folgenreicher, emanzipatorischer Metanoia angegangen werden kann. Der Vertrauens-Glaube muss sich relativieren lassen von einer Praxis, zu der er inspirieren kann, wenn er sich nicht selbst verabsolutiert und „alles" sein will. Der Vertrauens-Glaube will sich relativieren lassen vom biblischen Tora-Glauben, in dem es unabdingbar darum geht, die Verpflichtung auf sich zu nehmen, die Gott seinem Volk auferlegt, damit es nicht von seinem Weg in Freiheit und Gerechtigkeit abirrt.

6. Neuerfindungen des Christlichen

6.1 Abschied vom Erlösermythos?

Wie Theologie und Verkündigung von Gott und von Erlösung reden: Da kann einem der Verdacht kommen, sie hätte das mythologische Zeitalter der Religion noch nicht hinter sich gebracht. Gott handelt, mischt sich ins Weltgeschehen ein, „begegnet", ergreift Menschen, bricht in ihr Leben ein. Ja, er ist irgendwie in sich selbst ein Geschehen, das in Analogie zu menschlichen Spitzen-Erfahrungen als Selbstvollzug von Liebe beschrieben wird. Spricht man da nicht allzumenschlich von Gott, so, wie wir ihn uns halt als das Höchste vorstellen oder auch projizieren, wie wir uns vorstellen können, dass wir mit ihm zu tun bekommen? Sprechen wir nicht eng anthropozentrisch von ihm, kaum noch zu vereinbaren mit einer Sicht der Wirklichkeit, die uns heute eine Ahnung von der Unermesslichkeit des Alls und seiner Dimensionen vermittelt?[117] Oder sind das Metaphern, die zuletzt alles, vielleicht auch nichts sagen und jede Präzision im „leeren Metapherngestöber" (Paul Celan) untergehen lassen? Muss nicht mehr Eindeutigkeit, mehr Belangbarkeit und Nachvollziehbarkeit, mehr „Welthaltigkeit" in die theologische Sprache einkehren? Muss man nicht eindeutiger klarstellen, was elementare Motive des christlichen Glaubens in Wahrheit bedeuten?

Auch die oben strapazierte Rede von Aufbruch und Abbruch gebraucht Metaphern. Beim Abbruch weiß man – auch wenn man ihn in übertragener Bedeutung versteht – ungefähr, wovon man redet. Beim Aufbruch schon weniger. Da sind viele „undisziplinierte" Assoziationen und Gefühle im Spiel. Und dann bringe ich noch die Metapher des Bruchs mit Gott in Verbindung; zuletzt offenbar so, dass ich ihm zuschreibe, er selbst sei immer schon aufgebrochen aus seiner göttlichen Absolutheit, um sich auf die Wirklichkeit der Menschen einzulassen, in ihnen und mit ihnen zu dem aufzubrechen,

---

[117] Vgl. Johannes Röser: „Was heißt denn überhaupt Geschichte oder gar Geschichte Gottes mit den Menschen, wenn Jahrmilliarden im Kosmos vergingen, ohne dass sich eine Spur Leben regte, wenn ‚Personalität' in den unendlichen Weiten des Universums womöglich nirgendwo sonst existiert? Und was bedeutet unsere Rede von einem ‚personalen' Gott, den wir in Entsprechung zu menschlichen Personen denken, angesichts der weitaus ‚ergiebigeren' und ‚umfassenderen' nicht-personalen Strukturen im Kosmos?" (zitiert bei Hubertus Halbfas, Glaubensverlust. Warum sich das Christentum neu erfinden muss, Ostfildern ³2011, 47).

was sein „Sohn" Gottesherrschaft nannte. Kann man es nicht weniger Metaphern-verliebt sagen, mit weniger Einbildungskraft, Einbildungs-Übergriffigkeit? Kann man es im Sinne Jesu von Nazaret sagen: klar, mit unmittelbar kraftvoller Überzeugungskraft? Hubertus Halbfas ist sich da sicher: „Die Wahrheit eines Christentums, das der Reich-Gottes-Verkündigung Jesu folgt, ist aus sich überzeugend. Diese Wahrheit muss nicht geglaubt, nicht bewiesen und nicht verteidigt werden. Sich auf sie einzulassen, verlangt kein Verstandesopfer, sondern Sensibilität, Mitmenschlichkeit und Mitgefühl für alles Leben."[118] So wäre es um den verlorenen Glauben christlich überhaupt nicht schade. An die Stelle des Glaubens tritt das „Engagement, und darin geht es nicht um Vorstellungen, die ich übernehme, sondern um Werte, die ich lebe. Paulus vertrat eine Glaubenslehre, die Glaubensgehorsam verlangt. Jesus vertrat einen Lebensmodus, der nicht argumentativ bewiesen werden muss, der auch keinem Vergleich unterliegt, weil er seine Evidenz aus sich selbst besitzt." Will man dieses Jesus- und Reich-Gottes-Engagement leben, so wird man beherzigen müssen – beherzigen dürfen: „Den Kern des Christentums bestimmen nicht länger die Glaubensdogmen der Kirche, sondern die sozialen und humanen Zielwerte der Menschlichkeit: Nächstenhilfe und Solidarität. Wer meint, das sei zu wenig, sollte umdenken: Es ist mehr als alles!"[119]

Nicht der Metaphern-beflügelte Glaube an ein göttlich-heilbringendes Handeln ist dann im Sinne Jesu, nicht ein vieldeutig elaboriertes Gottes-Wissen, sondern Jesus-Nachfolge in die uns von Gott zugedachte, im Symbol der Gottesherrschaft imaginierte wahre Menschlichkeit hinein.[120] So wäre eine Theologie, die der Glaubens-Lehre über Gott nachdenkt, in eine Anthropologie zu übersetzen, die dem wahrhaft Menschlichen nachspürt. In der Spur von Ludwig

---

[118] Ders., Glaubensverlust, 29.
[119] Ders., Kurskorrektur. Wie das Christentum sich ändern muss, damit es bleibt. Eine Streitschrift, Ostfildern 2018, 9 f.
[120] Das hätte auch den Blick auf das Kreuz Jesu zu bestimmen: „Jesus starb, wie er lebte, wie er lehrte – nicht um die Menschen zu erlösen, sondern um zu zeigen, wie man zu leben hat." Dafür ruft Halbfas Nietzsche mit seiner Sentenz in den Zeugenstand: „Es ist falsch bis zum Unsinn, wenn man in einem ‚Glauben', etwa im Glauben an die Erlösung durch Christus, das Abzeichen des Christen sieht: bloss die christliche *Praktik*, ein Leben, so wie der, der am Kreuze starb, es *lebte*, ist christlich ... Heute noch ist ein *solches* Leben möglich, für *gewisse* Menschen sogar nothwendig: das echte, das ursprüngliche Christenthum wird zu allen Zeiten möglich sein ... *Nicht ein Glauben, sondern ein Thun, ein Vieles-nicht-thun, ein andres Sein*..." (Der Antichrist, Aphorismus 39, KSA 6, 211).

Feuerbach kann Halbfas sein Theologie-kritische Anliegen schlicht so zusammenfassen: „Theologie ist Anthropologie." Das wird vielleicht nicht an jedem Aspekt der Lehre Jesu selbst schon so sichtbar sein. Aber da muss man sich vor Augen halten, dass die Botschaft vom Anbruch der Gottesherrschaft „von einem Menschen vermittelt [wurde], der in ein antik-mythisches Weltbild eingebunden war"[121], das nicht mehr das unsere sein kann. Nicht auf sein Weltbild kommt es an, sondern auf den Umkehr- und Lebens-Impuls, den Jesus mit seiner Reich-Gottes-Verkündigung auslösen wollte – in diesem Sinne auf Leben-verändernde Nachfolge.

Hat man Halbfas dann so zu verstehen, dass Christ(inn)en im Sinne Jesu den Gottesglauben zugunsten des von Jesus initiierten neuen Selbstverständnisses und des daraus resultierenden Reich-Gottes-Engagements aufzugeben hätten? Halbfas erläutert: „Religion ist Auslegung des menschlichen Daseins [...] Das Wort Gott dient nicht dem Erfassen der Wirklichkeit, sondern der Interpretation der menschlichen Existenz im Angesicht der Wirklichkeit." So ist Religion überhaupt „keine Lehre von Gott, keine Welterklärung aus göttlicher Perspektive, sondern der Versuch, sich als Mensch zu verstehen und sich vor dem Absoluten selbst zu bestimmen."[122] Wird von Gott nicht doch insofern die Rede sein müssen, als man sich im Sinne Jesu darüber Rechenschaft zu geben hätte, was mit „dem Absoluten" gemeint ist, vor dem man sich als Mensch „selbst zu bestimmen" hat; und was es heißen soll, sich vor ihm selbst zu bestimmen? Wird es also nicht doch eine Aufgabe der Theologie, der Selbstvergewisserung in der Jesus-Nachfolge, sein müssen, Gott oder das Absolute zu verstehen, so sehr – darin wird man Halbfas zustimmen – das Gott-Verstehen immer auch die Suche nach einem authentisch-menschlichen Sich-selbst-Verstehen sein wird[123] bzw. dieses auf den Weg bringen will?

Halbfas „Neuerfindung" des Christentums im Rückgriff auf das, was er für originär jesuanisch hält, arbeitet mit Alternativen, die ich für aufschlussreich, immer wieder aber auch für überspitzt, mindestens für voreilig halte. Dass Religion, auch die christliche, nicht für die Erklärung und Herleitung von Weltphänomenen zuständig ist, darf man als das Ergebnis einer langwährenden Entwicklung im

---

[121] Vgl. Hubertus Halbfas, Glaubensverlust, 63f.
[122] Ebd., 72.
[123] Halbfas formuliert selbst eine entsprechende Korrelation: „,Gott' verstehen wir nur soweit, als wir uns selbst in der von uns begriffenen Welt verstehen" (Glaubensverlust, 63).

6. Neuerfindungen des Christlichen

okzidentalen Wissens- und Wissenschaftsverständnis ansehen. Dass sie überhaupt „keine Lehre von Gott" anbiete, die geglaubt werden müsse, ja dass sie gar kein Glaube sei, wird jedoch nur behaupten, wer ein äußerst restriktives Verständnis von Lehre wie vom Glauben hat. Dieses Verständnis von Glauben und Lehre hat es im Christentum über lange Jahrhunderte, ja bis in die zweite Hälfte des 20. Jahrhunderts gegeben. Ein berüchtigtes, frühes Beispiel ist das *Symbolum Quicumque* (entstanden wohl ca. 450), nach dem es so aussieht, als hänge vom gläubigen Akzeptieren der in diesem Text ausgebreiteten rechten Lehre zur Dreifaltigkeit Gottes die ewige Seligkeit ab. Das Bekenntnis des Glaubens steht hier unter der Überschrift: „Wer auch immer gerettet sei will, der muss vor allem den katholischen Glauben festhalten. Wer diesen nicht unversehrt und unverletzt bewahrt, der wird zweifellos auf ewig zugrunde gehen". Und am Schluss – nach der lehrhaften Erläuterung des trinitarischen Glaubens – heißt es: „Dies ist der katholische Glaube: Wer auch immer diesen nicht treu festhält und standhaft glaubt, wird nicht gerettet werden können."[124] Mitunter wird in der römischen Kirche immer noch der Eindruck erweckt, wer dem hierarchischen Lehramt in einer von diesem als Glaubens-wichtig angesehenen Frage widerspricht – etwa in der Frage, ob Frauen zu Priesterinnen geweiht werden könnten –, der setze sein ewiges Heilsschicksal aufs Spiel.

Das ist dann die hier entworfene Perspektive: Glauben – richtig glauben – *muss* man. Wer sich dem von der Kirche bzw. vom hierarchischen Lehramt festgelegten Kriterium des richtigen Glaubens nicht fügt, wer es gar in Zweifel zieht, der verfehlt seine Berufung zur ewigen Seligkeit. Theologische Lehre wäre danach die für die jeweilige Situation des Glaubens elaborierte Erläuterung dessen, was man glauben muss, die Feststellung der Heils-Sachverhalte und die Ausarbeitung ihres Sinn-Zusammenhangs für alle diejenigen, die „genauer wissen" wollen, warum sie das ihnen von der Kirche als Glaubensnorm Vorgelegte zu glauben haben. Das ist in etwa das Verständnis von Glaubenslehre in der Neuscholastik, wie sie im 19. Jahrhundert in der römisch-katholischen Kirche zur herrschenden theologischen Konzeption wurde und auch die für das Glaubensverständnis fortan maßgebenden Lehren des Ersten Vatikanischen Konzils bestimmend wurde. Theologie und römisch-katholische Kirche habe sich seither deutlich von dieser Sicht der Dinge entfernt, wenn das in der Theologie wie in der Hierarchie auch nicht überall so

---

[124] Denzinger – Hünermann 75–76.

gesehen wird. Die Theologie hat sich mit zunehmender Akribie und mehr oder weniger großem Freimut der Aufgabe gewidmet, die Überlieferungsgeschichte des biblischen Glaubens genauer zu verstehen, sie kritisch nachzuvollziehen und nach dem Sinn ihres Glaubens fragende Menschen in die Lage zu versetzen, die Quellen des Glaubens für ihre Suche nach einem Gott-erfüllten und menschlich erfüllenden Leben zu „nutzen".

Das würde auch Hubertus Halbfas im Wesentlichen so sehen. Aber er würde wohl zuspitzen: Die Theologie hat ihre Aufgabe erfüllt, wenn sie den Menschen Jesu Botschaft von der nahegekommenen Gottesherrschaft als Herausforderung zu einem alternativen Leben erschließt, in dem Gerechtigkeit und Güte das menschliche Miteinander bestimmen werden. Der Kern des Christlichen, das sind die „sozialen und humanen Zielwerte des Menschlichen: Nächstenhilfe und Solidarität". Da braucht es eben nicht mehr – bzw. daneben auch noch – eine Lehre, der es um das richtige Reden von Gott, der Erlösung, der Gnade, der letzten Dinge geht. Aber ging es Jesus von Nazaret in seinem „Lehren" denn nicht um *Gottes* Herrschaft, darum, dass und wie sie den Menschen eine soziale, aber auch eine Auferstehungszukunft aufschließt; darum, wie er ihnen sein solidarisch-rettendes Dasein in dieser Welt und über sie hinaus erweisen und dass er die Verlorenen retten, dass er niemand verloren geben wird, der sich retten lässt? Hat Jesus nicht seinen ganzen Verkündigungs-„Ehrgeiz" eingesetzt, damit die Menschen Gott besser verstehen lernen und sich so gewinnen lassen, seinem Ankommen und seiner Präsenz in dieser Welt zu dienen? Immer geht es ihm – um mit Halbfas zu sprechen – um die humanen Zielwerte. Immer aber geht es ihm um Gott, seinen und unseren Vater, um seine liebende Zuwendung, um das Heil, das er den Menschen bereitet, um das, was sein Werk und seine Herrschaft sein werden – so auch darum, wie Menschen sich von ihr in Anspruch nehmen lassen sollen.

Lehre versucht nachzuvollziehen und aufzuschließen, wie im Sinne Jesu gut von Gott gesprochen werden kann; wie so von ihm gesprochen werden darf, dass sein schöpferisch-guter Wille als der Grund eines jeden menschlichen Daseins und dass er deshalb auch als das Ziel menschlicher Sehnsucht wie als Ursprung der Lebens-Motivationskraft im Menschen geglaubt werden kann, als die Geist-Dynamik, die zur Menschwerdung in Liebe inspiriert und in Gottes eigene Wirklichkeit hineinführt. Solche Lehre fixiert nicht, was man glauben muss, um selig zu werden. Sie entwirft einen Horizont, in dem sich die Hoffnung der Menschen für ihre Mitmenschen, die Welt und für sich selbst entfalten und jetzt handlungsfähig werden kann. Entwickelt nicht auch Halbfas in diesem Sinn eine Lehre, wenn er in der Religion die Aufgabe bearbeitet sieht, *„die Bedeutung der Welt für den Menschen* zu beschreiben, heute jedoch nicht unabhängig von dem, was wissenschaftlich erkennbar wird"? Mit der Rede vom „Göttlichen" nähme diese Lehre der Religion, so Halbfas, ein „Wort alter Tradition" auf, das „letztlich den *Sinn* [artikuliert], in dem die Welt für den Menschen inneren Zusammenhang und Bedeutung erhält."[125] Das wäre aber keine *theologische* Lehre, denn das Gelehrte wäre nicht das Göttliche als solches, sondern Sinn und Zusammenhang der Wirklichkeit für den Menschen. Vom Göttlichen oder von Gott wäre *nicht um seiner selbst willen* zu sprechen, sondern allenfalls – mit den Übersetzungs-bedürftigen Worten der Tradition – insofern, als diese Worte der Selbstdeutung des modernen Menschen in seiner wissenschaftsbestimmten Welt Raum gäben.

6.2 Der „göttliche" Zusammenhang

Wenn es um den göttlichen (?) Zusammenhang der Dinge geht, so ist in einem modernen Verständnis und Selbstverständnis von der Evolution zu sprechen. Sie bringt alles hervor, durchwirkt es und gibt ihm das Ziel – sofern es denn überhaupt eines hat. Die Menschen können ihre Eingebundenheit in die Evolution so leben, dass sie in „spiritueller" Vertiefung eine innere Tiefe des evolutionären Prozesses wahrnehmen, die sie an den „Sinn" dieses Prozesses glauben lässt. Vielleicht kann er ihnen als das Tiefste und Innerste auch ihres eigenen Daseins einleuchten, vielleicht auch als der faszinierende Hintergrund von allem, dessen sie mitunter innewerden, den sie alltäglich irgendwie als Basis ihres Lebens- und Weltvertrauens voraussetzen, nicht völlig ausschließen oder ausblenden mögen, aber oft auch als letztlich nicht hinreichend gesicherte Randbedingung eines sinnvollen Daseins ansehen. „In ihm leben wir, bewegen wir uns und sind wir" (Apg 17,28) – ist da nicht schon in der Verkündigung des Paulus diese panentheistische Gottes-Intuition in Anspruch genommen, wie sie dann vielfach in mystischen Formen des Glaubens in und außerhalb des Christentums vertreten wird und vielen nach dem

---
[125] Hubertus Halbfas, Glaubensverlust, 73.

Glauben Suchenden heute näher liegt als das theistische Reden von einem personalen Gott?[126]

In ihm leben wir auf, dürfen wir aufatmen; *eingebettet* in ihm sind wir irgendwie geborgen. Nur, wer ist Er (oder Sie)? Der „Geist" der Evolution? Der Kosmos, die Weltseele? Das „Leben" selbst? Und was wäre das? Der Gott einer solchen Einbettungs-Frömmigkeit scheint sein theologisches Profil vor allem von dem her zu gewinnen, was man religiös für überholt hält und so nicht mehr glauben „kann". Von Gott wäre wohl am besten gar nicht mehr zu reden. Die Assoziationen gehen dabei zu sehr in Richtung eines von uns getrennt existierenden „Großes Dings", statt auf „die Realität, das Sosein oder de[n] Urgrund aller Dinge".[127] Ist das noch der biblische Gottesglaube, den man so zur Sprache bringen, wenigstens noch als altehrwürdige Tradition erinnern will? Oder müsste man deutlich sagen, dass es zu einer Neuerfindung des Glaubens kommen muss, bei der man – zur „Halbzeit der Evolution" – die personalistischen Metaphern des Vaters, des Retters, des Vergebenden und Liebenden vergessen könnte?

Das scheint der *theo*-logische Kern all der Neuerfindungen des Christentums zu sein, die sich im Traditionsstrom der großen Mystik im Christentum wie in anderen Religionen artikulieren und diese in eine moderne, auch naturwissenschaftlich perspektivierte Weltsicht einbringen wollen. Große Resonanz und manchen Widerspruch haben hier Willigis Jägers Interventionen gefunden. Er hat die mystische Einheits-Intuition und ihre modern-evolutionäre, wissenschaftliche Artikulation gegen den Dualismus der platonisch-aristotelischen Denktraditionen wie eines naiven Anthropomorphismus zur Geltung bringen wollen, der die Erzählungen der Bibel weithin bestimme. Der philosophischen Unterscheidung, ja Entgegensetzung von Geist und Materie (Leibhaftigkeit, Emotionalität), von Unendlichkeit und Endlichkeit (Begrenztheit, Zeitlichkeit, Unvollkommenheit), von unendlich-beständiger Güte (Vollkommenheit) und Schwäche oder Schuldhaftigkeit habe – so Jäger – eine narrativ ausgestaltete biblische (Un-)Heilsgeschichte passgenau entsprochen, die

---

[126] Die Umfragen zu religiösen Einstellungen und Gottesbildern aus den letzten Jahren scheinen diesen Eindruck signifikant zu bestätigen. Ein „personales" Gottesverständnis findet immer weniger Zustimmung, wobei auffällt, dass in den Nachfragen völlig ungeklärt bleibt, was es eigentlich kennzeichnet. Einschlägig ist dazu immer noch der Religionsmonitor 2008; vgl. Bertelsmann Stiftung (Hg.), Woran glaubt die Welt? Analysen und Kommentare zum Religionsmonitor 2008, Gütersloh 2009. Aus religionspädagogischer Sicht vgl. Burkard Porzelt, Gottesglaube hier und heute? Eine empirische Erkundigung, in: Christlich Pädagogische Blätter 121 (2008), 2–6.
[127] So Ken Wilber, Halbzeit der Evolution, dt. München 1988, 17.

das Drama des Gegenübers und Gegeneinander von Gott und Menschheit zur bestimmenden Glaubenswirklichkeit machte. Der „duale Ansatz" präge sich biblisch so aus, dass Gott als ein handwerklich tätiger Schöpfer vorgestellt werde, der die Welt freilich aus Nichts hervorgebracht habe und sie von außen „dirigierte". So griff er ein,

> „wenn die Menschen versagten. Die Welt wie sie ist, wird verschuldet durch die Sünde des Menschen, zum Jammertal, zum Tal der Tränen, aus dem es zu entfliehen gilt. Es kam dadurch notgedrungen zu einer Verachtung der Erde, des Körpers, der Natur, der Frau, der Sexualität und der Sinne. Religion pochte auf moralisches Verhalten. Erst im Jenseits kommt der große Ausgleich.
> Diese dualistische Weltsicht ging auch in die Deutung dessen ein, was die Theologie *Ursünde* nennt. Sie wurde als Abfall und Beleidigung Gottes gebrandmarkt. Das erzeugte ein anthropomorphes, menschlich gedachtes Gottesbild mit Gott als Richter und Kontrollinstanz und machte einen göttlichen Erlöser und Versöhner erforderlich."[128]

Als Alternative skizzierte Willigis Jäger eine in der Tradition des Neuplatonismus und im Kontext modernen naturwissenschaftlichen Denkens ausformulierte Theologie, die vom Göttlich-Einen ausgeht und zu ihm zurückführt. Das Eine sei „wie ein Fächer, der sich entfaltet. Alle Formen sind nur Facetten des Einen", dessen Entfaltung sich evolutionstheologisch nachvollziehen lasse und keine Sonderstellung des Menschlich-Personalen anzunehmen erlaubt. In der Entwicklung des Kosmos lasse sich vielmehr „ein kontinuierliches Erwachen des göttlichen Bewusstseins" erkennen, das schließlich im Menschen als solches wahrgenommen und zu der Erkenntnis führen könne, „dass alles eins ist. Erlösung ist [dann] gleich Erwachen zu unserem wahren Selbst, zu unserer wahren Identität. Es ist ein Prozess der Enthüllung und Befreiung", in dem die Menschen zu einer Selbstüberschreitung fähig werden, mit der sie jede Egozentrik hinter sich lassen und sich der Bewegung des Kosmos „zu immer umfassenderen Organismen, zur Einheit und zum Ganzen überlassen". Gott steht nicht außerhalb dieser Bewegung. Er ist ihr Geschehen selbst; er „offenbart sich als Kommen und Gehen, Geborenwerden und Sterben". Auch erfülltes Menschsein führe nicht etwa über dieses

---

[128] Willigis Jäger, Symphonie des Einen und Ganzen. Zur Diskussion: Erlösungstheologie – Evolutionstheologie, in: Christ in der Gegenwart 19/2000, 149f., hier 149.

Geschehen hinaus oder ereigne sich erst an dessen Ende. Anzunehmen und zu leben sei vielmehr „eine Erfüllung im Hier und Jetzt". Die in der Selbstüberschreitung sich erfüllende Sehnsucht nach dieser Fülle hätten die Religionen „seit alters ‚Liebe'" genannt; Liebe hier freilich nicht als *gebotene* verstanden, vielmehr in der „Erfahrung der Einheit" bzw. in der Sehnsucht nach ihr wiedererkannt, zu der die Evolution des Universums offensichtlich hinstrebe.[129]

6.3 Mystik und Politik – jenseits des Glaubens

Will man sich an die hier vorgestellten Visionen eines Christentums von morgen halten, ergibt sich ein spannungsvoll-kontrastreiches Bild. Stark gemacht wird einerseits – von Hubertus Halbfas – eine anthropologisch-emanzipatorische Option. Wenn es – so Halbfas – „zu einer ‚Neuerfindung' des Christentums kommen soll, stützt sich die Hoffnung allein auf jene, die im Reich-Gottes-Programm Jesu ein weiterhin lohnendes Engagement für die Welt"[130] und für die Verwirklichung der radikal egalitären Perspektive sehen, wie sie der Reich-Gottes-Verkündigung Jesu von Nazaret zu eigen ist.[131] Auf der anderen Seite begegnet eine radikal mystische Option, die jeden Dualismus – gerade den der politisch-moralischen Anschärfung – in die *jetzt* zugängliche Erfahrung der Einheit oder der Einbettung in den göttlichen Prozess der Selbstentfaltung und fortschreitenden Einswerdung alles Seienden im Göttlichen aufgehoben sehen will. Bei Halbfas soll das Christentum anthropologisch-emanzipatorisch, bei Jäger soll es evolutionstheoretisch anschlussfähig werden, um Menschen heute noch zu erreichen. Mitunter – auch bei Halbfas selbst – werden beide Optionen miteinander verbunden, um die Ebene einer modernen Gnosis zu erreichen, die sich von den ärgerlichen Tatsachen-Behauptungen der christlichen Glaubenslehre löst, um den tieferen Sinn des Christlichen jenseits eines spröden Muss-Glaubens an absurde theologische Behauptungen für intellektuell Anspruchsvolle als nachvollziehbares Wissen zu erschließen. Dabei bleibt insbesondere die personale Dimension des biblischen Gottesglaubens auf der Strecke. Es geht überhaupt nicht mehr um Glauben, sondern

---

[129] Vgl. ebd., 150.
[130] Hubertus Halbfas, Glaubensverlust, 102 f.
[131] Vgl. ebd., 57–62.

um das Engagement im Sinne Jesu bzw. um das Einswerden mit der göttlichen Dynamik des Universums.

Da sollte man sich doch einen Augenblick der Frage aussetzen, ob die personale Artikulation der gläubigen Gottesbeziehung in der Bibel tatsächlich nur auf ein vormodernes Wirklichkeitsverständnis zurückzuführen ist, dem auch der Jude Jesus noch verhaftet war, das aber so, wie er es geteilt hat, für moderne Menschen nicht mehr verbindlich sein könne. Nach der Bibel muss es – um mit dem Titel eines Kinderbuches zu sprechen[132] – jedenfalls *mehr als alles* geben. Biblische Gottes-Zeugnisse sind in diesem Sinne von drei Grund-Einsichten getragen, die dann in der Christentums-Geschichte unterschiedlich aufgenommen, ausgelegt und akzentuiert wurden.

Die erste Grundeinsicht: Gott ist nicht der Kosmos; der Kosmos ist nicht in sich oder von sich aus göttlich. So ist der Mensch, dem vom Gott der Bibel die Lebensgemeinschaft mit ihm angeboten ist, nicht *nur* ein Element des Kosmos oder – in der Perspektive der Moderne – Zufalls-Ereignis eines allumfassenden evolutionären Prozesses. Er ist Gott-bezogen, von Gott gewollt und in Anspruch genommen. Dass Gott nicht der Kosmos ist, bedeutet also nicht, dass ihm die Welt gleichgültig, dass sie in diesem Sinne „gott-leer" wäre. Gottes Kosmos-Transzendenz begründet die Prozess-Transzendenz der Menschen. Gott wird die schöpferische Freiheit zugesprochen, sich zu dem von ihm ins Dasein Gerufenen *in Beziehung* zu setzen; in eine Beziehung, die im Blick auf die Menschen personal genannt werden darf. Von Erwählung ist da die Rede, von der Zusage einer Vollendung, die den Erwählten selbst zuteilwerden soll, nicht nur einem Prozess, in dem sie eine bestimmte Funktion zu erfüllen hätten. Der erwählende Gott wird so tatsächlich – auch – als „Gegenüber" der Menschen geglaubt: Er *spricht* sie an, er *handelt* an ihnen. Er wird sie vollenden in der Liebe, mit der er sich ihnen zuwendet und um sie *wirbt*. Es liegt auf der Hand, dass diese Verben als Metaphern gebraucht werden, als Suchworte, mit denen eine Realität angesprochen ist, die sich nicht mitmenschlich-handgreiflich ereignet, sondern inmitten der Welt-Gegebenheiten, des Sichtbaren, Hörbaren, Erfahrbaren wahrgenommen und mithilfe der Metaphern interpretativ identifiziert wird.[133] Aber sind diese Metaphern nicht doch nur

---

[132] Maurice Sendak, Higgelti Iggelti Pop! Oder es muss im Leben mehr als alles geben, Zürich 1969.

[133] Vgl. die Ausführungen zur theologischen Metapherntheorie in meinem Buch: Gebetsglaube und Gotteszweifel, Münster 2002, 226–232.

Ausdrücke für innere Ereignisse, fürs Einbezogen-Werden in einen umfassenden Gott-Prozess, eine alles durchdringende Gott-Energie? *Die zweite biblische Grundeinsicht:* Gott bzw. sein guter, heiliger Geist ist nicht gleichbedeutend mit der zielgerichteten Dynamik, die die Schöpfung als geordnetes, evolutionär sich differenzierendes System hervorbringt. Der Heilige Geist geht *von Gott* aus und ergreift Menschen, damit sie ihm ähnlich werden können, seinen guten Willen mitwollen, ihn geschehen lassen und ihn so anderen Menschen bezeugen. Er ist nie der Menschen eigene Energie, nie nur eine naturhaft sich auswirkende Kraft, sondern Gottes *Ergreifen,* sein befreiend-inspirierendes Zugreifen auf die Menschen. Wo Menschen von dieser Gottes-Kraft ergriffen werden, sind sie Gottes *Wirk*-lichkeit in dieser Welt[134]: da ist Gott in ihnen, und sie sind in Gott – in einer Weise des In-Seins, die vom In-Sein des Geliebten in der Liebenden menschlich abgebildet werden mag. Schon hier wird sie ja nicht mehr nur als Beziehung des Gegenüberseins zweier in sich selbstständiger Wirklichkeiten erfahren, sondern in gewisser Weise auch als ein Ineinander. Gott ist durch seinen Geist in mir, damit ich in ihm sei und lebe, *sein* Handeln in der Welt werde. Gott handelt, wo sein guter Wille geschieht[135] – wo Menschen sich von seinem Geist bewegen lassen, um das Geschehen des guten Gotteswillens zu bitten und sich ihm konkret zur Verfügung stellen. Gottes Menschen – Menschen seines guten Willens (vgl. Lk 2,14) – machen sichtbar, greifbar und hörbar, wozu die Menschen von ihrem Gott berufen sind, was er mit ihnen anfangen, wohin er sie führen will. Das heißt aber: Gottes Welt-Immanenz ist *als solche* nicht in der apersonalen Dynamik der Selbstorganisation eines evolutionären Kosmos identifizierbar, sondern in und an einer personalen *Intention,* die sich in den „guten Gaben" der Schöpfung schon abzeichnet, sich aber erfüllen wird, wo Menschen sich von Gottes Geist erfüllen und in die *Freiheit der Kinder Gottes* einführen lassen; wo sie die Unterscheidung der Geister konkret wagen: dessen, was Gottes gutem Willen entspricht und ihn in der Welt zum Tragen kommen lässt, von dem, was ihn sabotiert.

Eine dritte, neutestamentliche und glaubensgeschichtlich zentrale Grundeinsicht: Gottes Welt-Immanenz ist insofern eine personale Wirklichkeit, als das Leben der Gottestöchter und Gottessöhne, die

---

[134] Diese Intuition kommt in der mittelalterlichen christlichen Mystik, etwas bei Meister Eckehart, zum Tragen.

[135] Diesen theologischen Leitsatz habe ich zu begründen versucht in meinem Buch: Gott verbindlich. Eine theologische Gotteslehre, Freiburg i. Br. 2007, 323–329.

nicht nur Lebewesen sind – nicht nur aus dem Blut und aus dem Willen des Fleisches gezeugt sind –, aus Gottes Geist stammt: Sie sind aus Gott „gezeugt" (vgl. Joh 1,13 f.), im Geist als sie selbst und zu sich hervorgerufen, berufen. Nach christlicher Überzeugung ist es der Gottes- und Menschensohn Jesus Christus, in dem Gottes Menschen-Zuwendung – das *Wort*, in dem er die Menschen zur Gottesgemeinschaft beruft und sich ihnen verspricht – Fleisch geworden ist. Hier hat Gottes Geist einem Menschen von Anfang an und in Fülle Gottes Lebendigkeit mitgeteilt, so dass er sie selbst austeilen konnte: *diesem* Menschen. In seinem Leben, Sterben und seiner Auferweckung vom Tod ist Gottes guter Wille so unzweideutig eine menschliche Wirklichkeit geworden, dass dieser Mensch als Gottes eigene Wirklichkeit in der Welt geglaubt werden durfte. In ihr begegnete Gott mitmenschlich. Gott will im Blick auf diesen Menschen, sein Verhältnis „zum Vater", seine Hingabe für Gott und die Menschen, seine Rettung aus dem Tod, in seinem Dasein für die Menschen wahrgenommen werden. In ihm erkennen Jesu Menschenschwestern und Menschenbrüder den *Anführer* zum Glauben und zum Gottes-Leben (Apg 3,15; 5,30 f.; Hebr 2,10; 12,2); in ihm erkennen sie die Vollendungsgestalt eines Lebens aus und in Gott für die Menschen, zu dem sie selbst berufen sind. In ihm erkennen sie *Gottes eigenes Dasein* in dieser Welt zum Heil der Menschen.

6.4 Trinitarischer Gottesglaube

Diese Glaubenseinsichten hat die Trinitätslehre in nachbiblischer Zeit in einem hellenistisch-mittelplatonischen Denk-Kontext zur Geltung bringen und begrifflich ausformulierten wollen; in schwer verständlichen Formeln, die das christlich Entscheidende aber genau und konsequent sagen: Gott ist Ursprung und Vollendung des Kosmos und unseres Lebens als der *davon Unterschiedene*, der sich in freier Zuneigung dazu in Beziehung setzen will. Er ist uns ganz gegenwärtig im Geist der Liebe, die von ihm „ausgeht", Menschen ergreift und zuinnerst – innerlicher, als sie sich selbst nahe sein könnten[136], in radikaler Immanenz-Transzendenz – mit sich beschenkt und zur Wirklichkeit seines guten Willens machen will. Die Welt- und Menschen-Immanenz des Gottesgeistes ist so auch schon Ur-Grund, durch den und aus dem die Menschen zu sich selbst – zur freien

---

[136] Vgl. Augustinus, Confessiones III, 6, 11.

Annahme dessen, was sie sind und werden können – hervorgerufen sind; der „mütterlich-väterliche" Ur-Grund, aus dem die Gottes-Geschöpfe hervorgehen und in dem die Menschen ihre Vollendung finden dürfen. Er begegnet als *mitmenschliche* Wirklichkeit im Gottes- und Menschensohn Jesu Christus, der den guten Gotteswillen im Gehorsam gegen den Vater lebte, ihn zum Heil der Menschen in dieser Welt geschehen ließ und so das Innerste – das „Herz" – des Vaters offenbarte. Er offenbarte den Gott, der seinen dieser Welt zum Opfer gefallenen Sohn nicht im Tod lässt und mit allen, die in der Spur des Gekreuzigten das Leben suchen und teilen wollen, *sein* Leben teilt. Auch sie werden im Leben und Sterben nicht verlorengehen oder in einem apersonalen Lebensprozess auf der Strecke bleiben, da sie berufen sind, mit Christus in Gott vollendet zu werden.

Vom *personalen* Gott und den drei *Personen* des trinitarischen Gottes ist in je unterschiedlichem und nicht im alltagssprachlichen Sinn zu reden. Gott ist personal-überpersonale Wirklichkeit: *vor* und *über* uns, wir *aus* und *in* ihm, er uns mitmenschlich, mitpersonal gegenüber, er in uns, alles durchdringend und zum Leben erweckend. Die drei göttlichen Personen sind drei Gotteswirklichkeiten, die mit dem Begriff „Person" – wie schon Augustinus wusste[137] – eher negativ als positiv treffend benannt werden. Menschliche Sprache kann das Gemeinsame kaum noch aussprechen, das diese Bezeichnung den drei Gotteswirklichkeiten zusprechen will. Sie assoziiert unvermeidlich anthropomorphe Vorstellungen, die am theologisch Intendierten jeweils zu überprüfen sind. Dabei muss zur Geltung kommen, dass jede der drei Personen auf eigene und menschlich unvergleichliche Weise „Person" ist und die Menschen in ihrem je eigenen „Wirken" personal-überpersonal in Gottes Wirklichkeit einbeziehen. Diese dreifache Weise der *Einbeziehung* will ich mit einer trinitarischen Kurzformel des christlichen Gottesglaubens zu beschreiben versuchen, die vielleicht die Richtung andeuten kann, in der man sich von theologisch geprägter Sprache in dieses Mysterium hineinführen lassen darf:

Gott ist der Unermesslich-Absolute, den unsere kleine Welt nicht fassen kann, nicht zu vergleichen mit all dem, was sich in menschlichem Denken erfassen lässt. Und er ist zugleich der, aus dem wir sind und in dem wir wahrhaft wir selbst sein werden. Er lässt sich „in allen

---

[137] Die Formel „drei Personen" habe man – so Augustinus – geprägt, „nicht um damit den wahren Sachverhalt auszudrücken, sondern um nicht schweigen zu müssen" (De trinitate V 9).

Dingen" finden, so auch in uns und im Nächsten. Er lässt sich finden und macht sich erfahrbar in dem guten Geist, der Hoffnung und Liebe hervorruft und zur Vor-Erfahrung des Unermesslichen macht, der unsere Hoffnungs- und Lieblosigkeit davor rettet, gott-los zu werden. Er ist zugleich der, der uns voranging und vorangeht, unser von Gottes gutem Geist und Willen erfüllter, uns zugewandter Bruder, an den wir uns halten dürfen bei unseren tastenden Versuchen, Gott in dem zu finden, was uns abverlangt und geschenkt wird. Ihm dürfen wir nachfolgen; er lässt uns nachkommen auf den Nachfolge-Wegen, auf denen alles, was uns begegnet, zur Gottbegegnung werden kann.

Gott – und alles: alles bestimmend, alles tragend und durchwirkend. Die Glaubens-Einbildungskraft greift für das Zur-Sprache-Bringen dieser Beziehung unvermeidlich zu Macht-Metaphern: Gott ist der, der alles bestimmt, sich in allem als Macht und Sinn des Seins darstellt. Nichts davon müsste theologisch zurückgenommen werden. Aber die Vorstellung des *Macht-Gottes* bleibt biblisch gesehen einseitig. Sie ist in Gefahr auszublenden, was in der Bibel alt- wie neutestamentlich staunend, auch angstvoll und erschrocken, im Entscheidenden doch hoffnungs- und vertrauensvoll bezeugt wird: dass Gott sich hineinrufen, sich „involvieren" lässt in die Not, den Abgrund, die Katastrophe und die Freude der Seinen. In der Sprache unserer Zeit dürfte man von seiner entschlossenen, nie aufgekündigten Solidarität sprechen, in der er sich bedingungslos dafür engagiert, die Verlorenen zu retten und den Untergegangenen Anteil an seinem Leben zu geben.

Neutestamentlich ist es der Gottes- und Menschensohn Jesu, in dem Gott sich mit denen verbindet, die auf ihn hoffen und ohne ihn verloren wären. Noch im tiefsten Abgrund der Verlorenheit – am Kreuz Jesu – ist Gott selbst da[138], öffnet er sich, damit die in der Welt Verlorenen und Untergegangenen in ihm ihre Gottes-Zukunft finden. Ein Gott in den Niederungen und Abgründen unseres Daseins, mitten unter denen, die nur noch ihn haben – und freilich auch die haben sollen, die mit ihnen daran zu glauben versuchen, dass nichts, „weder Tod noch Leben, weder Engel noch Mächte, weder Gegenwärtiges noch Zukünftiges noch Gewalten, weder Höhe oder Tiefe noch ir-

---

[138] Das ist wohl der Sinn der so schwer verstehbaren Kapporät-Metaphorisierung in Röm 3,25 f., mit der das Kreuz als der neue und endgültige Ort der Gottes-Anwesenheit dargestellt wird, den die Bundeslade im Allerheiligsten des Tempels vorabbildete.

gendeine andere Kreatur" uns trennen können „von der Liebe Gottes, die in Christus Jesus ist, unserem Herrn" (Röm 8,38–39), dem zu uns heruntergekommene Gott, dem nichts Menschliches fremd bleibt, damit wir Zugang finden und teilnehmen können am göttlichen Leben. „Ich bin der: Ich bin für euch da" (Gen 3,14): Nicht auszurechnen und abzuleiten ist, wie er für uns da sein und uns begegnen will. Dass er im Gekreuzigten und den Gottverlassenen für uns da ist, damit sie ihn und uns haben – damit wir ihn und sie haben –, ist das schlechthin Erstaunliche, Tröstliche, Herausfordernde des christlichen Glaubens an den heruntergekommenen Gott, der sich in seiner Schwäche für die Menschen[139] von nichts und niemand übertreffen und überwinden lässt. Dass er ein Gott der Verlorenen ist und ihnen zuerst bezeugt werden will als der, der es nicht hinnimmt, dass sie verloren gehen, das ist die ins Innerste des Christseins treffende Herausforderung für seine Zeugen heute: angesichts der Zeichen der Zeit Gottes-Hoffnung, die von seinen Zeugen mit-verantwortet werden muss.

In dieser Herausforderung ergreift sie Gottes guter Geist, der sie „so gesinnt" sein lässt, „wie es dem Leben in Christus Jesus entspricht" (Phil 2,5). Er zieht sie hinein in die Gemeinschaft mit Gott, in der sie an Gottes eigener Wirklichkeit teilhaben dürfen. So wird die Sendung Jesu Christi im Glauben verstehbar als Gottes eigenes solidarisches *Teilnehmen* an der abgründig-verheißungsvollen Menschenwirklichkeit. Es geschieht, damit die Menschen durch den Geist, den der Sohn zu den Menschen bringt und ihnen austeilt, an Gottes gutem Willen *teilhaben* und in Gottes unerschöpflich lebendigem Leben ihre Vollendung finden können.

6.5 Neu erfinden oder neu verstehen?

Wenn man die Überzeugung hegt, das Christentum werde nur Zukunft haben, wenn man die überlieferte Glaubenslehre entschlossen

---

[139] Ich orientiere mich hier an einer unvergleichlich treffenden Formulierung Friedrich Wilhelm Joseph Schellings (Philosophie der Offenbarung. Zweiter Band, Ausgewählte Werke, Darmstadt 1974, 26): „[D]ie Schwäche Gottes […] kann man insbesondere in seiner Schwäche für den Menschen erkennen. Aber in dieser Schwäche ist er stärker als der Mensch. Sein Herz ist groß genug genug, um alles fähig zu seyn. In der Schöpfung zeigt er vorzüglich nur die Macht seines *Geistes*, in der Erlösung die Größe seines *Herzens*." In welchem Sinne auch Papst Franziskus diese Gottes-Intuition teilt, habe ich in meinem Büchlein: Gottes Schwäche für die Menschen. Wie Papst Franziskus von Gott spricht, Ostfildern 2018, nachzuzeichnen versucht.

hinter sich lässt, weil sie theologisch und spirituell erschöpft ist, mögen einem auch die von mir skizzierten Gedanken zu einem trinitarischen Gottesverständnis als verlorene Liebesmüh vorkommen. Wollen sie nicht retten, was nicht zu retten ist: ein theologisches Gotteswissen, dessen innere Widersprüchlichkeit sich restlos auf Formelkompromisse aus einer weit zurückliegenden und längst überholten weltanschaulich-metaphysischen Krisensituation zurückführen lässt?

Ich habe keine jesuanisch legitimierte oder mystisch-evolutionstheoretisch elaborierte Neuerfindung des Christlichen vorgelegt, die besser weiß, was das Christentum im Kern ausmacht, als die christlich-theologische Überlieferung selbst. Aber ich wollte der Notwendigkeit Rechnung tragen, diese Überlieferung so auszulegen, dass Menschen sich heute in ihren tiefsten Anliegen, Ängsten und Hoffnungen angetroffen und in ihren Selbst- und Welt-Verständigungs-Versuchen angesprochen erfahren können. Ob das auch nur ansatzweise gelungen ist, steht auf einem anderen Blatt. Und es ist auch keineswegs schon ausgemacht, ob hier tatsächlich das theologische Sinnzentrum des Christlichen zur Sprache kam.

Wenn ich diesen Anspruch hier gleichwohl anmelde, so weiß ich darum, wie schwer er theologisch einzulösen ist. Er wäre im Blick auf die Traditionsgeschichte des Christlichen wie auch seiner biblischen Quellen zu verantworten – und das in dem klaren Bewusstsein, diese Quellen und Lehrbildungen nicht einfach so zu verstehen, wie sie sich selbst verstanden haben. Sie sollen *neu* und zugleich adäquat verstanden werden, so verstanden werden, dass sie mit dem, was sie zu denken, zu hoffen, zu glauben und zu tun geben, für heutige Selbst-, Welt- und Gottes-Verständigung Relevanz und Nachvollziehbarkeit gewinnen können. Der hermeneutische Zugriff auf sie will sie nicht eigentlich „besser verstehen, als sie sich selbst verstehen"[140]. Aber er unterwirft sich auch nicht einfach der Maßgabe des *Commonitoriums* von Vinzenz von Lerin, die christlich maßgebenden Zeugnisse seien christlich legitim nur verstanden, wenn sie immer in gleichem Sinne verstanden würden, was ja bedeuten würde, sie seien in jeder Hinsicht so zu verstehen, wie ihre Autoren bzw. Gott selbst sie verstanden hätten, der sie nach diesem Konzept den Hagiographen oder kirchlichen Verantwortungsträgern mitteilte.

---

[140] Zu diesem hermeneutischen Anspruch vgl. Hans-Georg Gadamer, Wahrheit und Methode. Grundzüge einer philosophischen Hermeneutik, Tübingen ²1965, 180–182.

So wende ich mich gegen „Neuerfindungen" des Christentums ebenso wie gegen die vermeintliche Rettung des Christlichen durch pure Wiederholung und bloße Übersetzung des „damals Gemeinten" in heutiges Sprechen und Denken. Jedes Verstehen der Quellen und Zeugnisse sagt *neu*, was es als den Glaubenssinn des damals Bezeugten verstanden hat. Es setzt sich der Kritik aus, Entscheidendes nicht hinreichend verstanden oder verfälscht zu haben. Im Blick auf das oben Skizzierte räume ich sofort ein, dass es die wesentlichen Aspekte des christlich-trinitarischen Gottesverständnisses nicht einmal ansatzweise einholt und hinreichend erläutert. Und doch wird ein Vorschlag gemacht, das christliche Gotteszeugnis von diesem Sinnzentrum her aufzuschließen: Gott nimmt am Dasein der Menschen teil, um ihnen die Teilhabe an seiner erlösend-vollendenden Wirklichkeit zu eröffnen. Das Gotteszeugnis der Bibel und der christlichen Überlieferungen soll nicht hermeneutisch überholt und durch eine bessere Artikulation des darin Angesprochenen ersetzt, sondern in seiner Bedeutung für den christlichen Glauben heute *ausgelegt* werden. Die Auslegung setzt sich nicht an die Stelle des Ausgelegten. Aber das Ausgelegte soll mithilfe der Auslegung in einem erlösenden, menschlich authentischen, heutigen Glauben nachvollzogen werden können. Die Glaubensverbindlichkeit der Quellen und normativen Überlieferungen muss sich durch die theologisch-kirchliche Auslegung im Heute als Glaubens-produktiv, aber auch als vernünftig nachvollziehbar bewähren. Sonst bleibt sie ein leerer Anspruch, dem man Gehorsam leisten, aber keinen vor der menschlichen Vernunft verantworteten, innerlich bejahten Glauben schenken könnte.

Das nicht bis ins Letzte abzusichernde Wagnis einer jeden Auslegung sollte kirchlich tragbar werden, da sich unterschiedliche Auslegungen aneinander abarbeiten und gegenseitig korrigieren. Dem hierarchischen Lehramt wird in der römisch-katholischen Kirche hier eine bedeutsame Rolle zugewiesen. Es hat diese Rolle immer wieder eher schlecht als recht gespielt, da es sich als Herrin des Überlieferungsprozesses aufspielte, statt ihm durch seinen Dienst an der Verständigung zu mehr Solidität und Kommunikabilität zu verhelfen. Theologische Auslegungen wissen sich ihrerseits nicht nur der Gefahr der Selektivität und des Nicht-verstanden-Habens des Ausgelegten, sondern dem „Schicksal" ihres Überholt-Werdens ausgeliefert. Sie wissen darum, dass sie nie in die Lage kommen werden, irgendwann – nach einem langen Prozess der Selbstoptimierung – sagen zu können, wie es sich mit dem, wovon sie handeln, tatsächlich verhält. Sie sind aber von der Hoffnung getragen, menschlich verantwortlich von Gott zu sprechen, da sie die Zeugnisse auslegen, in denen sich nach christlicher Glaubensüberzeugung Gott selbst ausgelegt hat. Die Zeugnisse sprechen von Gottes Wirklichkeit aber nicht wie von einem „objektiven Sachverhalt", sondern so, wie sie die Zeugen „unbedingt angeht"[141] und einbezieht, sie herausfordert, sich dieser Wirklichkeit zu stellen und ihr im eigenen Leben wie im Leben der Zeugengemeinschaft Rechnung zu tragen. Sie wollen nicht ein definitives Gottes-Wissen vermitteln und damit gegen das Gottes-Wissen anderer Zeugnisse Recht haben, sondern kommunizieren, wie man sich hier und jetzt auf das Geschehen der Wirklichkeit Gottes einstellen soll und so mit Gott leben kann.[142]

Theologie legt Zeugnisse aus und versucht, das darin Bezeugte im Heute zu verantworten, es so zu verstehen, dass Menschen sich inspiriert und herausgefordert erfahren, mit Gott zu leben und im Vertrauen auf sein rettend-erlösendes Wirklich-Werden in dieser Welt nach einem Gott-erfüllten, menschlich erfüllenden Leben zu suchen. So wird die Theologie auch den Gott zu verstehen versuchen, der die Glaubenden in diesem Sinne „unbedingt angeht" und herausfordert, mit ihm zu leben. Es wird ihr darum gehen herauszustellen, wie dieser Gott ist, da er sich den Menschen mitteilt, damit sie an ihm teilhaben. Sie wird seine Beziehungswirklichkeit – seine unbedingte Beziehungswilligkeit und Beziehungsfähigkeit – als sein den Menschen zugewandtes Wesen zu begreifen versuchen und so von Gott sprechen, dass all ihr Sprechen von dieser Glaubenseinsicht bestimmt wird. Sie wird nachvollziehbar zur Sprache bringen wollen, was es für die Wirklichkeit des Kontingenten und vielfach Bedingten bedeutet, von Gottes absoluter Wirklichkeit relativiert zu werden.

Die Theologie artikuliert und begründet diese Glaubenseinsicht in der Zuversicht, dass man sie niemals als falsifiziert wird ansehen müssen. Aber es ist nicht ausgeschlossen, eher wahrscheinlich, dass sie sich in dieser und jener Hinsicht als unzureichend erweisen wird. Man wird dann nicht hinter sie zurückgehen, aber über sie hinaus-

---

[141] Vgl Paul Tillichs berühmte Formel, Glaube sei das „Ergriffensein von dem, was uns unbedingt angeht"; vgl. ders., Wesen und Wandel des Glaubens, dt. Berlin 1966, 9.

[142] Man kann in dieser religiös-lebensweltlichen Unterscheidung die wissenschaftstheoretische Unterscheidung in Teilnehmer- und Beobachter-Perspektive wiedererkennen und daraus die Maxime ableiten, dass auch die Theologie sich nicht – Gott *gegenüber* – in die Beobachterperspektive versetzen kann. Sie kann die alttestamentliche Glaubenserfahrung nicht überspringen, wonach es das endliche Menschsein zerstören müsste, Gott „von Angesicht" zu sehen (vgl. Ex 33,20).

gehen, sei es, dass Gottes Dasein und Wirklich-Werden in der Welt der Menschen neuartige Zeugnisse hervorbringt, sei es, dass die überlieferten Glaubensquellen und Zeugnisse neu gelesen werden. Gottes Wirklich-Werden und die geschichtliche Erfahrung des Menschseins werden alle menschlichen Versuche überholen, den Gott zu verstehen, der sich den Menschen offenbarte und ihnen immer wieder neu nahekommen will. Und dann wird Gott alles menschliche Sprechen von ihm mit seiner eschatologischen Menschen-Präsenz und Lebensfülle überholen. Die Fülle seines Daseins für die Menschen und in der Gemeinschaft mit ihnen wird das von Menschen in ihren Sprachen Artikulierte und Erhoffte nicht „unterbieten", sondern unendlich überbieten. Das menschlich Gesprochene und Erhoffte wird seine Erfüllung finden, in Gott und durch ihn eine Bedeutungsfülle erlangen, an die menschliches Begreifen nicht heranreichen.

Gottes heilsames Relativieren wird auch die kirchliche Lehre und das theologische Sprechen vom Göttlichen einbegreifen. Die darin artikulierte Gotteserkenntnis wird nicht das Letzte sein. In der vollendeten Gottesgemeinschaft werden Gott und die mit ihm Lebenden sie hinter sich lassen dürfen, weil Gottes Wirklichkeit das von ihr allzumenschlich Geglaubte und Gelehrte unendlich übertreffen wird. Von dieser Relativierung wird kirchlich nicht gern gesprochen, weil sie geeignet sein könnte, die Selbstgewissheit der Lehre und der Glaubensverkündigung zu unterminieren. Aber müsste man davor Angst haben, von Gott relativiert zu werden, wenn das doch heißt, dass Gott das von uns Gelehrte in einem Sinn bewahrheiten und überholen wird, hinter dem das von uns jetzt schon Eingesehene unendlich zurückbleiben darf?

Wir müssen und wir dürfen hinauskommen über das uns Erreichbare, das wir bei und in Gott zurücklassen dürfen, weil es von ihm selbst erfüllt ist. Im Bild der Leiter mag das jetzt schon einigermaßen einleuchten. Es ist von Ludwig Wittgenstein aufgegriffen worden; und man darf annehmen, dass er sich seiner Herkunft aus der mystischen Vorstellung der Himmelsleiter durchaus bewusst war. Wittgenstein spricht ja ausdrücklich vom Mystischen als dem Unsagbaren, weil Übersagbaren.[143] Das klar Sagbare bezieht sich

---

[143] Vgl. Tractatus logico-philosophicus. Logisch-philosophische Abhandlung, dt. Taschenbuchausgabe Frankfurt a.M. 1963, Ziffer 6.522: „Es gibt allerdings Unaussprechliches. Dies zeigt sich, es ist das Mystische." Das Mystische hat nicht das Welthaft-Einzelne und seine welthaften Zusammenhänge im Blick: „Nicht *wie* die

nach Wittgenstein auf die Tatsachen der Welt; es ist als solches in den vom *Tractatus* von ihm formulierten Sätze umrissen. Die aber „erläutern dadurch, dass sie der, welcher mich versteht, als unsinnig erkennt, wenn er durch sie – auf ihnen – über sie hinaufgestiegen ist. (Er muss sozusagen die Leiter wegwerfen, nachdem er auf ihr hinaufgestiegen ist.)."[144] Wenn man dieses Bild in seinen ursprünglichen mystischen Kontext zurückbindet[145], wird es theologisch zu einer unerhörten Herausforderung. Und als solche ist es kirchlich kritisch beargwöhnt worden: Sind nicht auch die Sagbarkeiten der Glaubenslehre Sprossen auf einer Leiter, die man als jetzt notwendig, „dann aber" als überstiegen anzusehen hätte? Und nimmt die mystische Erfahrung nicht augenblickshaft in dieses „Dann" hinein, sodass die Relativität der Lehre schon aufleuchtet, der wahre Sinn des kirchlich so vorläufig Gesagte schon vorscheint?

Manche Neuerfindung des Christlichen sieht sich zu dieser Relativierung der Lehre durch die von ihr in Anspruch genommenen „mystischen" Erfahrungen bevollmächtigt und zu einem Blick auf das Eine-Ganze in der Lage, dem die begrifflichen Unterscheidungen und Entgegensetzungen der Theologie nicht Genüge tun könnten. Sie sind in der Gefahr, diesen Einheitsblick zu einem Standpunkt zu machen, der sich dem in der Kirche zu theologischer Geltung Gelangten entgegensetzt. Das wäre eine ganz andere Konstellation als die der Relativierung, in der die Mystik sich aufgrund des in ihr Erfahrenen oder auch Nicht-mehr-Erfahrenen zum Gelehrten und in der Kirche Gesagten bzw. Gelebten in Spannung brachte.

Es kann zu schnell gehen mit dem Überholen, vor allem dann, wenn man als Überholer(in) abschätzig auf das Überholte zurückblickt, da man schon so viel weiter ist. Ich denke, man sollte für die Leiter froh sein. Sie hat uns dahin gebracht, wo wir jetzt stehen und weitermüssen; sicher ein paar Sprossen über das Erreichte hinaus, aber immer noch auf der Leiter, von der wir wissen, dass sie nicht das

---

Welt ist, ist das Mystische, sondern *dass* sie ist" (6.44). So hat es mit dem gefühlvollen Sehen des Ganzen zu tun, „der Welt als begrenztes Ganzes" (6.45).

[144] Ebd., Satz 6.54.

[145] Urbild ist die „Jakobsleiter", auf der in Jakobs Traum die Engel vom Himmel herab auf die Erde und wieder in den Himmel hinaufsteigen (vgl. Gen 28,11). In der Geschichte der Mystik hat dieses Motiv immer wieder eine bedeutsame Rolle gespielt für den Aufstieg der Mystiker(innen) über die Welt des Leibhaft-Zeitlich-Welthaften hinaus in die mystisch erlebte Gottesgegenwart hinein; vgl. Volker Leppin, Ruhen in Gott. Eine Geschichte der christlichen Mystik, München 2021 (bereits das Umschlagbild macht deutlich, dass dieses Bild das Leitmotiv der ganzen Darstellung abgeben wird).

Letzte, Unübersteigbare ist. Es gehört zur Relativität und Kontingenz unserer (Glaubens-)geschichtlichen Situation, dass wir das, woran wir uns halten, als relativ ansehen und uns gleichwohl daran halten müssen, halten dürfen, weil das Relativieren, unser Relativiert-Werden, ein menschlich uneinholbares Gottesgeschehen ist, dessen Vollzug nicht in die eigene Regie übernommen werden kann. Es sich kirchlich und im Glauben geschehen zu lassen bedeutet, dass man Lehrbildungen, theologische Konzepte, kirchlich-institutionelle Festlegungen und Urteile nicht absolut setzt. Es bedeutet nicht, dass man ihrer nicht mehr bedürfte. Die Leiter gebrauchen, sich an ihr halten und womöglich höher steigen dürfen, zum Sich-Übersteigen in Gott hinein aufgebrochen sein und doch die konkrete Ausrichtung eines Lebens im Hier und Jetzt nicht verlieren, das sich in den Gottes-Aufbruch hineinnehmen lässt: Darin bestünde eine Relativierung des Glaubens im Sinne der *Fides quae*, die sich in Gottes Unendlichkeit und Absolutheit hineingerufen weiß, sie nicht in Selbstverabsolutierung vorwegnehmen will.

6.6 Theologie – und über die Theologie hinaus

Der Theologie kommt immerhin die Aufgabe zu, für die Solidität der Leiter zu sorgen, so gut sie kann; natürlich auch dafür, dass sie auf einigermaßen festem Grund steht und – wenn man das Bild soweit strapazieren darf – dass sie am rechten Ort steht. Deshalb hat sie verantwortlich an den Diskursen teilzunehmen, in denen man sich um eine solide, vernünftig nachvollziehbare Selbst-, Welt- und Gottesverständigung bemüht. Auch die Rede vom dreieinen Gott, die in der Begegnung mit Gott „von Angesicht" wohl am heftigsten überrascht werden wird, darf hic et nunc keine Insel der Irrationalität sein, da man ihr dann jede menschliche Bedeutung absprechen müsste. Sie sollte möglichst viel „zu tun haben" mit den Bedingungen, Dimensionen und Horizonten eines menschlich-bewussten Lebens und diese in ihrem Zusammenhang möglichst nachvollziehbar erschließen. Klaus Müller hat diese theologisch-philosophische Verantwortung mit seinem höchst eindrucksvoll skizzierten Konzept eines „kritischen Panentheismus" radikal ernst nehmen wollen. Es ist geeignet, auch den Intuitionen gerecht zu werden, die prominente „Neuerfindungen" des Christentums inspirierten, ohne dass es selbst diesen Anspruch anmeldet und die Bahnen trinitarischen Gott-Denkens verlassen würde.

Müller sieht das trinitarische Gott-Denken herausgefordert von den unabdingbaren Implikationen des Begriffs eines Absoluten, von dem mit dem Philosophen Peter Strasser gesagt werden muss, dass es „zugleich persönlich und alles ist." Für ein herkömmlich-normales Verständnis des Absoluten ist „nichts, was absolut ist, mit einer Individualität ausgestattet, so dass es möglich wäre, sich dem Absoluten zu nähern, es zu lieben und zu umfangen, um selbst umfangen und beschützt zu werden."[146] Führt also die Zuerkennung von zugewandter Individualität geradewegs in eine Mythologisierung Gottes, die durch philosophisch-kritische Klärung des Absolutheitsbegriffs zu überwinden wäre? Müller versucht dieser schnellen Konsequenz, die ja auch dem biblischen Glauben seine Grundlage entziehen würde, panentheistisch in die Quere zu kommen. Er legt seinem Konzept ein Verständnis des Absoluten als des alles in sich enthaltenden *Ein und Alles* zugrunde, das der Selbstausdifferenzierung fähig und so in jedem Einzelnen zuinnerst gegenwärtig ist. Diese Selbstgegenwart des Absoluten kommt in der Inkarnation zu uneingeschränkter Geltung: in diesem *einen Menschen ganz aus Gott*; im Gottesgeist „beseelt" sie die vielen einzelnen Daseienden, um sich in ihnen als jene Geist-Dynamik zu erweisen, die sie zum Bild des urbildlich Absoluten formt. Vielleicht wird hier doch nicht recht deutlich, wie ein kritischer Panentheismus nach seiner inneren Selbstdifferenzierungs-Logik auch die personale Beziehungs-Dimension des biblischen Gottesglaubens authentisch zur Geltung kommen lässt. Klaus Müller kann sich von den üblichen Pantheismus-Verdächtigungen immerhin so absetzen, dass er das In-Sein des Endlichen im Absoluten nicht als bloße Selbstauslegung oder Selbstrealisierung des Absoluten denkt, sondern im Anschluss an prozessphilosophische Konzepte eine Rückwirkung der endlichen Wirklichkeiten aufs Umgreifend-Absolute annimmt: In „Feedbackschleifen" vollziehe sich so etwas wie Interaktion zwischen dem Hervorbringenden und dem Hervorgebrachten, realisiere sich eine Beziehungswirklichkeit, in der das Hervorgebrachte Eigenständigkeit und (freie) Eigenwirklichkeit gewinnen kann.

Müller favorisiert dieses Konzept, weil er sich mit ihm auf ein umfassend gültiges ontologisches Strukturprinzip meint berufen zu

---

[146] Peter Strasser, Der Gott aller Menschen. Eine philosophische Grenzüberschreitung, Graz – Wien – Köln 2002, 191 und 190.

können. Wenn es hinreichend ausgearbeitet würde[147], ließen sich – so Müller – die ontologischen Verpflichtungen einlösen, die der Rede vom Göttlich-Absoluten einen (möglichen) Realitätsgehalt sichern könnten. So lasse sich dann auch die „Grammatik" einer jeden rational verantwortbaren Auslegung des biblischen Glaubens gewinnen und rechtfertigen. Ich bleibe skeptisch gegenüber diesem Anspruch und insbesondere gegenüber der Unterordnung der biblisch-personalen Gottes-Intuition unter die biblisch zweifellos ebenso bezeugte panentheistische. Aber ich teile Müllers Überzeugung, die Theologie müsse bei ihrer Rede von Gott Anschluss finden an Kategorien und Modelle, mit denen sich die Menschen heute – und nicht erst heute – ihre Welt-, Selbst- und Absolutheitserfahrungen aufschließen und verständlich machen. Wo sie sich dieser Aufgabe nicht stellt, bleibt sie einer Logik der Mythen verhaftet, in der Göttliches unkontrolliert wie Mitmenschlich-Welthaftes dargestellt und so unzulässig verendlicht wird.

Ich habe das Modell *Partizipation* theologisch in Anspruch genommen, das ebenfalls über eine – wie hier nicht hinreichend begründet werden kann – hohe ontologische Dignität verfügt und die personale Dimension des Absoluten deutlicher in den Vordergrund treten lässt. Seine bis Platon und den Neuplatonismus zurückreichende, auch höchst prekäre Wirkungsgeschichte[148] hat bis in die Gegenwart hinein bedeutsame semantische Potentiale freigesetzt, um sich Wechselwirkungs-Zusammenhänge in der Natur, in sozialen Beziehungen, aber auch theologische Überlieferungs-Zusammenhänge verständlich zu machen, die weithin eher als Vernunft-entzogenes Mysterium angesehen werden. Ich entdecke in diesem Modell die kommunikative Dynamik des Teilnehmens und Anteil-Habens, der Einbeziehung, die sich im Zentrum biblischen Glaubens wiedererkennen und an der sich von hier aus eine für menschliche Vernunft kaum auszuschöpfende Tiefe wahrnehmen lässt: das Göttlich-Absolute als die in sich unendlich-vollkommene Wirklichkeit des An-sich-Anteil-Gebens und eines Teilnehmens an der endlich-menschlichen Wirklichkeit, damit diese zur Erfüllung ihres Teilhabens am und im Göttlichen gelangen kann. Das Göttlich-Absolute ist so – mit der Aussicht auf Nachvollziehbarkeit – aussagbar als ein Sich-Kommu-

---

[147] Mit seinem Buch „Gott jenseits von Gott" liegt nun die Programmschrift für eine solche Ausarbeitung vor.
[148] Vgl. die im zweiten Kapitel erwähnte ekklesiologische Inanspruchnahme für das Hierarchie-Denken.

nizieren, welches das Kommunizieren der endlich-menschlich Daseienden mit dem Göttlichen ermöglichen und hervorrufen „will". Es ist absolut nicht darin und deshalb, weil es kein Anderes *außer sich* hat; die Raummetaphern des Innen und Außen können das hier Angezielte nicht hinreichend zum Ausdruck bringen. Das Göttlich-Absolute ist vielmehr seines *Anderen* fähig, will sich ihm liebend mitteilen und seine Liebe hervorrufen und so an seinem Dasein teilnehmen, ihm die Teilhabe an sich gewähren. Gott im endlichen Menschen – der Mensch in Gott[149]: Gott ist ganz da in einem Menschen, damit dieser seinen Menschengeschwistern die Geist-Herausforderung mitteilt, sich von Gottes Liebes- und Wirklichkeitsmacht ergreifen und in Gott vollenden zu lassen. In Menschwerdung und Geistsendung verwirklicht sich Gottes Liebe, seines absolute Beziehungswilligkeit und Beziehungsfähigkeit.

Hier wird am Leitfaden der Erfahrung dessen, was menschliche Vernunft als elementare und höchste Verwirklichung nicht nur des menschlichen Daseins, sondern weit darüber hinaus elementarer Daseins-Zusammenhänge begreifen kann, vom Absoluten als dem Grund und der Vollendungs-Wirklichkeit dieses „Vollkommensten" gesprochen. Das Göttlich-Absolute bringt hervor, wem es sich – liebend – zuwendet, um es an der Liebe teilnehmen zulassen, in der das von der göttlichen Liebe Hervorgebrachte seine Vollendung finden soll.

Zuletzt ist auch dieses Sprechen von Gott theologisch zu *relativieren:* Es ist die Leiter, die wir jetzt brauchen – und dabei wissen dürfen, dass wir berufen sind, sie *unter uns* zu lassen; nicht jetzt, sondern in der „Begegnung" mit der Wirklichkeit des Absolut-Göttlichen, die das jetzt Gesagte mit einer Bedeutung erfüllen wird, von der wir uns keinen Begriff mehr machen können – und es *dann* auch nicht mehr müssen. Hier wird – so hofft der Glaube – auf unausdenkbare Weise wirklich, wozu wir uns unterwegs glauben und was wir jetzt schon glaubend berühren, uns soweit vorstellbar ma-

---

[149] Klaus Müller kann sagen, die „Dialektik von ‚Gott in uns' und ‚Wir in Gott'" mache „das Charakteristikum dessen aus[...], was ‚Panentheismus' meint" (Gott jenseits von Gott, 478). Hier fühle ich mich seinem Entwurf nahe, um dann doch von der Frage beunruhigt zu bleiben, ob wir das Gleiche meinen, genauer: ob diese Dialektik nicht doch in der Dialektik des Absoluten gründet, das Umfassende und zugleich seines Anderen fähig zu sein. Wer hier zurückweicht und nur von Selbstausfaltung des Absoluten sprechen will, wird den Ernst der Liebe, die Gott ist, sich dem Andern seiner selbst zuzuwenden und auszuliefern, nicht gerecht. Der wird auch kaum nachvollziehen können, warum das höchste Denkbare der Liebe als Teilnehmen-Wollen und Teilhaben-Dürfen geschieht.

chen dürfen, dass wir uns in den Gottes-Aufbruch hineinglauben können. Zu verstehen, dass wir über das Verstandene hinausglauben und das einigermaßen Verstandene auf das hin relativieren dürfen, wofür das Verstandene nur Verheißung sein kann, ist eine Glaubens-Provokation, die das Selbstbewusstsein der Moderne ins Mark trifft. Der gallige Liedermacher Georg Kreisler hat diese Provokation bis ins kaum Erträgliche angeschärft:

> „Zu leugnen, dass es einen Gott gibt, ist vor allem unglaublich arrogant, denn es bedeutet, dass alles, was über unseren Horizont geht, nicht existiert. Wenn wir versuchen, einem Hund die Schönheit einer Landschaft zu erklären, so geht das über seinen Horizont, also warum soll nicht auch etwas über den Horizont eines Menschen gehen? Diese bodenlose Überheblichkeit, zu glauben, dass ein Gott, den man nicht sieht, hört oder versteht, auch nicht vorhanden ist, verblüfft und ärgert mich immer wieder [...] Wir glauben lieber, dass die Natur auf unserem und wahrscheinlich auch anderen Planeten rein zufällig funktioniert und sich laufend regeneriert. Darwin erklärt alles [...] Uneinsichtiger und überheblicher geht es wirklich nicht."[150]

Die Provokation geht noch tiefer: Das Sich-selbst-Verstehen führt in eine Selbst-Relativierung hinein, die es dem Menschen auch noch verbietet, sich durch eine Total-Erklärung der Naturprozesse zu relativieren, in der er nur noch als vollkommen durchschaubares Naturwesen vorkäme. Die würde ihn zuletzt doch wieder zur Krone und zum Herrn der Schöpfung machen, zu dem, der alles durchschaut. Auch das noch zu verstehen und zu überschreiten ist die Herausforderung, vor der menschliche Vernunft sich sehen kann, wenn sie sich selbst treu bleibt: die Herausforderung zu einer Demut der Vernunft, die gerade nicht aus ihrer Demütigung durch den Glauben hervorgeht, sondern aus einer Hochschätzung, die es verbietet, ihr nur das Durchschauen- und Beherrschen-Können zuzutrauen.

---

[150] Georg Kreisler, Letzte Lieder. Autobiographie, Zürich 2009, 81 f. (Ich verdanke den Hinweis dem Münsteraner Forum für Theologie und Kirche, Juli 2022).

7. Über den Tod hinaus glauben und hoffen?

7.1 Hoffnungs-Krise

Die Lehre von den „letzten Dingen" ist theologisch und im kirchlichen Glaubensbewusstsein an den Rand geraten. Wo das Christentum für die Gegenwart neu erfunden wird, gehört es eher nicht mehr zum Glaubensgut. Man konstatiert da mit Befriedigung, die kirchliche Lehre von den letzten Dingen sei „implodiert".[151] Stattdessen soll es um bewusste Diesseitigkeit gehen, um ein egalitär-solidarisches Leben vor dem Tod, jedenfalls nicht um das Jenseits. In Mystik-Adaptationen spricht man vom erfüllten Jetzt, in dem die Ewigkeit des Göttlichen berührt und die Frage nach einem „Danach" gegenstandslos werde. Schon zu Anfang des 20. Jahrhunderts konnte man den Eindruck gewinnen, das „eschatologische Büro" (in der Kirche) habe „meist geschlossen."[152] Aber irgendwie gehört die Hoffnung auf ein erfülltes „Jenseits" im gelebten Glauben vieler Christenmenschen doch dazu: Die letzten Dinge sollten die Menschen nicht im Tiefsten enttäuschen; mit ihnen würde ihre lebenslange Sehnsucht nach einem Leben in Fülle zum Ziel kommen. Einen Funken Hoffnung darauf tragen die meisten Menschen doch noch in sich, dass mit dem Tod nicht „alles aus" ist.

Aber wie steht es tatsächlich um die Hoffnung der Menschen?[153] Lässt sie sich noch herausfordern, mehr zu erhoffen als das Wohlergehen auf möglichst hohem Niveau, auf ein notdürftiges Glücken vielleicht, mit dem das katastrophal Wahrscheinliche noch einmal aufgeschoben wäre? Es gibt wenig Hoffnung für diese Welt. Die Menschen bereichern sich zu Tode und erschöpfen die Zukunft der Menschengattung jetzt schon. Die Sintflut nach uns halten sie achselzuckend für wahrscheinlich: Der Mensch wird ein Zwischenfall gewesen sein, der für das, was die Christen Schöpfung nennen, letztlich nichts bedeutet.

Wenn die Hoffnung so nachhaltig vom Fatalismus unterwandert wird, was kann es da bedeuten, von der Hoffnung des Glaubens auf eine Fülle des Lebens zu sprechen, für die Gott selbst einstehen wird –

---

[151] Vgl. Hubertus Halbfas, Kurskorrektur, 142.
[152] Ernst Troeltsch, Glaubenslehre, München – Leipzig 1925, 36.
[153] Ich greife im Folgenden teilweise auf Gedanken und Formulierungen zurück, die ich zuerst in meinem Beitrag: Christlicher Glaube an den Kommenden (in: Der Prediger und Katechet 154 [2015], 248–256) publiziert habe.

von einer Hoffnung also über all das hinaus, worauf Menschen sich mit Blick auf eigene Handlungsmöglichkeiten und Handlungsbereitschaften Hoffnungen machen könnten? Kann christliche Eschatologie unter diesem Vorzeichen mehr sein als ein Sich-Retten aus der allgemeinen Hoffnungs-Erschöpfung in eine privat-jenseitige Illusion, die einem hoffen lässt, als glaubendes Individuum aus dem allgemeinen Menschen-Verhängnis „im Himmel" gerettet zu werden? Dann wäre der Glaube die Aufkündigung der Menschheits-Solidarität, Desertion aus dem hoffnungslos gewordenen Kampf um eine menschenwürdige Zukunft auf diesem Planeten. Es käme christlich nicht mehr darauf an, worum jetzt zu kämpfen wäre, was jetzt erlitten, gerettet oder verloren wird. Das Ende der Menschheit mag kommen, wie es will. Wir Glaubende haben eine andere Aussicht und Heimat und müssten uns davon nicht groß beirren lassen.

Mit einer solchen Wegschau-Hoffnung wollen sich viele Christen nicht mehr erwischen lassen. So stimmen sie mitunter ein in die Christentums-kritische Parole: Es soll ein Leben vor dem Tod geben; ein wie auch immer vorgestelltes Leben nach dem Tod interessiert mich nicht! Die Hoffnung darauf brauche ich nicht! *Heinrich Heine* und *Sigmund Freud* haben die Stichworte geliefert: Den Himmel sollte man den Spatzen überlassen[154]; die Erde sollte man ernst nehmen als den Ort, an dem Menschheits-Hoffnungen fruchtbar werden. In einprägsamen Worten spricht Sigmund Freud von diesem entschiedenen Perspektivenwechsel hin zur Diesseits-Frömmigkeit:

> „Was soll ihm [dem Menschen] die Vorspiegelung eines Großgrundbesitzes auf dem Mond, von dessen Ertrag doch noch nie jemand etwas gesehen hat? Als ehrlicher Kleinbauer auf dieser Erde wird er seine Scholle zu bearbeiten wissen, so dass sie ihn nährt. Dadurch, dass er seine Erwartungen vom Jenseits abzieht und alle freigewordenen Kräfte auf das irdische Leben konzentriert, wird er wahrscheinlich erreichen können, dass das Leben für alle erträglich wird […]."[155]

Hoffnungsressourcen sollen nicht an den Himmel verschwendet werden. Wenn die Christen-Hoffnung menschlich wird, Menschen-

---

[154] Heinrich Heine, Deutschland. Ein Wintermärchen, Caput I; in: ders., Sämtliche Schriften, Bd. IV, hg. von K. Briegleb, München ²1978, 577 f.

[155] Sigmund Freud, Die Zukunft einer Illusion, Sigmund Freud Studienausgabe, hg. von A. Mitscherlich – A. Richards – J. Strachey, Bd. IX, Frankfurt a. M. 1974, 135–189, hier 183.

dimensionen annimmt, dürfte man ihr – vielleicht – eine Zukunft zutrauen: als Inspiration dafür, die emanzipatorische Menschheits-Berufung nicht verloren zu geben. Ansonsten hätte sie sich erschöpft, zumal man sich gar nicht mehr vorstellen kann, was „danach" – im Himmel – überhaupt auf uns warten könnte.

Es ist nicht besonders überzeugend, der christlichen Hoffnung vorzuhalten, sie opfere die vielleicht erreichbare gute Menschen-Zukunft für eine imaginäre Jenseits-Vertröstung. Die Verkündigung Jesu ist jedenfalls gründlich missverstanden, wenn man ihr unterstellt, sie lenke die Jesus-Jünger vom Diesseits ab, um ihnen Hoffnungen zu machen auf eine himmlisch-paradiesische Jenseits-Perspektive. Jesus predigte die jetzt – mitten unter uns – beginnende Gottesherrschaft. Jesus will die Augen öffnen dafür, wie Gottes guter Wille *jetzt* geschehen kann, wenn Menschen sich ihm öffnen und ihn „mithandeln": wie das Leben aufblüht, Sünder umkehren, Menschen sich miteinander und mit ihrem Leben versöhnen, Unglaubliches vollbringen, von der Suche nach einem Leben in Fülle beseelt werden, zukunftsfähig werden. Und er macht den Glaubenden Hoffnung darauf, dass das, was jetzt so verheißungsvoll anfängt, was auch immer geschehen mag, von Gott nicht verloren gegeben wird, weil es in die Herrschaft seines guten Willens hineinführt. Also nicht „Augen zu und durch", sondern: Augen auf, damit ihr seht, wie Gottes Zukunft anfängt, wie die Welt in Gottes gute Herrschaft verwandelt werden kann; damit ihr erfahrt, wofür Gott selbst sich engagieren und was er retten wird; Augen auf in der Nachfolge Jesu, damit ihr seht, wie Gottes Zukunft anfängt und was in sie hineinführt!

Man muss religiös ziemlich unmusikalisch sein, wenn man unterstellt, dass Glaubende ihr Interesse an dieser Welt verlieren, um sich einer Über- oder Hinterwelt (Friedrich Nietzsche) zuzuwenden und dazu überhaupt nur kommen, weil sie ihrem Leben jetzt nicht gewachsen sind.[156] Umgekehrt liegen die Dinge: Wenn Glaubende spüren und mitvollziehen, wie Gottes guter Wille jetzt geschehen soll und – gerade auch durch sie – geschehen kann, hegen sie die Hoffnung, Gott werde retten, was sein guter Wille in den Menschen und durch sie an Gottes-Wirklichkeit hervorbringt. Sein Geist steckt sie mit dem Gespür dafür an, was aus den Menschen und ihrer Welt

---

[156] Da entlädt sich Nietzsche-Zarathustras ganzer Entlarvungs-Zorn: „Leiden war's und Unvermögen – das schuf alle Hinterwelten ... Kranke und Absterbende waren es, die verachteten Leib und Erde und erfanden das Himmlische und die erlösenden Blutstropfen" (Also sprach Zarathustra I. Von den Hinterweltlern, KSA 4, 36–37).

werden kann, wenn sie sich Gottes Zukunft anvertrauen, jetzt, damit es Frucht bringt, die nicht verdirbt. Diese Zusammenhänge lassen sich eigentlich nicht missverstehen, wenn man auf den Gottesmenschen Jesus Christus schaut, mit Glaubensaugen, die in der Glaubensgemeinschaft Israels und seiner Bibel einigermaßen hellsichtig geworden sind. Gleichwohl ist die Kritik an der christlichen Hoffnung auf die letzten Dinge nicht böswillig aus der Luft gegriffen.

Das Zerrbild des weltabgewandten Himmel-„Propheten" Jesus Christus, an dem sich die Religionskritiker abarbeiten, begegnet uns in der Christentums-Geschichte vielfach, in christlicher Verkündigung, in gern gesungenen, weil vielleicht irgendwie tröstlichen Liedern. Und es ist ja auch nicht falsch, wenn Christen die menschliche Geschichte relativieren und sagen: Was da in ihr geschieht an Zwiespältigem, oft Niederträchtigem, ist nicht das Letzte. Die mit Gewalt und Zynismus in der Geschichte erzwungenen Machtverhältnisse, die hier errungenen und erlittenen Siege und Niederlage bleiben nicht das letzte Wort, weil Gott in seiner „Gerechtigkeit" zurechtbringen wird, was hier durch die alltägliche Ungerechtigkeit im Großen und im Kleinen den Sieg davonzutragen scheint.

Dass die Verwandlung der Welt in Gottes gute Herrschaft nicht gleichbedeutend ist mit einer sanften Evolution der Verhältnisse, auch nicht mit einer zunehmenden „Verkirchlichung" der Welt oder der Verlängerung der menschlichen Fortschritts-Geschichte, das brachten schon die *Apokalypsen* des Neuen Testaments zur Geltung: die Johannesapokalypse und die kleinen Apokalypsen der synoptischen Evangelien, in denen die Wiederkunft Christi als Gottes Gerichtstag erzählt werden. Wenn Gott den Menschen zur endgültigen Wirklichkeit wird, hat das umstürzende Bedeutung. Nichts bleibt, wie es war. Unrecht und Unrechtes werden sich nicht behaupten können, menschliche Selbstüberhebung wird in sich zusammenfallen, das Gottwidrige wird vergehen; Gott wird mit seiner Gerechtigkeit einbrechen und das bisher so stabile Gehäuse menschlicher Herrschaft und Selbstgerechtigkeit aufbrechen.

Die Wirkungsgeschichte der Apokalyptik ist von menschlich-allzumenschlichen Gewalt und Rachephantasien mitbestimmt, die den ersehnten Umsturz an der Vernichtung der „Feinde Gottes und der Gerechtigkeit" massiv ausmalen.[157] Manches daran wird uns heute abstoßen und mit dem Schalom, dem friedvollen Auskommen, das

---

[157] Sehr erhellend für diese Zusammenhänge ist: Jürgen Ebach, Apokalypse. Zum Ursprung einer Stimmung, in: Einwürfe 2 (1985), 5–61.

die Gottesherrschaft doch bringen soll, kaum vereinbar scheinen. Man wird also christlich-fundamentalistischen Vorstellungen eines im Namen Gottes zu führenden, endzeitlichen Krieges gegen die Mächte des Bösen äußerst kritisch begegnen und das spezifische literarische Genus wie den damit verbundenen sprachlichen Code der Apokalypsen im Blick haben müssen.

Und dennoch: der Umsturz aller Lebensverhältnisse, den das Kommen Gottes mit sich bringt, gehört zur Gestalt der christlichen Hoffnung auf die letzten Dinge. Die schlimmen Dinge werden Gott sei Dank nicht ewig weitergehen und ihre Geltung behalten. Aber auch: Mein eigenes Leben wird nicht ewig so weitergehen, gerade mal unterbrochen von der Versetzung in die himmlische Abteilung der Gemeinschaft der Glaubenden. Auch mir steht ein Umsturz meines Daseins in all seinen Dimensionen bevor. Meine Welt wird zerbrechen und – so darf ich hoffen – in Gott hinein neu „gebaut" werden. Die Neigung, sich das neue Leben in Gott in Analogie zu den Höhepunkten des jetzigen Lebens auszumalen, verdeckt den Einbruch Gottes in mein Leben, den Abbruch, der mir unausweichlich bevorsteht; er verstellt das abgründig Neue, in das ich hineinsterben werde. Karl Rahner hat das so ins Wort gebracht:

> „Wenn die Engel des Todes all den nichtigen Müll, den wir unsere Geschichte nennen, aus den Räumen unseres Geistes herausgeschafft haben (obwohl natürlich die wahre Essenz der getanen Freiheit bleiben wird), wenn alle Sterne unsere(r) Ideale, mit denen wir aus eigener Anmaßung den Himmel unserer Existenz drapiert hatten, verglüht und erloschen sind, wenn der Tod eine ungeheuerlich schweigende Leere errichtet hat […] und wenn sich dann in einem ungeheuren Schrecken eines unsagbaren Jubels zeigt, dass diese ungeheure schweigende Leere, die wir als Tod empfinden, in Wahrheit erfüllt ist von dem Urgeheimnis, das wir Gott nennen, von seinem reinen Licht und seiner alles nehmenden und alles schenkenden Liebe, und wenn uns dann auch noch aus diesem weiselosen Geheimnis doch das Antlitz Jesu, des Gebenedeiten erscheint und uns anblickt, und diese Konkretheit die *göttliche Überbietung* all unserer wahren Annahme der Unbegreiflichkeit des weiselosen Gottes ist, dann, dann so ungefähr möchte ich nicht eigentlich beschreiben, was kommt, aber doch stammelnd andeuten, wie einer vorläufig das Kommende er-

warten kann, indem er den Untergang des Todes selber schon als Aufgang dessen erfährt, was kommt."[158]

In Gott geschieht nicht die Fortsetzung meines Lebens auf „höherem Niveau"; Gott fängt *sich* neu und „ewig" mit mir an. Und bei ihm ist es nicht unmöglich, dass ich als ich selbst gerettet bin, da er mir *seinen* Anfang schenkt. Wenn er etwas mit uns anfängt, wird sein Anfangen schlechthin schöpferisch sein: Er kann etwas mit uns anfangen: unendlich mehr, unendlich Größeres, als wir es für uns, die Nächsten und unsere Welt erhoffen könnten.

7.2 Gericht?

Der Apokalyptik verdankt die Glaubensüberlieferung die Vorstellung des Jüngsten Gerichts. Sie gehört zu den glaubensgeschichtlich zwiespältigen „Hoffnungs"-Inhalten. Ja man wird sich im Blick auf viele Motive und Frömmigkeitsformen der Glaubensgeschichte fragen, ob hier die befreiende Hoffnung des christlichen Glaubens noch im Spiel war oder eher die Drohbotschaft einer Verkündigung zum Vorschein kam, welche die Menschen in ihre tiefsten Ängste stieß, um sie zur „Bekehrung" zu bewegen. Wenn man das Christentum heute neu erfinden wollte: Auf diese Gerichtsbotschaft würde man sicher verzichten.

Im burgundischen Beaune ist das Hôtel-Dieu zu besichtigen, ein Krankenhaus für die Armen, gegründet zur Mitte des 15. Jahrhunderts. Im riesigen Bettensaal war früher an der Stirnseite das gewaltige Polyptychon des Jüngsten Gerichts von *Rogier van der Weyden* angebracht. Den Sterbenden sollten die Verheißungen des Himmels, vor allem aber die Schrecken der Hölle vor Augen geführt werden, damit auch die Verstocktesten sich am Ende von ihren Sünden lossagten. Ob man den Menschen damit das Evangelium nicht vorenthielt, das sie auf ihrem letzten Weg hätte trösten und vertrauensvoll vor Gott hinführen können?

Ich will nicht über diese „Heilspädagogik" einer anderen Zeit urteilen. Aber man kann sich aus heutiger Perspektive vorstellen, dass die Abwendung von solchen Bildern in späteren Jahrhunderten

---

[158] Karl Rahner, Erfahrungen eines katholischen Theologen, in: K. Lehmann (Hg.), Vor dem Geheimnis Gottes den Menschen verstehen. Karl Rahner zum 80. Geburtstag, Freiburg i. Br. 1984, 105–119, hier 118 f.

vielfach zur Abwendung vom christlichen Glauben selbst geführt hat. Wenn die christliche Hoffnung so abgründig in die Heilsangst eingelassen war, sollte man sie dann nicht hinter sich lassen und sich so gegen die Angst behaupten, im Jenseits vielleicht, ja wahrscheinlich mit ewiger Folter bestraft zu werden?

Vielleicht – so viel Verständnis für unsere Glaubensüberlieferung sollte man schon aufbringen – ist es ja auch so: Wenn die tiefsten Ängste der Menschen, ihr Leben sei nicht nur vergeblich, sondern zu einem schrecklichen Scheitern hin unterwegs, nicht im Glauben ausgetragen werden, können sie nicht heilsam zum Schweigen kommen. Der christliche Glaube hat diese Scheiterns-Angst imaginiert und dramatisiert, mitunter über die Grenze des Erträglichen hinaus. Aber nur wenn sie virulent wird und nicht „unter der Decke" eines oberflächlichen Lebens-Optimismus gehalten werden muss, könnte sie geheilt werden. Die Angst, ganz und gar vergeblich da zu sein, die Möglichkeiten zum Guten und Schönen im eigenen Leben zu verfehlen, in einen Prozess des Scheiterns und der Qual hineingezogen zu werden, bis einem diese Qual schließlich besiegt und alles hoffnungsvolle Anfangen im Leben als vergeblich erweist, sie soll nicht weggeschwiegen werden. Nur dann kann sie in einem Glauben überwunden werden, der gar nicht anders kann, als Gottes eindeutig guten, schöpferischen Willen als die im menschlichen Leben alles entscheidende, gut machende Wirklichkeit zu glauben. Weil Gott „gar nicht anders kann", als den Menschen gut zu wollen, deshalb und nur deshalb kann der Glaube an ihn der Angst gewachsen sein, sich rettungslos in einem Leben und Sterben zu verlieren, das von einem bösen Willen gewollt und über die Menschen verhängt oder einfach nur so passieren würde.

7.3 Angst und Vertrauen

Vielleicht kann man es so sagen: Im Glaubensleben muss alles auf den Tisch kommen, die kühnsten Hoffnungen, zu denen sich die Glaubenden weit über die nur idyllischen Paradieses-Hoffnungen hinaus „hindurchhoffen" müssen, die Hoffnung auf einen ganz unzweideutig guten Willen, in dem nichts mehr ist, vor dem man sich fürchten müsste, weil es nicht auch *gut für mich* ist. Und die abgründigsten, auch am meisten versteckten Ängste, die ich mir nicht eingestehen mag, weil sie so selbstsüchtig scheinen, so weit unter meinem Niveau. Das Vertrauen gewinnt nur seine Weite und seine

Tiefe, wenn die Ängste nicht verschwiegen werden, sondern vom Vertrauen überwunden werden dürfen. In die Angst davor, dass mein Leben eine vergebliche Leidenschaft ist, ein großes Umsonst, ein bloß biologischer Vorgang des Aufblühens und Verwelkens, ein vergebliches sich Anstrengen und sich Verlieren, senkt der Glaube das Vertrauen ein, mein Leben sei hineingelebt und hineingeliebt in die Wirklichkeit eines göttlichen Willkommens, in der ich nicht verloren gehe, sondern zu dem werde, wonach ich zuinnerst verlange.

Ich muss nicht wissen, *wie* das geschieht. Im Glauben darf ich wissen, *wer* es ist, der mir dieses Willkommen bereitet und dieses Willkommen selbst sein wird. So realisiert sich der Glaube an die letzten Dinge in einer Glaubenspraxis des Sich-Anvertrauens. Sie vertraut sich Gott, dem ganz Anderen und doch Menschen-Freundlichen, Menschen-Vollendenden an. Diese Glaubens- und Hoffnungsgeste des Sich-Anvertrauens weiß nicht, wie ihr geschehen wird, wonach sie sich ausstreckt. Sie weiß „nur" – im Vertrauenswissen des Glaubens –, *wem* sie sich anvertraut. Das könnte ihr genügen. Der, nach dem diese Geste sich ausstreckt, lebt das reine Wohlwollen. Er kann nur das Beste wollen, und so auch denen, die sich ihm anvertrauen, nur das Beste bereiten. Glaubende, nach dem Glauben Suchende, werden im Blick auf Gott-erfahrene Zeugen und den treuen Zeugen Jesus Christus (Offb 1,5) durch den guten Geist, der von ihm ausgeht, erahnen und in Bildern imaginieren können, was dieses Beste für sie sein wird; sie werden es soweit erahnen, dass sie an Gottes Wohlwollen teilnehmen und es den Mitmenschen bezeugen können. Aber sie werden es vertrauensvoll Gott überlassen, wie es mit ihnen selbst eschatologisch gut werden wird. Sie werden sich davon überraschen lassen dürfen, überraschen lassen müssen, es nicht im Vorhinein *wissen* können.

Christliche Eschatologie reflektiert und imaginiert die Glaubens- und Hoffnungsgeste des Sich-Anvertrauens vor dem Hintergrund des Gottvertrauens Jesu Christi als Geste der Selbst-Übergabe im Leben und Sterben. Mit ihm hoffen Christenmenschen sagen zu können: In deine Hände empfehle ich meinen Geist, mein gelebtes, geliebtes, gewagtes, scheiterndes, auf Rechtfertigung hoffendes Leben (vgl. Lk 23,46 nach Ps 31,6). Was dem Vater in der Geste des Anvertrauens übergeben wird, nimmt dieser so auf, wie es nicht besser aufgenommen werden kann. Mehr müsste der Glaube an die letzten Dinge nicht wissen. Und er müsste nicht mehr bedenken als den Menschen, der sich danach ausstreckt, so vom Vater aufgenommen zu werden, und Gott, den Vater, der durch seinen Geist die

Sehnsucht der Menschen auf sich zieht und den Menschen im Sohn das Versprechen gegeben hat, nichts werde sie von seiner aufnahmebereiten Liebe trennen (vgl. Röm 8,37–39). Der Glaubens-Vorstellungskraft dürfte er es dann überlassen, ihn mit Bildern der Liebe womöglich über die Dürftigkeit der begrifflichen Klärungen und Distinktionen hinauszuführen.

Das Zutrauen im Sich-Anvertrauen lässt den unendlichen Raum der Verwandlung, die das Menschendasein in der Selbstübergabe an Gott und in Gott hinein er-leben wird, auf den Gott hin offen, der von menschlicher Hoffnung gerade erst erahnt wird, wenn sie sich – von den biblischen Zeugnissen inspiriert – bis an die Grenzen ihrer Vorstellungskraft wagt. Der lebendig-schöpferische Gott wird in sein Leben aufnehmen, was im Menschenleben so hoffnungsvoll begonnen und dann im Tod Leben und Hoffnung verloren hat. Die Fragen, *wie* das sein wird, *was* im „Jenseits" konkret geschehen wird, können überholt werden von der Glaubens-Einsicht: „Gott ist unser Jenseits. Das zu glauben genügt, und alles weitere (auch Verwandlung, Auferstehung usw.) bleibt ihm überlassen."[159] Von ihm liebend aufgenommen zu werden und so der „richtend"-verwandelnden, verheißungsvollen Wahrheit des eigenen Lebens nahe zu kommen: daneben gibt es, so Kurt Marti, im Blick auf meine eigene Auferweckung nichts von Bedeutung.

7.4 Die Hoffnung auf den Kommenden bezeugen und aus ihr leben

Diese Hoffnung zu leben und für sich selbst zu hegen würde bedeuten, das, was mein Glaube für mich erhofft, als das schlechthin Gute zu bezeugen, das nicht nur mir, sondern allen Menschen zugutekommen soll. Es würde heißen, so gut es eben gehen will, jetzt schon teilzunehmen an diesem göttlich-guten Willen, von dem ich glauben darf, dass er die zuletzt „alles bestimmende Wirklichkeit" (Rudolf Bultmann) sein wird: die alles durch den göttlich-guten Willen zum Guten verwandelnde Wirklichkeit. Gottes Heiliger Geist gibt den Menschen die Möglichkeit, am göttlich-guten Willen teil-

---

[159] Kurt Marti, Heilige Vergänglichkeit. Spätsätze, Stuttgart ²2011, 37. Kurt Martis Formulierung wird wohl auf Karl Barth zurückgehen. In seiner Kirchlichen Dogmatik (III,2, Zollikon ²1959, 770) schrieb er: „Der Mensch als solcher hat also kein Jenseits, und er bedarf auch keines solchen; denn Gott ist sein Jenseits." Auch Eberhard Jüngel hat diese Formulierung aufgegriffen, vgl. von ihm: Tod. Themen der Theologie 8, Stuttgart – Berlin 1971, 152–154.

zunehmen, der überall schon zu geschehen beginnt, wo Menschen sich ihm öffnen und sich von ihm „anstecken" lassen.

Das ist ja die Pointe der Predigt Jesu von der zum Greifen nahe gekommenen Gottesherrschaft: Gottes guter Wille geschieht nicht erst am Ende aller Tage. Die letzten Dinge sind nicht im zeitlichen Sinne das Ende aller Dinge. Sie fangen jetzt an, mitten unter uns – und auch durch uns. Sie werden nicht aufhören anzufangen, bis sich erfüllt, was Gott seiner Schöpfung zugedacht hat. Die Menschen können dem Anfangen der Gottesherrschaft dienen, wenn sie sich glaubend hineinfühlen in das Kommen Gottes und seiner Herrschaft, mit der in der Schöpfung und an ihr wahr wird – endgültig sichtbar wird –, wohin sie unterwegs sein darf. Gottes Geist gibt den Menschen das Gespür einer Güte, die hegt und pflegt, was vom Schöpfer als Potential in die Menschen hineingelegt ist, damit sie am Gutwerden der Schöpfung und der Menschen in ihr mitwirken. Die Ruach JHWHs lässt mit Gott mitfühlen; sie inspiriert dazu, Gottes guten Willen mitzuwollen, weil das „Herz" davon bewegt und dafür geöffnet wird (vgl. Jer 31,33), dass er – wie im Himmel – so auch auf Erden geschieht.

Der Vorwurf vieler Christentums-Kritiker, Glaubende seien jenseitsfixiert und an dem desinteressiert, was auf der Erde geschieht, erscheint deshalb eher merkwürdig, wenn auch nicht unmotiviert. Wenn es den Glauben ausmacht, sich in den Spuren Jesu Christi dem guten Willen Gottes zu öffnen und ihn „mitzuwollen", so gesinnt zu sein wie Jesus Christus, die Inkarnation des göttlich-guten Willens (vgl. Phil 2,5), dann werden Glaubende sich dem Geschehen des guten Willens Gottes zur Verfügung stellen, damit er *jetzt* die Welt hier und da, auch durch ihren demütigen Dienst an seinen Geschöpfen in Gottes Herrschaft verwandle. Daran desinteressiert zu sein, wie es mit der Welt so gut werden kann, wie der Schöpfer es ihr zugedacht hat, verriete ein merkwürdiges Verständnis von Glauben und Gottesbeziehung, weitab von dem, wofür Jesus die Menschen gewinnen und wozu er sie ermutigen wollte.

So sind die letzten Dinge kein Sonderbereich der Glaubenslehre, wo von dem gehandelt wird, was ganz zum Schluss kommt. Wenn von ihnen in Verkündigung und theologischer Lehre die Rede ist, ist von dem die Rede, was jetzt auf uns zukommen und uns in Anspruch nehmen will, was nicht vertagt und in Gottes Allein- oder Letztzuständigkeit abgeschoben werden darf. Wenn Christen einen Gott glauben, dem es zuinnerst darum geht, dass es mit den Menschen in der endzeitlichen Gottes-Gemeinschaft unüberbietbar gut wird, so haben sie auch erfahren, dass Menschen die Hoffnung auf diesen Gott nur hegen können, wenn sie sie jetzt leben und ihr dienen, wenn sie ihrem Wahrwerden den Weg bereiten, damit die Menschen auf „mehr" hoffen können als auf die Sicherung ihres Lebensstandards.

Für diesen Glaubens-Sinnzusammenhang steht neutestamentlich das Symbol der Gottesherrschaft. Dass er in der Glaubensverkündigung oft einseitig erschlossen wurde, mag die Kritik an einem Christentum nötig gemacht haben, in dem die christliche Hoffnung auf den Kommenden zur Jenseitsvertröstung verzerrt wurde. Man kann es als Christ(in) besser wissen. Dann wird man sich angesichts der bedrängenden Lebens- und Überlebensprobleme der Menschheit auch nicht dafür schämen, von den „letzten Dingen" zu sprechen.

7.5 Selbstrelativierung

Wenn der Glaube an die Auferstehung der Gestorbenen seinen biblischen Kontext nicht verloren hat, erweist er sich als die zentrale Vertrauens-Herausforderung des Glaubens, an der herauskommt, woraufhin glaubende Menschen sich verlassen dürfen: dass das Leben jetzt durchgreifend relativiert wird und auch sie selbst einer heilsamen Relativierung entgegenleben. Die Verabsolutierung des unumstößlich Scheinenden wird aufgebrochen, nicht in letzter Instanz gültig bleiben. Es wird eine „letzte Instanz" geben, eine *Revision*, eine grundstürzende Revision der unendlich vielen Unrechtsurteile der Weltgeschichte, eine Revision der ganzen Macht- und Weltgeschichte in ihrem von Grund auf ungerechten Verlauf. Es wird ein Ostern geben für die Justiz- und Schicksalsopfer, für all jene, die von selbstherrlichen Machthabern in Teheran, Moskau, Peking, in Weißrussland, Kiew und anderswo oder von einem rücksichtslosen Geschichtsverlauf um ein menschenwürdiges Leben gebracht wurden. Das ist die Ur-Sehnsucht der Christen: Sie hoffen – Christi Auferweckung zu Ostern vor Augen – gegen die Herrschaft der Herren dieser Welt an; gegen die Herrschaft des Todes, den diese Mächte zufügen können und mit dem sie drohen. Die Herren dieser Welt rechnen nicht mit der letzten Instanz und der dort fälligen Revision; sie richten nicht ihren Hoffnungsblick auf die heilsame Relativierung des von ihnen in dieser Welt ohne Rücksicht auf Verluste Durchgesetzten. Sie rechnen nicht damit, dass mit dem Tod *nicht* alles aus ist. Sie beanspruchen die Absolutheit für das von ihnen unheilvoll

Verwirklichte, die End-gültigkeit für ihr Urteil. Was soll danach denn noch kommen! *Kurt Marti* hält dem seine Osterhoffnung entgegen:

> „das könnte manchen Herren so passen
> wenn mit dem Tod alles beglichen
> die herrschaft der herren
> die knechtschaft der knechte bestätigt wäre für immer
> …
> aber es kommt eine auferstehung
> die anders ganz anders sein wird als wir dachten
> es kommt eine auferstehung die ist
> der aufstand gottes gegen die herren
> und gegen den herrn aller herren: den tod"[160].

Das wird nicht ewig weitergehen: die Herrschaft der Zyniker, die sich aufführen als gehöre ihnen die Welt; das Leid der Opfer, das zum Himmel schreit; die himmelschreiende Ungerechtigkeit, die den Rücksichtslosen Recht gibt – und es den Opfern nimmt. Der große Umsturz, er wird kommen, der Aufstand, der das alles hinwegfegt, der unendlich-schöpferisch über es hinausführt.

Der Aufstand kommt; aber so ganz anders. Auferstehung zum Leben, Gottes Aufstand und Aufbruch: nicht die große Abrechnung, die Rachegelüste sich insgeheim erhoffen und sich auch in der Bibel hie und da Luft machen. Es kommt der Neuanfang eines Lebens, das nicht mehr ums Leben gebracht werden kann. Eines Lebens, in dem alle ihre Vollendung finden können: die „Wohnung" (vgl. Joh 14,2–3), in der sie wirklich am guten Ort sind, da, wo sie zuinnerst hinmöchten; eine Wohnung, die nicht wieder abgebrochen und zur Ruine wird. Gottes Aufbruch: auch mein Aufgebrochenwerden, eine Überschreitung, in der ich alles hinter mir lassen, alles relativieren lassen muss, damit es die Bedeutung gewinnt, die Er ihm zugedacht hat; die Überschreitung, in der ich „zuhause" ankomme, da ankomme, wo ich noch nie war und doch erwartet werde.

7.6 Traumbilder?

Traumbilder nur? Bilder für das ganz Andere zur Herren- und Verabsolutierungs-Logik unserer Welt – für das *Ganz anders* Gottes. Bil-

---
[160] Kurt Marti, Leichenreden, 25.

der, mit denen die Vorstellungskraft zum Vertrauen-Können auf den hinführt, der alles und alle in seiner liebevoll zugewandten Absolutheit relativiert. Diese Bilder wollen nicht aus dieser Welt wegverführen. Was sie erträumen, fängt jetzt an und es hört nicht auf anzufangen. Schon jetzt wird den Herren dieser Welt die Würde der letzten Instanz streitig gemacht; wird ihnen ins Gesicht gesagt, dass sie die Revision – die dramatische Relativierung ihres Absolutheitsgehabes – zu fürchten haben: die Entlarvung ihres Zynismus, ihrer selbstherrlichen Rücksichtslosigkeit. Schon jetzt glauben Christenmenschen ihnen ihre Herrschafts-Ansprüche und Wohlfühlversprechen nicht mehr. Sie wissen, wie hohl das alles sind, wie eigensüchtig, wie illusionär. Schon jetzt entwickeln sie den Geschmack dafür, wie es sein müsste und sein kann, wenn das Leben Kraft gewinnt gegen den Tod und seine Komplicen.

Schon jetzt! Wie es dann wird, wenn das neue, „unbändige" Leben über unsere Leichname kommt, wenn die Auferstehung über uns kommt? Ganz anders wird es sein, ganz neu, so dass man sich keinen Begriff davon machen kann. Aber leuchtet das Licht des Ostermorgens nicht schon in unserer leibhaften Menschen-Sehnsucht auf: dass die Verheißungen, mit denen die Menschen unterwegs sind, nicht immer nur grausam durchgestrichen werden, dass Er „die Tränen abwischt von jedem Gesicht" (Jes 25,8)? Dann ist genug geweint, gehofft, vermisst: der neue Ostermorgen, so wie Jesu Ostern – und doch ganz neu: wenn uns Gottes Aufstand gegen Tod und Todesmächte endlich erreicht hat und von Grund auf verwandelt.

7.7 Das Versprechen des Leibes

Wie es sein wird, wenn Gottes Über-Macht über den Tod sich an mir als mächtig erweist, mich aufstehen heißt? Begriffe und theologische Lehren fassen es nicht. In die Spur der Sehnsucht zeichnet es sich ein: dass er mich herauskommen heißt aus meinem Vergangen-, Vergeblich- und Vorübersein, aus der Erschöpfung meiner leibhaften Lebenskräfte, aus meiner Zukunftslosigkeit. Hoffnungs- und Sehnsuchtsbilder mögen das Vertrauen auf den Gott stärken und die Zuwendung zu ihm anleiten, zu ihm, der sich mir zuwendet und zum Aufstehen ruft: Gottes Aufstand gegen den Tod; Gottes Treue zu dem, was er als Schöpfer angefangen hat, mit mir angefangen hat; noch emotionaler, geradezu erotisch: Gott, der Liebhaber des Lebens, meines Lebens (vgl. Weish 11,24–26), so die späte alttestamentliche

Weisheit. Das ist die „Fleisch gewordene" Menschenhoffnung: dass nicht alles auf die Erschöpfung, den Zerfall und die Bedeutungslosigkeit zuläuft; dass ich in die Zuneigung hineinsterben, mich ins Wohlwollen hinein aufgeben, hingeben darf. Das ist das in meinem leibhaften Dasein „eingefleischte" Versprechen, das nur in Gott seine Erfüllung finden kann – oder aber gebrochen wird und die Menschensehnsucht dann vom Ende her als illusionär demaskieren wird. Der Osterglaube glaubt das Versprechen des Leibes; er lässt es sich nicht ausreden. Er traut ihm und dem, der es erfüllen wird, und findet darin sein Genügen, seinen Schalom, sein „Ausruhen". Petrus nimmt dieses Bild in seine Predigt über den Auferstandenen hinein: „Mein Herz freut sich und meine Zunge jubelt, und auch mein Fleisch wird in der Hoffnung ruhen; denn du gibst mich nicht der Totenwelt preis" (Apg 2,26).

„Mein Fleisch": mein ganzes, lebendiges Dasein in dieser Welt. Es soll Ruhe finden in der Hoffnung, dass Gott meine Zukunft ist und mein Leben, um das nicht einmal der Tod mich bringen kann. Kaum zu glauben, dass mein Fleisch in dieser Hoffnung Ruhe findet: meine kreatürliche Sehnsucht, das Hin- und Hergerissensein zwischen Hoffnung und Enttäuschung, der Hang zur Resignation, wenn ein Hoffnungsschimmer seinen Glanz verliert, das Umgetriebensein in der Unsicherheit, was kommen wird – mein Unversöhntsein mit einem Leben, das mir viel gegeben hat und so viel nimmt, mein Auf-dem-Sprung-Sein, weil ich nicht zu kurz kommen will. All das: „mein Fleisch". Es soll zur Ruhe kommen in der Osterhoffnung glaubender Menschen? Und das sollte nicht die Friedhofsruhe der Resignation sein, der Erschöpfung unseres Weiter-hoffen-Könnens? Es sollte nicht die resignative Versöhnung mit dem Unvermeidlichen sein, nicht das leidenschaftslose Einverstandensein mit dem, was nicht zu ändern ist, sondern das Eingehen-Dürfen in den Schalom, der nichts mehr zu wünschen und zu ersehnen offenlässt?

Mein „Fleisch" zeugt gegen diese eingefleischte Sehnsucht. Es spricht ja, je älter und „verbrauchter" es wird, die Sprache der Erschöpfung, des Vergehens. Die Einzigartigkeit des kleinen Kindes, die jede und jeden anzieht und zugeneigt macht, verliert sich. Sie weicht dem Verglichen- und Beurteiltwerden, dem Abgeschätzt-werden, der Abschätzigkeit. Es ist die Sprache der *Relativierung* nach Menschenmaß: Wozu wird er, wird sie noch gut sein? Was ist von ihnen noch zu erwarten? Wenn es damit sein Bewenden hat, ist der Tod die Relativierung schlechthin. Mit ihm wäre man – wie jedes Lebewesen – „biologisch" relativiert: Man ist dazu da, aufzublühen, um die Partnerin/den Partner zu finden, mit der man neues Leben hervorbringt; man ist dafür da, die Frucht heranwachsen zu lassen. Danach hat man den Lebenskreis vollendet, geleistet, wozu man da war. Und so hat man nichts als den Tod zu erwarten, der meine Lebewesen-Zeit zu Ende bringt, ihre Unwiederbringlichkeit offenkundig macht.[161] Darf man sich dagegen an die Sehnsucht klammern, die mit dem Aufblühen verbunden war? Darf man dem Versprechen glauben, das unser leibhaftes Dasein uns machte, da es uns liebenswert sein ließ?

Das ist die Sehnsucht des Leibes: dass ich mit unendlichem Wohlwollen angeschaut werde, sich eine (einer) darüber freut, mich zu sehen, ich für ihn, für sie eine Augenweide bin. Er (sie) lässt den Blick auf mir ruhen, ich gefalle ihm (ihr). Ich spüre eine Zustimmung zu mir, die alle mehr oder weniger berechtigten Einwände gegen meine innere und äußere Gestalt unendlich überholt, alle Ablehnung widerruft. Darf ich diese Hoffnung tatsächlich über den „biologischen Sinn" meiner Leibhaftigkeit hinaus hegen?

Eine Hoffnung wider alle Hoffnung; wer wüsste es nicht! Sie schöpft Kraft, wo der Blick von Menschen mit wahrnehmbarer Freude und Wertschätzung auf mir ruht. Ruiniert wird sie, wo mich abschätzige, gar verächtliche Blicke treffen: Mir kannst du nichts vormachen, du bedeutungslose Null; mir bist du nicht gewachsen! Sollte man die die Hoffnung gegen alle Hoffnung – die Hoffnung auf das Wohlwollen und seine schöpferische Kraft – an Gott festmachen dürfen?

Wenn das wahr wäre: Gott sieht mich gern! Mich, den vielfach Gescheiterten, das Fragment[162], die Ruine, meine Schönheit, was ich einbringen konnte – und wie ich mich verfehlte. Das wäre die österliche Hoffnungsperspektive, die unsere kreatürliche Unruhe, nicht gewürdigt zu werden und in der Erschöpfung zu enden, unendlich überholt; die uns mit unserem Menschen-Dasein versöhnen würde, uns mit denen versöhnen könnte, die wir übersehen haben, die uns übersehen haben. Das ist natürlich eine Bildrede, eine Gegen-Bild-Rede gegen das Motiv vom kritisch-missmutigen Blick, mit dem wir bei Gott – nach dem altehrwürdigen Katechismuswissen – zu rechnen hätten und der einem auf den Gesichtern der missmutig Beurteilen-

---

[161] Vgl. Alain, Das Glück ist hochherzig. Sechzig Propos, Übersetzung und Nachwort von F. J. Krebs, dt. Frankfurt a. M. 1987, 50.
[162] Vgl. Henning Luther, Leben als Fragment. Der Mythos von der Ganzheit, in: Wege zum Menschen 43 (1991), 262–273.

den, Verurteilenden, alltäglich begegnet. Das Gegenbild dazu ist das Bild, das Jesus von Nazaret abgibt: Er sieht die Menschen auch da noch gern, wo er ihnen mit Kritik, mitunter wütend entgegentritt. Er bezeugt, er handelt einen *gewinnenden* Gott, der die Menschen gern sieht und jeden gewinnen will. Kann man es anders sehen, Jesus anders ansehen? Vorösterlich wie nachösterlich?

Und bekümmert weitergefragt: Dürfte man das auch von der Kirche sagen, dass sie die Menschen gern sieht, weil sie – so gut sie kann – für die österliche Hoffnung einsteht, die Menschen seien im Letzten und im Entscheidenden gern gesehen? Läge der Dienst der Versöhnung, den sie zu leisten hätte, nicht darin, dass sie das Zeugnis ablegt: Du bist gern gesehen, wertgeschätzt, ganz gleich, wie stark du dich in der Gemeinde engagierst, ob du noch dazugehörst oder schon ausgetreten bist; ganz gleich, ob du dich selber als Lebenskönner ansiehst oder so angesehen wirst – oder als Versager! Und ist das nicht überhaupt der lebendige Kern von Versöhnung zwischen Menschen: Trotz allem, was war und immer noch zwischen uns stehen mag – ich seh dich gern!?

Der kirchliche Dienst an der Versöhnung ist ursprünglich der Dienst an der Versöhnung mit dem Menschen-Dasein, der Dienst am Sich-selbst- und Das-Leben-bejahen-Können, am Hoffen-Können der Menschen auf das Versprechen, das sie sind. Nicht dass die Kirchenleute die Hoffnung *hätten* und sie einfach weitergeben könnten; dass sie gäben, was sie selbst haben. Sie geben, was sie nicht haben, und können sich nur bereit halten dafür, dass Er durch sie gibt. Wir können Menschen und uns selbst nur ermutigen, dass wir und sie sich bereit halten für die Hoffnung aus Versöhnung und auf Versöhnung hin. Dienst an der Hoffnung: Alles dafür tun, dass sich die Menschen ihre Hoffnung nicht klein reden lassen, dass sie österlich groß bleibt, groß wie das Leben und die Liebe, stärker als der Tod; dass sie die Pessach-Hoffnung bleibt, alles Hinausgehen- und Hindurchgehen-Müssen werde ankommen bei dem, bei dem es schlechthin gut ist anzukommen. Das wäre der Dienst an der Versöhnung, der den Menschen wirklich guttut: Alles dafür zu tun, dass sie nicht kleinmütige Hoffnungen an die Stelle der großen setzen, dass sie zur Aussöhnung mit ihrem Leben finden, da sie zu Gott finden, der sie gern sieht.

Die zu kleinen Hoffnungen bringen Menschen gegeneinander und gegen ihr eigenes kleines Leben auf. Man muss sie sich selbst erfüllen; die anderen stehen im Weg, sind die geborenen Sündenböcke dafür, dass sich unsere Hoffnungen nicht erfüllen. Oder bin ich gar selber der Verderber meines Lebens? Menschen ohne große Hoffnung haben in ihrer Hoffnung keinen Platz für andere, nicht einmal Platz für ihr eigenes Versagen. Sie hegen die Hoffnung für sich und vielleicht noch für die „Bundesgenossen", und müssen doch so viel resigniert verloren geben. Große Hoffnungen haben Raum für die anderen, hoffen für die anderen wie für mich selbst, sind freigiebig, hoffen auf den Gott, der *uns* gern sieht und nicht verloren gibt. Versöhnung geschieht im österlichen Hoffen miteinander und füreinander: dass unser Leib nicht ins Leere hofft, wenn er darauf hofft, „Ruhe" zu finden in einer heilvollen, weil Beziehungs-gesättigten Relativierung, in diesem unendlich wohlwollenden Blick, der endlich sieht, wie liebenswert ich bin, du bist. Wo Menschen miteinander und füreinander darauf hoffen lernen, gehen sie den Weg der Versöhnung, üben sie Gottes Blick ein: Er sieht uns gern.

Diese Hoffnung ist so groß: Hoffnung auf ein Leben, das man sich nicht streitig macht, auf eine Auferstehung ins Leben, in dem für alle Platz ist, für mich, meine Scheiterns-Existenz Platz ist; auf eine Welt, die Freude macht, weil Raum ist für alle Hoffnungen; auf einen Gott, der uns alle gern sieht und seiner Liebe zu mir, zu dir Raum und Zeit geben wird, Ewigkeits-Raum. Kleiner darf die Hoffnung nicht werden, für die wir uns bereithalten. Österlich groß, Pessach-groß, soll sie sein: dass sie uns für sich gewinnt und uns beseelt, bekehrt, versöhnt, zu österlichen Menschen macht.

7.8 Ein Trost von gestern?

Ob diese große Glaubens-Zuversicht noch Glaubens-erschwinglich ist? Ob es sie menschlich noch braucht? Ob man im Leben nicht auch mit einer Nummer kleiner zurechtkommt? Die Versprechen, die das Leben zwischen Geburt und Tod erfüllt – oft auch bricht –, sind nicht gering zu schätzen. Und wenn sie, Gott sei's geklagt und menschlich nicht wehrlos hingenommen, gebrochen werden, wäre es dann nicht ein billiger Trost, sich auf eine jenseitige Kompensation Hoffnungen machen zu dürfen? Die Nachfrage nach diesem Trost geht zurück. Der Himmel verliert dramatisch an Kurswert. Das liegt nicht nur daran, dass das „Bodenpersonal" ein höchst mittelmäßiges Bild dabei abgibt, diese Hoffnung lebendig zu erhalten und die Freude an ihrer Schönheit zu wecken.

Die Verkündigung wird hilflos, wenn sie dafür zu argumentieren anfängt, dass es ohne die Auferstehungs-Hoffnung menschlich nicht geht. Sie verrennt sich leicht in die kaum verhohlene, vorwurfsvolle Unterstellung, Menschen, die ohne sie im Leben zurechtkommen wollten, lebten oberflächlich in den so zwiespältigen Erfüllungen des Diesseits-Lebens und verdrängten die Lebens-Abgründe, die im Tod dann verzweifelt hingenommen werden müssten. Als ob Glaubens-Einstellungen davor schützen könnten, sich dem Ernst und der Dramatik des Lebens zu entziehen, solange es noch irgendwie durchzuhalten ist!

Es kann nicht darum gehen, sich selbst im angefochtenen Auferstehungsglauben dadurch zu bestätigen, dass man „den anderen" vorrechnet, was ihnen fehlt, wenn sie diesen Glauben nicht teilen. Sie werden uns nicht mit ihrer Zustimmung zu Hilfe kommen, sondern gar nicht anders können, als uns mit ihrem Unverständnis zu frustrieren. An uns, den Glaubenden und nach dem Glauben Suchenden ist es, zu eruieren und zu bezeugen, was es uns bedeutet, dass sich uns im Glauben an die Auferstehung der Gestorbenen eine heilsam-rettende Relativierung des gelebten und in dieser Welt zu Ende kommenden Lebens ankündigt. An den Zeugnissen des Auferstehungsglaubens könnten wir abzulesen versuchen, dass und warum er die Quelle einer Lebens-zugewandten, Zukunfts-offenen Lebenseinstellung sein kann, die sich den dramatischen Ambivalenzen und Abgründen menschlichen Daseins gleichwohl nicht entzieht. Christliche Theologie sollte sich berufen wissen, glaubenden und um ihren Glauben ringenden Menschen dabei zu helfen, sich selbst und anderen zu bezeugen, was es bedeutet, sich als zur Auferweckung berufen verstehen zu dürfen, und sie eine Sprache finden zu lassen, in der sie ihren Glauben gegen den Vorwurf der billigen Vertröstung ins Jenseits in Schutz nehmen können.

Im Sterben geschieht den Menschen die „weder mit den Augen noch für den Verstand zu erfassende Berührung mit dem Unbekannten"[163], widerfährt ihnen das schlechthin Unbekannte, Unbegreifliche. Dass es glaubend angenommen werden darf als das Wirklich-Werden dessen, was sich in den tiefsten Erfahrungen der Liebe ankündigt, dass es im Leben und Sterben gewagt werden darf im Vertrauen auf den, der sich mir hier öffnet, hier mit mir aufbricht, das ist die verwegene, angefochtene Hoffnung derer, die ihr Leben in der Spur des Gekreuzigten und in seinem Tod Erretteten wagen. Gott wird ihnen – so versuchen sie zu glauben – als Liebe geschehen und

---

[163] Krysztof Michalski, Die Flamme der Ewigkeit. Eine existentielle Interpretation Nietzsches, dt. Baden-Baden 2022, 119.

sie im Tod an sich nehmen; er wird ihr Sein zum Tode aufbrechen, mit ihnen aufbrechen in das Ungeahnte, Unerwartete, Erfüllende.

Wie das geschehen wird, davon wissen sie im Glauben nur, was sich ihnen am Weg Jesu als Hoffnung über den Tod hinaus erschließt. Mit dieser Hoffnung wollen sie unterwegs sein; in der Gemeinschaft der Glaubenden und nach Glauben Suchenden hegen und pflegen sie die Hoffnung, dass ihr Weg nicht zu Ende ist, wenn das Leben in dieser Welt sein Ende findet, sondern in Gott hineinführt. Es ist offenkundig so, dass sich immer weniger Menschen an diesem Hegen und Pflegen der Auferstehungshoffnung beteiligen. Ob die Vielen nicht mehr berührt, was uns in dieser Hoffnung geschenkt ist? Ob sie nicht mehr für die Musik empfänglich sind, die darin aufklingt, in diesem Sinne religiös „unmusikalisch" sind? Die „Musikanten" mag das bekümmern. Es soll sie nicht davon abhalten, sich von dieser Musik berühren zu lassen und sie zu Gehör zu bringen. Und es darauf ankommen zu lassen, dass Menschen auf je ihre Weise heraushören, was sie tröstet und über die Verzweiflung hinaushoffen lässt.

8. Gottesbeziehung im Gebet?

8.1 Gottes-Kommunikation

Wie man gut mit Gott oder dem Göttlichen umgeht, wie man ihn (es) heilsam in das menschliche Miteinander einbinden kann, dafür sind von alters her die Religionen zuständig. Die Kirchen bewahren Riten, Praktiken, Gesten der Gottes-Kommunikation auf, in die man sich hineingeben konnte, um mit Gott in Verbindung zu kommen. Christen nehmen dabei Gottes *Zugänglichkeit* in Anspruch, wie sie ihnen in der Gemeinschaft mit Jesus, dem Christus, Gottes mitmenschlichem Dasein in Person, gnadenhaft geschieht. Er ist ihnen mehr als der Tempel (Mt 12,6), mehr als der selbst erbaute Raum für das Wohnen Gottes unter den Menschen; in ihm hat Gott sich den Ort erwählt, das „Zelt" der Begegnung, in dem er sich und seinen Segen – seine Barmherzigkeit – den Menschen zugänglich macht und als verheißungsvolle Herausforderung mit auf ihren Weg gibt, sein Wohnort unterwegs, auf den Wegen in die Gottesherrschaft hinein.

Nun scheint es so, dass er weitergezogen ist und die Kirche Gottverlassen zurückgelassen hat. Sie kommt nicht mehr hinter ihm her, ist versteinert, kaum aufbruchs- und nachfolgebereit, da sie an zu vielem Liebgewordenem hängt. Vielleicht bedrängt er sie in den Erfahrungen der Gottverlassenheit, doch nicht mutlos zurückzubleiben und die Spuren zu lesen, in denen er vorübergegangen ist und ihr vorangeht. Vielleicht macht er sie arm, dass sie den Reichtum neu entdeckt, mit dem sie routiniert und wenig inspiriert umgeht; dass sie die Glaubens- und Lebens-Notwendigkeit des Mit-Gott-umgehen-Dürfens neu entdeckt, das in ihr allzu selbstverständlich geworden ist. Da gibt es in ihr einen Reichtum, den sie wirklich wertschätzen und mitnehmen müsste in die neue Zeit, die ihr jetzt zugemutet wird, damit sie sich und ihren Herrn neu finde. Beten und die Eucharistie feiern sind ihr unendlich wichtig – wenn man ihren offiziellen Verlautbarungen trauen darf. Aber wendet sie genug Sorgfalt und Geduld auf, diese elementaren Glaubensvollzüge nicht nur weiter zu „praktizieren", sondern sie auch denen zu erschließen, denen sie bedeutungslos geworden sind? Vielleicht braucht es gerade hier, gerade jetzt den Protest gegen die Verkehrung der Prioritäten, die in der Kirche eingerissen ist. *Seinen* Protest?

Wen man denen folgt, die das Christliche neu erfinden, müsste der Protest in eine ganz andere Richtung gehen. Statt überkommene

Gottes-Kommunikations-Formen in Schutz zu nehmen, müsste es eher darum gehen, sie neu mit Sinn zu erfüllen. Ist denn etwa die herkömmliche Gebetspraxis aus dem Leben auch kirchlich Engagierter nicht weitgehend verschwunden, weil sie ihnen eine nicht mehr nachvollziehbare Gottes-Beziehung vorschrieb? Gefragt wäre deshalb – so kann man es in der religiösen Ratgeber-Literatur landauf landab lesen – eine neue, „ganzheitliche" Spiritualität, die den Blick auf den Erfahrungs-Reichtum anderer Religionen weitet, eine interreligiöse spirituelle Kultur, welche die provinzielle Frömmigkeitspraxis der Christen entschieden hinter sich lässt. Religiös Interessierte suchen nach Praktiken, die ihnen nicht so kommunikativ ausgetrocknet vorkommen wie die Versuche, mit Gott irgendwie dialogisch ins Gespräch zu kommen; sie suchen nach Erfahrungen, in denen sie mit einer sie umfassenden göttlichen Wirklichkeit Kontakt finden, sich in sie eingebettet wissen können, wie man sie in den mystischen Traditionen unterschiedlicher Religionen wiederfinden kann. Aber vergisst man da nicht, warum das Beten das Wort erhebt, *anredet*, Protest einlegt gegen das Welt-Geschehen, gegen das Eingebettet-Sein in mehr oder weniger anonyme Prozesse?

Die reichen Gebets-Überlieferungen und das theologische Nachdenken über das Gebet artikulieren durchaus auch das Eingebettet-Sein und Sich-hineingeben-Wollen in das alles umgreifende Geschehen des guten Willens Gottes. Sie sprechen von Ergebung oder auch von Erhebung über das kontingente, auch leidvolle Weltgeschehen ins Gott-Geschehen hinein, das in all dem das Gute bewirkt, das man nicht sehen und spüren kann, wenn man bei sich selbst bleibt und nur das Eigene im Blick hat. Emmanuel Hirsch konnte noch 1921 sagen: „Elevatio mentis ad deum, Erhebung des Herzens zu Gott, so heißt die alte und, versteht man sie recht, wahre theologische Begriffsbestimmung" des Gebets.[164] Recht verstanden: Heißt das nicht hundert Jahre später, sich gut pan(en)theistisch hineinzubeten, hineinzuversetzen in das Geschehen des göttlichen (?) „Seins", das mit mir und durch mich hindurch wie durch alles andere Sein und in ihm geschehen „will" oder einfach mit Notwendigkeit geschieht? Erhebung reimt sich, so scheint es, gut auf Ergebung. Aber ist sie dann das Gebet, zu dem es heute noch kommen kann, zu dem es gerade in unseren Tagen noch viele Menschen drängt?

Für den religionsvergleichend arbeitenden Theologen Kornelis Heiko Miskotte gilt für das authentische Gebet das geradezu Entge-

---

[164] Emmanuel Hirsch, Der Sinn des Gebets, Göttingen 1921, 9.

gengesetzte: Gebet als Ausdruck des Nicht-Einverstandensein, „Sich-nicht-Abfindens" mit dem Geschehen und Geschehenden. Für Miskotte ist es „ein Akt der Freiheit gegenüber dem Bestehenden, dem ‚Gegebenen' inmitten der Notwendigkeiten und der Bindungen". Es wird – so Miskotte weiter – „vom Begehren angetrieben und [...] getragen von einer Leidenschaft, die Dinge *anders* zu sehen, anders zu haben, Veränderungen einzuleiten und eintreten zu lassen."[165] So wäre es – ist es vielfach und vielleicht im Entscheidenden – Protest gegen das Nicht-Hinnehmbare und im Protestieren das Sich-Ausstrecken nach dem, mit dem man sich im Protest verbunden wissen darf.

Zustimmen, sich einstimmen ins Gegebene oder im Beten mit ihm zu ringen, das Leben anders haben zu wollen, zu widersprechen, anzusprechen gegen das Gegebene: Beides kommt offenbar im Gebet und als Gebet vor, will in ihm Sprache finden, Sprechende finden, Menschen, die darin bewusst Ich und Wir sagen, genau so das Geschehen unterbrechen und sich mit dieser Unterbrechung in ihrem Ich- und Wir-Sein wahrnehmen, es kommunizieren – und den Angeredeten, zu dem sie sich jetzt hinwenden, in ihr Kommunizieren einbeziehen.

Gebet ist da elementar, zuerst, Hinwendung. Martin Buber sagt es so aus biblischer Erfahrung: sich hinwenden zum Dasein eines mir zugewandten Gottes. Diese Möglichkeit scheint man über religionsgeschichtlich lange Zeiträume hinweg als einigermaßen selbstverständlich gegeben angesehen zu haben: Man erhob den Blick zum Himmel, wie verschlossen er sich auch jetzt darbieten mochte. Die im Blick der empirischen Wissenschaften aufklaffende Unendlichkeit des Universums bietet einem für diesen Akt der Hinwendung keinen Anhalt mehr. „Nicht in die Ferne, nur in eine nicht mehr mit dem Weltraum koordinierbare Nähe und Vertrautheit hin kann sie geschehen."[166] Doch nur als Anrede – an eine ansprechbare Wirklichkeit?

---

[165] Kornelis Heiko Miskotte, Der Weg des Gebets, München 1964, 108.
[166] Martin Buber, Zwei Glaubensweisen, in: Werke. Erster Band: Schriften zur Philosophie, München – Heidelberg, 1962, 653–782, hier 769. Navid Kermani erinnert an die anthropologische Urgegebenheit des Sich-Hinwendens, die dann im Gebet – gerade in dem der Not – aufgenommen wird. Vom ersten Atemzug an wende sich der Mensch „zu etwas hin, das er nicht einmal beschreiben, geschweige denn begreifen kann". Und es mag so sein, dass man sich betend geradezu „instinktiv" an den oder das wendet, der oder das „Leben schafft und wieder nimmt" (ders., Jeder soll von da, wo er ist, einen Schritt näher kommen, München 2022, 226 f.).

Dass Menschen zum Absoluten, alles Umgreifenden, in eine kommunikative Beziehung treten, ist das in der Moderne fast nicht mehr Denkbare, Relikt einer vorwissenschaftlichen Zeit, in der man sich in eine von Kommunikation getragene, auch durch sie – in Grenzen – bestimmbare Lebenswelt einbezogen wusste. Die Wissenschaften konfrontieren uns mit den „wahren Ursachen", den naturgesetzlich bestimmten Wirkzusammenhängen, den wahren Dimensionen des Universums, einem willenlos und intentionslos geschehenden All.[167] In ihm sind wir ein Fast Nichts, ein fast bedeutungsloses Element für einen universalen Welt-Prozess, von dem wir uns allenfalls imaginär abheben und zu dem wir uns allenfalls in narzisstischem Überschwang in eine von uns irgendwie gestaltbare Beziehung setzen könnten.

Oder ist es doch ganz anders? Ist das Allumfassend-Absolute „zuinnerst" Menschen-zugewandt, sodass wir uns ihm zuwenden dürfen, ein Du, vor dem und durch das wir Ich sein können? Ist das die kommunikative Innen-Wirklichkeit eines raumzeitlichen, nach Naturgesetzen sich vollziehenden Universums, die Wirklichkeit, die es gewollt hat und uns darin als Gewollte und Geliebte zum Mit-Lieben herausfordert? Dann wären wir nicht nur die im Universum bis zur Bedeutungslosigkeit Relativierten, sondern die von Ihm ins Vertrauen Gezogenen und dazu Angesprochenen, den uns widerfahrenen guten Willen wahrzunehmen und zu beantworten – in diesem Sinn ins Gespräch gezogen und als Kommunikations-Partner gewürdigt. Das wäre – und ist – eine aus dem quantitativ erhebbaren, raumzeitlich beschreibbaren Befund ganz und gar unableitbare Wahrnehmung des Wirklichen, eine kaum vorstellbare Würdigung und Berufung der Menschen. Es ist wohl die Herausforderung eines biblisch inspirierten Glaubens heute schlechthin, sich so angesprochen und zum Antworten herausgefordert zu wissen, ein Ich zu sein, das antworten und sich zum Absoluten in Beziehung setzen zu können, weil ihm diese Beziehung vom Göttlichen selbst eröffnet ist. Das *Ein und Alles* anreden, ihm antworten zu können, es *unser* Ein und Alles sein zu lassen, da wir uns von ihm gemeint wissen und unser Dasein auf es hin – in es hinein – leben können: Es könnte uns nichts Größeres, nichts Verheißungsvolleres geschehen. In der Wahrneh-

---

[167] So macht es schon Baruch Spinoza gegen die mythische Weltsicht der Religionen geltend: vgl. Ethica Ordine Geometrico Demonstrata / Die Ethik mit geometrischer Methode begründet, in: ders., Opera – Werke. Lateinisch und Deutsch, hg. von K. Blumenstock, Bd. II, Darmstadt 1967, 84–557, hier 144.

mung des naturwissenschaftlich fokussierenden Betrachters ist es das schlechthin Unglaubliche; im Blick des Glaubens aber das unendlich Glaubwürdige, Menschen-würdige, Menschen-Erfüllende. Oder doch nur die denkbar anspruchsvollste Illusion?

Argumente können die Entscheidung für diese Wahrnehmung des Glaubens nicht hinreichend sicherstellen.[168] Aber sie kann sich bewähren, wenn man als Glaubende(r) die Gottesbeziehung in der eigenen kommunikativen Existenz zu realisieren versucht und sich darin für die Wirklichkeit eines erfüllten Menschseins geöffnet erfährt. Im Beten wird man sich in die Gottes-Kommunikation einüben, wird einem Gott „persönlich werden" können, kann sich „die Intimität der Transzendenz" (Viktor Frankl[169]) öffnen. Betend „realisiert" man das Eingebundensein ins Geschehen der Welt als bewusste Übernahme des eigenen Daseins im Gegenüber zu dem, der es mir geschenkt und zugemutet hat – und dem es unverlierbar etwas bedeutet, dass und wie ich *mit ihm* da bin.

8.2 Gebet als Praxis des Mit-Gott-Lebens

Das Gebet hat nicht das erste Wort. Es antwortet auf die Herausforderung, die mir mein Leben bedeutet. Es ist in diesem Sinne elementare Praxis der Lebens-Annahme, in der ich mich in die Hoffnung hineinfrage, hineinzusprechen, hineinzugeben versuche, mir nicht nur zugemutet und der Welt nicht nur ausgeliefert, sondern ins Leben hineingerufen, hineinberufen zu sein[170] und diesen mir mein Leben

---

[168] Wer diese Wahrnehmung nicht mitvollzieht, wird sich immerhin der Frage zu stellen haben, welche Bedeutung dem menschlichen Selbstbewusstsein zuzusprechen wäre, wenn es sich eigentlich selbst zurücknehmen müsste, damit der Mensch illusionslos ist, was er hier sein soll: *nichts als* das im Evolutionsprozess eher bedeutungslos Mitfunktionierende; vgl. Jürgen Werbick, Theologie anthropologisch gedacht, Freiburg i. Br.2022, 99–127.

[169] Vgl. Viktor E. Frankl, Der leidende Mensch. Anthropologische Grundlagen der Psychotherapie, Bern ²1996, 237. Zur Kontextualisierung des Zitats vgl. Werner Schüßler, Das Gebet – zwischen Konkretheit und Unbedingtheit Gottes. Eine philosophische Annäherung, in: Johannes Brantl – Hans-Georg Gradl – Mirijam Schaeidt – Werner Schüßler, Das Gebet – „die Intimität der Transzendenz", Würzburg 2014, 11–50, besonders 36 und 49.

[170] Karl Rahner entfaltet von hier aus den Gedanken des Gebets als „Zwiesprache mit Gott": „Wie […] wenn wir sagen würden und sagen dürften: im Gebet erfahren wir uns selber als die von Gott Gesagten, als die in der Konkretheit unserer Existenz von der souveränen Freiheit Gottes Herkommenden und Verfügten? Wie, wenn wir sagen: Was Gott uns zunächst einmal sagt, sind wir selber in der Verfügtheit unserer

verheißungsvoll öffnenden Ruf als einen solchen vernehmen zu können. Im Gebet wenden sich die Betenden dem zu, der ihnen ihr Dasein geschenkt, es ihnen als lebensgeschichtlich konkrete, verheißungsvolle Herausforderung „zugesprochen" hat.[171] So realisieren sie ihr Leben als Geschenk und bringen sie ihr Darauf-eingehen-Wollen zum Ausdruck. *In extremis* aber können sie sich auch zur Klage der Gottverlassenen verurteilt sehen, dieses Geschenk gar zurückzuweisen wollen oder die Rede vom Lebens-Geschenk als zynisch empfinden.[172]

Es ist überhaupt nicht selbstverständlich, das Hineingerissen-Sein in ein Leben voller Ablehnungs- und Entwürdigungs-Erfahrungen als zustimmungsfähig anzusehen und als Geschenk anzunehmen. So mag es überraschen, dass sich einem Menschen, der das weiß Gott bis zur Neige auszukosten hatte, der Sinn des Gebets gerade hier zeigte. „Wenn die Kunst" – so schrieb Elie Wiesel – „eine Art des Neinsagens ist, dann ist das Gebet eine andere Art, mit Ja zu antworten, Ja zur Schöpfung und seinem Schöpfer, Ja zum Leben und dem, was es in sich birgt, Ja zum Glauben und zur Hoffnung, die sich auf ihn beruft, Ja zur Freude, zur Brüderlichkeit".[173] Ja und *Amen:* Gut, dass es so ist? Oder Ja zu dem, was sein sollte, Nein zu dem, was nicht so sein und bleiben darf? Hanns Dieter Hüschs Antwort, sein Gegenrede zum Ja und Amen lautete: Nein und Halleluja. Das Amen ist ein Hoffnungs- und Sehnsuchts-Wort, kein Affirmationswort; ein Wort mit viel Raum für das Nein zu dem jetzt Unerträglichen, und für die Gottes-Zuversicht, dass es dabei nicht bleiben wird.

Ja und Nein kommen – als elementare Gebets-Worte, Gebets-Antworten – nicht voneinander los. Martin Buber hat das deutlich gemacht. Er versteht das Beten als das Ringen darum, Gottes Ver-

---

Freiheit, in der Unverfügbarkeit unserer Zukunft, in der nie restlos auflösbaren und nie funktional rationalisierbaren Faktizität unserer Vergangenheit und Gegenwart?" (Karl Rahner, Zwiegespräch mit Gott?, in: ders., Schriften zur Theologie, Bd. XIII, Zürich – Einsiedeln – Köln 1978, 148–158, hier 154).

[171] Im Bereich des Pietismus, aber auch in anderen christlichen Frömmigkeitstraditionen praktiziert man einen Umgang mit der Bibel, der einzelne, mitunter ausgeloste oder im Ritual übergebene Schriftworte (Losungen) als konkrete Anrede Gottes in mein Heute oder die jeweilige Situation hinein annehmen will, die mich anfragt, wie ich mit meinem Leben (heute) auf diese Anrede antworten kann; vgl. Peter Zimmerling, Die Losungen. Eine Erfolgsgeschichte durch die Jahrhunderte, Göttingen 2014.

[172] Elias Canetti erschien die „Vorstellung, dass einem das Leben geschenkt worden ist […] ungeheuerlich"; ders., Die Provinz des Menschen. Aufzeichnungen 1942–1972, München 1973, 309.

[173] Elie Wiesel, Macht Gebete aus meinen Geschichten, dt. Freiburg i. Br. 1986, 28.

heißung im Heimgesucht-Werden von der Wirklichkeit meines Lebens zu hören, „letztlich die Bitte um Kundgabe [das Kundwerden] der göttlichen Gegenwart, um das dialogische Spürbarwerden dieser Gegenwart"[174]; als die Bitte darum, von ihr in den Bedrängnissen und Verheißungen des Welt-Geschehens erreicht zu werden. Das ist nach Buber die beim Beten in Anspruch genommene Perspektive des Umgangs mit dem mir zugemuteten, zugesprochenen Leben: „Gottes Sprache an die Menschen durchdringt das Geschehen eines jeden von uns eigenem Leben und alles Geschehen in der Welt um uns her, alles biographische und alles geschichtliche, und macht es für dich und mich zu Weisung, zu Forderung"[175]. Nicht das Geschehen der Welt als solches spricht Gottes Wort; es spricht vielmehr *in ihm*, muss betend herausgehört, für mich Wirklichkeit werden, indem ich mich in dieses Geschehen rufen lasse, es in Zustimmung *und* Widerspruch entgegennehme. Buber fährt fort:

> „Dass einer die konkrete Situation als ihm gegeben entgegennimmt, bedeutet [...] keineswegs, dass er das jeweils ihm gegenüber Geschehende als ‚gottgegeben' in seiner puren Tatsächlichkeit hinzunehmen geneigt sein müsste. Vielmehr kann er diesem Geschehen die äußerste Feindschaft ansagen und dessen ‚Gegebenheit' nur als eine behandeln, die seine Gegenkräfte herauszufordern bestimmt ist. Aber er wird sich dem konkreten Sosein, Sogeschehen der Situation nicht entheben, sondern eben in der Form der Bekämpfung auf sie und in sie eingehen. Arbeitsfeld oder Schlachtfeld, er nimmt das Feld an, in das er gestellt ist."[176]

Dieses Feld als den Ort anzunehmen, an dem Gottes Zusage-Wort an mich hörbar wird, wahrgenommen wird, wie Gott in ihm da ist, um uns in seine Wirklichkeit *hinein*zurufen und uns in das Ringen mit der Gott-bestreitenden Wirklichkeit dieser Welt hineinzurufen, darum ginge es in der *Disziplin des Hörens*, die den „frommen Menschen" ausmacht, die ihn nach Buber zum Beter (zur Beterin), zum Antwortenden macht. Ist das Gebet dann eine „Methode" – ein Weg –, das Leben im Zusammenhalten von Ja und Nein entgegenzunehmen, in die Kommunikation mit Gott hineinzunehmen bzw. überhaupt

---

[174] Martin Buber, Gottesfinsternis, in: Werke, Bd. 1: Schriften zur Philosophie, München – Heidelberg 1962, 503–603, hier 596.
[175] Ders., Ich und Du, in: Werke, Bd. 1, 77–170, hier 170.
[176] Ders., Gottesfinsternis, a.a.O., 530 f.

erst so die Gottes-Kommunikation aufzunehmen? Im Ja und im Nein: in dankbarer Zustimmung, in der Klage über das Nicht-Hinnehmbare, in der Bitte darum, über es hinauskommen, hinausleben zu können?

Das Bittgebet erscheint vielen Betenden als die Elementarform des Betens. Gott soll dafür in Anspruch genommen werden, dass die Lebens-Zustimmung von Herzen kommen kann, dass sie weniger eingetrübt ist von Leid- und Sinnlosigkeits-Erfahrungen. Und doch ist es gerade das Bittgebet, das den neuzeitlichen Menschen in Glaubens-Nöte bringt, mitunter als kaum noch verantwortbar erscheint. Dazu mögen gedankenlos formulierte Fürbitten ebenso beitragen wie die Auswegslosigkeiten, in die man fast unvermeidlich gerät, wenn man sich vorstellen will, was dieses Gebet konkret bewirken soll. Es scheint grenzenlos naiv, Gott mit der eigenen Not behelligen zu wollen und sich davon ihre Überwindung zu versprechen. Oder darf man doch die Zuversicht hegen, dass es „Sinn macht", das Gebet als Glaubenspraxis des Sich-Gott-Anvertrauens zu wagen, in der alles auf den Tisch kommen, nichts verschwiegen, mehr noch: verdrängt werden soll?

8.3 Vom Segen, von der Not und den Aporien des Gebets[177]

Sollte es tatsächlich von meiner Bitte abhängen können, wie die Dinge geschehen und wie es weitergeht in dieser Welt, in meinem Leben? Als ob ich Gott darauf hinweisen und ihn darum bitten müsste, dass es *besser* weitergeht? Ist es diese narzisstische Mittelpunkts-Illusion, die sich im Bittgebet auslebt und verfestigt? Neureligiöse Konzepte schaffen sich solche „Gebets-Illusionen" vom Hals, indem sie das Beten als dialogisch modellierten, kommunikativen Vollzug für obsolet erklären. Dass sie damit die biblische Praxis des Betens wie überhaupt den in der Bibel bezeugten Umgang mit Gott als naiv anthropozentrisch hinter sich lassen, nehmen sie billigend in Kauf. Die Wahrheit des Betens liegt für sie in einem Sich-Einlassen auf das in allem geschehende Göttliche, das meinen egozentrischen Widerstand gegen das Gott-Geschehen der Wirklichkeit im Ganzen zurücknimmt.

---

[177] Diese Überschrift lehnt sich an Karl Rahners berühmt gewordenes Büchlein an: Von der Not und dem Segen des Gebetes. Mit einem Vorwort von Anselm Grün (Neuausgabe), Freiburg i. Br. 2021.

Sollte man nicht doch verständnisvoller mit einem religiösen Vollzug umgehen, in dem Menschen über Jahrtausende nach einer lebendigen Verbindung mit dem Göttlichen gesucht haben und sie – bei all den Aporien, die sie selbst vielfach empfunden haben – offenkundig auch fanden? Sollte man nicht ein paar Schritte in diese Aporien hinein weitergehen und so dem Sinn dieses Vollzugs auch für heute näherkommen können? Der Gedanke mag einem kirchlichen Selbstverständnis fremd sein, das es mit Spannungen und Aporien nicht aushält und sich tief in Frage gestellt sieht, wenn es keine Lösungen und Antworten präsentieren kann. Eine Kirche, die sich als Herrin der Antworten präsentieren und legitimieren will: Welch ein Selbstmissverständnis! Die Praxis eines Betens, mit dem man nicht erst anfängt, wenn man die ihr innewohnenden „Probleme" gelöst hat, in die man vielmehr nicht überwundene Probleme mitnimmt und in der man sie austrägt: Würde sich die katholische Amtskirche darin wiedererkennen, wäre sie das Selbstbild einer Rechthaber-Kirche endgültig los und würde sie sich nicht im Antworten-Wollen erschöpfen, würde sie sich auch in der Suche und den Zweifeln derer wiedererkennen, denen die kirchlichen Antworten und allzu selbstgewisse kirchliche Praktiken immer weniger bedeuten.[178]

In der Praxis des Bittgebets kann einem der Sinn eines Gott-Bittens abgründig fraglich werden, das in irgendeinem Sinn auf Erhörung hofft. Einigermaßen ratlos steht man vor der Gebetsermutigung Jesu: „Bittet, dann wir euch gegeben; sucht, so werdet ihr finden; klopft an, und es euch aufgetan. Wer bitte, der empfängt; wer sucht, der findet; und wer anklopft, dem wird geöffnet" (Lk 11,9–10). Vielleicht lässt man sich anrühren von solchem Zutrauen. Aber keimt es noch in unseren Herzen? Umhüllt es uns gerade noch – oder schon nicht mehr – mit einer religiösen Atmosphäre, in der wir es nicht mehr darauf ankommen lassen, was genau damit gesagt sein soll – was wir mit den Bitten sagen, die wir Jesus im Vaterunser nachsprechen?

Manchen religiös Interessierten mag es da eine Hilfe sein, sich von der großen Mystik, von Meister Eckehart etwa, in die Gebetsschule nehmen zu lassen. „Bist du aber krank und bittest Gott um Gesundheit, so ist dir die Gesundheit lieber als Gott, so ist er dein Gott

---

[178] Wenn es ihr in den Kram passt, zeigt sich die Hierarchie auch um Antworten verlegen, etwa wenn es darum ginge, Ergebnisse der theologischen Forschung aufzunehmen und obsolet gewordene Positionen zu revidieren. Dann heißt es, man habe die Dinge theologisch noch nicht hinreichend geklärt. Damit reiht man sich in die unselige Phalanx derer ein, die sich vor unbequemen Antworten drücken und die Wissenschaften delegitimieren, die mit ihnen konfrontieren.

nicht".[179] Hart treffen die Sätze in alltägliche Gebetsgewohnheiten und Gebets-Verlegenheiten. Angelus Silesius trifft in die selbe Wunde:

> „Wer Gott um Gaben bitt / der ist gar übel dran:
> Er betet das Geschöpf / und nicht den Schöpfer an."[180]

Das ist der Bescheid der Mystiker: Bitten sollst du um dein höchstes Gut, um dein Ein und Alles: dass es dir zuteilwird, in deinem Leben zur Wirklichkeit werde, dass Gott dir in deinem Leben zur Wirklichkeit und zur Hoffnung werde, beglückend, befreiend, alles Sorgen überholend. Dann musst du nicht mehr bei dem sein und um das besorgt sein, was dich jetzt beschwert. Gott um Gott bitten – und nicht lange fragen, ob er in mein Leben hereingebeten sein will oder ob ich ihn „nur" bitte, um ihn recht zu empfangen, ob das überhaupt etwas ändert. Ja, so könnten Aufgeklärte vielleicht noch beten, wieder beten. Aber sollte das Bittgebet deshalb überhaupt nicht auf die Überwindung konkreter Nöte in dieser Welt gerichtet sein? Darf Gott dafür nicht mehr in Anspruch genommen werden? Dann wären die liturgischen ebenso wie die Alltags-Gebete der meisten Beterinnen und Beter in Geschichte und Gegenwart theologisch desavouiert und religiös unerlaubt. Sind sie nicht zuerst, zumindest, immer neu stammelnde Versuche, auf Gottes, auf Jesu uns zuvorkommende Frage zu antworten: Was fehlt dir (euch) – *jetzt – wirklich?*[181]

Es gilt, noch ein paar Schritte weiter in die (Bitt-)Gebets-Aporie hineinzugehen. Soviel Mystik-Erinnerung, soviel Mitgehen mit der Gebets-Erfahrung großer Mystiker sollte sein: Das theo-logisch Erste beim Beten ist die Erinnerung daran, dass mein Leben nicht Gott-los ist, dass ich es als Seine Gabe und Herausforderung wahrnehme, mit Rahner gesprochen: als Sein Wort, seine Frage und seine Zusage hören will. Das menschlich Vordringliche aber ist oft, dass ich jetzt mein Leben als aufdringlich Gott-leer, als Gott-verlassen und bedeutungslos erlebe, dass ich kaum noch weiß, weshalb ich es als Seinem guten Willen verdankt entgegennehmen sollte. So wird die elementare Gebetsbitte vielfach ein Gottes-Anruf im Gott-Vermissen

---

[179] Predigt 38 *Moyses orabat dominum deum suum*, in: Meister Eckehart. Deutsche Predigten und Traktate, München ⁵1978, 335–339, hier 335.
[180] Cherubinischer Wandersmann, Erstes Buch, Nr. 174 (Kritische Ausgabe, hg. von L. Gnädinger, Stuttgart 2000, 52, Schreibweise ans heutige Deutsch angepasst.
[181] Erinnert sei an die erstaunliche Frage Jesu an den Blinden in Lk 18,41: Was willst du, dass ich dir tue?"

sein. Sie öffnet den Mund, Gott ins Leben – in mein Leben – hineinzurufen und ihm anzuvertrauen, damit er es mit seiner Gegenwart segne.[182] Gott um Gott bitten, darum bitten: in meiner Not, in unserer Unheilswelt um „mehr Gott" bitten, um mehr Gottes-Zukunft bitten: dass wir etwas spüren von seinem segnenden Dasein, seinem für uns engagierten guten Willen, davon, dass er mit uns seine Herrschaft anfangen will.

So beginnt es ja im Vaterunser, ehe sich die Bitten den konkreten Lebensnöten zuwenden und ums Bewahrt-Werden bitten. Ob die Bitte da etwas ändert? Allenfalls die Bittenden selbst, so die „aufgeklärte" Antwort: Ihr Gebet mache sie bereit, das Unabänderliche, auch für Gott nicht Veränderliche, schöpferisch anzunehmen und womöglich das Beste daraus zu machen. Nietzsche hat diesen religiösen Gedanken areligiös zu beerben versucht: *Amor fati*, Liebe zum ewig-„göttlich" Geschehenden, dazu soll es der Übermensch bringen. Da geht Gott verloren. Er wird „fatalisiert", mit dem unabänderlich Geschehenden – warum nicht gleich mit der Evolution? – identifiziert. Hat man nicht unendlich oft leidvoll erfahren müssen, dass er nicht eingreift, wo man darum flehte? Dass er sich und das Geschehen der Welt nicht änderte, die innerweltlichen Kausalitäten nicht überbot, damit es einen guten Ausgang nimmt? Kann er dann etwas anderes sein als dieses Geschehen der Welt selbst? Worum also sollte die Gebetsbitte um mehr Gott für mein und unser Leben bitten, wenn sie den Lauf der Dinge nicht verändern kann? Worum könnte sie bitten – und Bitte bleiben, nicht nur den Weg zur Ergebung bahnen?

Sie bittet darum, dass sich die *Situation* verändert, dass sich in ihr die Tür in eine gute Zukunft, in die Gotteszukunft, hinein öffnet. Wäre das dann *Seine* Tat oder einfach die Frucht unserer Beharrlichkeit und Zuversicht? Bedeutete es, dass wir ihn – mit diesem Bild gesprochen – in unser Leben hineinlassen oder dass tatsächlich er von sich aus hineinkommt, sich involvieren lässt? Und was könnte es an der Situation ändern, wenn er in ihr mit seinem Segen da ist? Man kann nicht beobachten und kausal bestimmen, was da vorgeht. Man kann nur – betend, im Mitvollzug des Ritus – daran teilnehmen. So gibt es nur diese eine, nichts erklärende, den Vollzug des Betens vielleicht erhellende Antwort: Das Eine nicht ohne das Andere, denn

---

[182] Von Bernd Janowski wissen wir, dass genau diese Bitte und Einladung den Sinn der alttestamentlich-nachexilischen Opferpraxis ausmachte; vgl. von ihm: Homo ritualis. Opfer und Kult im alten Israel, in: Bibel und Kirche 64 (2009), 134–140.

das Tun des Einen ist das Tun des Anderen; so sagt es der Psychoanalytiker Helm Stierlin von der Dynamik menschlicher Beziehungen.[183] Ob das nicht auch für die Gottesbeziehung gilt?[184]

Das Tun des Menschen, sein Beten: In ihm geschieht ein Anfangen, das offenkundig nicht in jeder Hinsicht selbstbestimmtes Anfangen ist, vielmehr hervorgerufen ist von der ihm irgendwie eröffneten, im Letzten unverfügbaren Möglichkeit, Ihn anzusprechen, von seinem so ungreifbaren Dasein und Uns-Angehen, seiner Zuwendung. Ihm vertrauen betende Menschen sich an, ihm, der für mich – für uns – da sein will, unverfügbar und doch treu. *Das „Tun" Gottes*: Er gewährt diese verborgene, im Gebet zu wagende Nähe, fängt das Beten mit mir an, ruft es in mir hervor, lässt es dazu kommen, dass sich die Situation verändert, dass ich mich in meiner Welt zuinnerst anders vorfinde, anders in sie hineingehe, als ein anderer in sie hineingehe, weil ich Gott und seine Zukunft berührt habe. Dieses stammelnde Ausdeuten und Nachzeichnen erklärt nichts. Es versucht *nach*-zusprechen, was *vor*-geht: das Ineinander des Unverfügbaren und des von mir Getanen; es versucht zu sagen, dass die Situation sich verändert, dass sie sich verändern kann.

Die Vaterunser-Paränese des Lukasevangeliums gibt einen wertvollen Hinweis darauf, wie der Evangelist diesen elementaren Gebets-Vorgang verstanden hat. Lukas spricht vom Gebet der Not, der Suche, des Eingesperrtseins, Nicht-Weiterkommens. Und er überliefert als Jesu Gebets-Ermutigung: „Bittet und es wird euch gegeben, sucht und ihr werdet finden, klopft an und es wird euch geöffnet!" Das Gebet wird nicht vergebens sein. Ihm wird zuteil, wonach es sich ausstreckt. Der Vater im Himmel wird nicht weniger großmütig sein als irdische Väter, die ihren Kindern Gutes geben. Die Conclusio des Gedankens müsste lauten – und lautet in der Fassung des Matthäusevangeliums: So wird der himmlische Vater „denen Gutes geben, die ihn bitten" (Mt 7,11). Bei Lukas aber heißt es: „wieviel mehr wird der Vater im Himmel den Heiligen Geist denen geben, die ihn bitten" (Lk 11,13).

---

[183] Vgl. Helm Stierlin, Das Tun des Einen ist das Tun des Anderen. Eine Dynamik menschlicher Beziehungen, Frankfurt a.M. 1976.
[184] Man dürfte sich auf das rechtfertigungstheologische *Nicht ohne* bei Augustinus berufen. Das Bittgebet streckt sich aus nach dem Miteinander mit dem Heil schaffenden Gott; und von diesem Miteinander dürfte gesagt werden: Es realisiert sich nicht ohne mich und nicht ohne *Dich*. Von Augustinus vgl. den Sermo 169, c. 11, n. 13, in dem es heißt: „Der dich ohne dich geschaffen hat, wird dich nicht ohne dich erlösen."

Zu Beginn der Paränese also die Aufforderung, sich in der Not des Daseins Gott anzuvertrauen. Der vertrauensvollen, um Vertrauen ringenden Bitte ist der Geist der Gottesgemeinschaft zugesagt, der Geist, der auf den Emmaus-Wegen in die Gottesherrschaft vom mitgehenden Christus ausgeht – wenn man ihn ums Mitgehen bittet. Auf diesen Wegen gehen heißt *angehen*, anbeten gegen die Sinnlosigkeit des Weltgeschehens und den bösen Willen derer, die es in machtvoller Selbstüberschätzung bestimmen wollen, gegen das Eingesperrt-Sein in die Aussichtslosigkeit der selbst aufgewandten Mühe, sich in ihm zu verwirklichen und eine gute Zukunft zu erringen. Die Metapher des Anklopfens – vielleicht muss man das Anklopfen zum Rütteln an der Tür dramatisieren – bringt den Protest, die Revolte, gegen dieses Eingesperrt-Sein ins Bild. Beim Eingesperrt-Sein darf es nicht bleiben. Die Entschlossenheit und der Mut zu rütteln verdanken sich schon dem Gottes-Geist, der die Betenden nicht der Resignation zum Opfer fallen lassen will. Sie können nicht im Vorhinein wissen, wie sich die Tür öffnet und was dahinter sein mag[185], was mich und uns jetzt der Gottesherrschaft näherbringen wird – ob wir vergeblich rütteln und nach einem anderen Weg suchen müssen, ob wir in der Aussichtslosigkeit enden und hier noch an Gott festhalten müssen. Sie wissen dann ebenso wenig, warum sie in diese Situation gekommen sind, warum Gott sie nicht davor gerettet hat, ob es für sie andere, bessere Wege gegeben hätte. Im Glauben wissen sie nur, dass es jetzt gilt, Gott in Anspruch zu nehmen, seinen Geist zu erbitten, damit man bestehen kann, nicht an die Sinnlosigkeit des Weltgeschehens verlorengeht und mit ihm gemeinsame Sache macht.

Wenn das Gebet der Not sich in der Geste des Anklopfens und Rüttelns wiederfindet, wird es Abschied nehmen von der Erwartung, Gott erfülle die ihm im Gebet vorgetragenen Wünsche durch ein Wunder, das dem Lauf der Welt eine andere Richtung gibt. Er greift nicht ein, um dies oder das zu ändern. Er geht mit uns; sein Christus geht uns voraus, die Wege zu öffnen, die in die Gottesherrschaft führen. Sein Mitgehen ändert unsere Situation. Ob es auch anders gegangen wäre? Ob Gott uns dies und das, zuletzt Leiden und das kreatürliche Ende des Sterbens hätte ersparen können? Ob er in seiner „Allmacht" hätte eingreifen können, um das Äußerste zu verhin-

---

[185] Vgl. Reinhold Schneider, Wesen und Verwaltung der Macht, Wiesbaden 1954, 40 f.: „Wir klopfen an und es wird aufgetan […] Doch kann es ein Heiligtum unbegreiflicher Schmerzen und Schrecken sein, das uns aufgetan wird: die Finsternis des Kreuzes […] Es geht nicht um Erhörungen, sondern um die gelebte Gegenwart des Reiches".

dern? Die Gebets-Erwartungen an ihn verirren sich im Unendlichen, wenn sie ihm eine Macht zuschreiben, jedes wünschbare Wunder zu wirken. Gebetserhörungen werden von anderer Qualität sein – und dort geschehen, wo uns der Mut nicht verlässt, gegen die Sinnlosigkeit des Weltgeschehens anzugehen und anzubeten, wo sein Heiliger Geist uns nicht verlässt, wo wenigstens das Verlangen nach seinem Geist nicht erstirbt;[186] wo wir Gott Raum geben und er uns den Raum gibt, die bedrängende Enge des Jetzt zu bestehen und über sie hinauszukommen.[187]

Was aber ändert sich konkret in und an der Situation, wenn man sich Gott im Gebet der Not anvertraut? Gegenfrage: Was ändert sich an einer Liebesbeziehung, wenn man sich dem (der) Geliebten mit seiner Not anvertraut? Nur im Ausnahmefall dies oder jenes an der Situation. Wenn es gut geht, kommt es zum Miteinander-Gehen in der Not – und hoffentlich darüber hinaus, durch Türen, die sich ohne das Bitten und Rütteln nicht als durchlässig erwiesen hätten und es auch jetzt nicht sofort und ohne weiteres sind. Die Bitte ist elementare Verwirklichung des Miteinanders. Wäre und ist sie das nicht, dann wollen wir den Gebetenen nur dafür gewinnen, uns zu Gefallen „etwas" zu tun. Wir bitten ihn dann nicht als ihn selbst, *um ihn selbst*.

Solche Beziehungs-Erfahrungen mögen ein Weggeleit sein, wenn man versucht, ins Beten und in seine Aporien hineinzugehen. Ob sich hier und da Türen öffnen, im Beten weiterzugehen und weiterzukommen? Man kann das nur ausprobieren, womöglich in der Einsicht, dass sich kaum andere Wege öffnen, gegen die bedrückend nach mir greifende Sinnwidrigkeit des Weltgeschehens anzugehen, als gegen sie anzubeten. Man wird ihr ja selbst nicht immer entgehen, wird ihr vielleicht zum Opfer fallen. Dann wird sich herausstellen, ob

---

[186] Es ist in dieser Perspektive nicht nur skurril, sondern geradezu glaubensschädlich, glaubensbedrohlich, wenn die katholische Kirche es immer noch zur Bedingung der Kanonisierung von Seligen oder Heiligen macht, dass auf ihre von Menschen erbetene Fürbitte hin Wunder geschehen sind. Es entsteht so das Bild, ein verehrungswürdiger Mensch sei ein Heiliger (oder Seliger), wenn er Gott so nahe ist, ihn zu einem Wunder bewegen zu können, das der ohne die Fürsprache dieses Heiligen (oder Seligen) den Bittenden verweigert hätte. Wie kann man mit einem so zwiespältigen Gottesbild zu Gott Vertrauen fassen? Was wäre das für ein Gott, bei dem man nur durch „Beziehungen" weiterkommt? Wieviel Feudalismus erträgt Glaube und Theologie noch? Wieviel Glaubens- und Theologie-Ferne erträgt diese Kirche auf Dauer?

[187] Darf man von einer Gebetserhörung sprechen, wenn man dem Psalmisten zuhört: „Du hast mir weiten Raum geschaffen in meiner Bedrängnis" (Ps 4,2)?

man in der Nachfolge des Gethsemani-Beters im Untergang der Auferstehung entgegengeht.

Dass mich die Herausforderung erreicht, mich Gott anzuvertrauen, wird immer wieder das Erste sein: die Herausforderung, Gott zu antworten, ihm hinzuhalten, als was er mich „gesprochen", was er in mich als Verheißung hineingesprochen hat, wozu er mich ruft, damit ich es wirklich wahrnehme und höre, es einigermaßen verstehen und leben kann. Und es – dann, darin – darauf ankommen lassen, dass er mir seinen Geist nicht vorenthält, dieses Leben zu ergreifen, es auf ihn und meine Nächsten hin zu leben, dass es gut werde, gut mit ihm werde und er nicht verlorengehe; dass das Leben sich nicht auflöst in die Sinnwidrigkeit des von Menschen verdorbenen Weltgeschehens. Mein Ja zu mir, zu dir, zu uns, die wir sein Mensch-gewordenes Verheißungs-Wort sein dürfen, im Gebet der Klage und der Bitte zusammenhalten mit dem leidenschaftlichen Nein zu allem Hoffnungs- und Vertrauens-Tötenden, dessen wir uns zu erwehren haben; und das in der oft angefochtenen Hoffnung, dass das Ja mit dem Nein fertig wird, nicht jetzt vielleicht, aber am Ende mit Ihm, in Ihm: Diese Gottes-Zuversicht möge der Gottesgeist in uns entfachen und lebendig erhalten.

8.4 Beziehungspflege

Beten ist kein isolierter Glaubensvollzug. Gebets-Herausforderung und Gebets-Möglichkeit stellen sich ein, wenn es darum geht, mein Leben nicht einfach vergehen und zerrinnen zu lassen, sondern ihm eine Bedeutung geben und es bejahen zu können. Da ist es an das Herausfinden und Tun des Guten verwiesen und mit dem Scheitern konfrontiert, auch mit der Verzweiflung daran, dass es zu etwas Gutem führen kann – dass die Welt, an der man mitwirkt, zu etwas Gutem führen kann. Das Gebet der Not will der Verzweiflung nicht Raum geben; es nimmt das Scheitern nicht als das Letzte hin, hält sich an Gott, dass es nicht das Letzte sei. Es ist gut zu beten, in einem Lebenszusammenhang, der sich von Gott her realisieren und in ihm zu seinem Ziel kommen soll. Dieser Lebenszusammenhang ist von mir zu verantworten und darf zugleich bittend Ihm anheimgestellt werden: dass er der Weg sei, den ich mit Ihm gehe. Für diesen Lebenszusammenhang gilt einfach und elementar: „Es ist dir gesagt worden, Mensch, was gut ist und was der HERR von dir erwartet: Nichts anderes als dies: Recht tun, Güte lieben und achtsam mitgehen mit deinem Gott" (Micha 6,8). Um nichts weiter geht es im Leben, im Leben mit Gott. Wer davon in Anspruch genommen ist, wird Gott in Anspruch nehmen: dass Er mitgeht mit mir, achtsam und zugewandt, dass ich das wahrnehmen und mein Leben so mit ihm leben kann, dass ich auf meinem Weg mit Ihm Boden unter die Füße bekomme. Beterinnen und Beter werden wie Jesus von Nazaret, mit ihm, Gott um Gott bitten, um das Sich-Gott-anvertrauen-Können bitten. Und es ist ihnen zugesagt, dass sie das nicht vergebens tun – in all ihren Versuchen, mit ihrem Gott achtsam mitzugehen und seinen guten Willen mitzuwollen.

Die Kirche sollte der Raum sein, in dem man solches Gebetsvertrauen einübt und es gestärkt findet; in dem man zusammenlegt und feiert, was einem an Gottvertrauen geschenkt, übriggeblieben ist und darum bittet, dass es stärker werden möge. Nun ist die Kirche selbst in eine tiefe Vertrauenskrise geraten, weil sie es sträflich versäumt hat, mit ihrem Gott achtsam mitzugehen und da hinzugehen, wo sie gefordert gewesen wäre. So hat sie die Vertrauensbereitschaft und die Vertrauensfähigkeit der Menschen erschöpft. Sie ist zur Umkehr gefordert, damit sie den Menschen nicht das Gottvertrauens-Hindernis bleibt, als das sie nun vielen erscheint; damit man in ihr – in ihren Gottesdiensten, in ihren religiösen Räumen – wieder zum Beten kommt und nicht an den Gebets-Aufführungen verzweifelt, die den in liturgischer Sondersprache vor sich hinplätschernden Formularen so wenig Leben einhauchen. Man sollte der Kirche einigermaßen vertrauen können, dass sie es wenigstens ernst meint mit der Bitte um den Heiligen Geist, der in ihr alles dem achtsamen Mitgehen mit ihrem Gott unterordnen will. Wo dieses Gebet Lippenbekenntnis bleibt, wird Gottes Geist wenig ausrichten. Wo es von Herzen kommt und zu Herzen geht, wird es der Glaubens-Erschöpfung standhalten können. Aber um den Geist bitten kann nur, wer sich eingesteht, dass der ihm – jetzt – fehlt. So viel demütige Selbst-Wahrnehmung tut weh. Da hält man sich lieber an die vermessene Selbst-Zuschreibung, der Kirche könne der Gottesgeist gar nicht abhandenkommen. Diese Vermessenheit aber macht im Tiefsten Gebets-unfähig: da, wo das Gebet um das Aufatmen-Dürfen in Gottes Geist entspringt und nötig wird. Die ihrer selbst gewisse Kirche hat dieses Gebet gar nicht nötig. Das scheint ihr Verhängnis zu sein.

Eine Kirche, die das Gebet nötig hat, relativiert sich; sie nimmt sich in ihrer Bedürftigkeit und Zwiespältigkeit wahr. So hat sie auch die Chance, die wahrzunehmen, die „anders" beten, anders mit ihrem Gott leben. Ob sie zum gleich Gott beten? Das mag Er selbst entscheiden. Soviel Kirchen-Relativierung, Theologie-Relativierung, muss sein, gerade wenn es ums Beten geht. Selbst-Relativierung gibt Anderen und ihrem Anderssein Raum. Das Beten gibt Gott Raum – und den Anderen. So ist es auch eine kommunikative Praxis, die sich dem Anders-Sein aussetzt, es wenigstens versucht. Das ist ein Gebets-Horizont, in den Christinnen und Christen sich – unter dem immer noch skeptischen Blick ihrer Kirchenoberen – erst zögernd hineintrauen[188]: mit den „Andergläubigen", *anders* Glaubenden zu beten.

---

[188] Wie fruchtbar es sein kann, sich in diesem Horizont zu bewegen, davon vermittelt die komparativen Theologie einen lebendigen Eindruck; vgl. etwa Klaus von Stosch, Komparative Theologie als Wegweiser in der Welt der Religionen, Paderborn 2012.

9. Danksagung. Was wir teilen dürfen.

9.1 Eucharistie: Ursprung christlicher Existenz?

Die zentrale Kulthandlung der katholischen Kirche – die Feier der Eucharistie – ist in der Krise. An ihr wird nicht nur die Krise der Ortsgemeinden, sondern auch das Unglaubwürdig-Werden kirchlicher Verlautbarungen alltäglich greifbar. Das Zweite Vatikanum hebt mehrfach die zentrale Bedeutung der Eucharistie für die christliche Existenz und die Gemeinden der Gläubigen hervor. Es nennt die Eucharistiefeier Quelle und „Höhepunkt des ganzen christlichen Lebens" wie der Evangelisation. Sie ist der von den Priestern mit ihrer Weihevollmacht für die Gläubigen und mit ihnen gefeierte sakramentale Vollzug, aus dem „die Kirche immerfort lebt und wächst".[189] Die Pfarrer sollen vor Ort Sorge dafür tragen, dass die Feier der Eucharistie diese Bedeutung im Leben der christlichen Gemeinde gewinnen und entfalten kann.

Mit dieser Hochschätzung der Eucharistiefeier war es nicht mehr so weit her, als die Krise des zölibatären Priesteramtes die Frage aufwarf, wie die Gemeinden vor Ort weiterhin aus dieser Quelle ihres Glaubens sollten schöpfen können. Da war das Festhalten am Pflichtzölibat der Priester wichtiger als die Feier der Eucharistie überall da, wo Menschen Gemeinden bilden bzw. bilden wollen. Das Angebot an Eucharistiefeiern richtete sich fortan nach der Zahl derer, die unter den gegebenen Bedingungen in der Kirche Priester sein oder werden wollten. Und man griff zu dem Argument, für die stark abnehmende Zahl der Teilnehmer(innen) an Sonntagsgottesdiensten gäbe es genügend Angebote, wenn man örtlich und zeitlich flexibel sei.

Diese „Angebots-Strategie" war kaum geeignet, die Eucharistiefeier als Mittelpunkt des gemeindlichen Miteinanders erlebbar zu machen, zumal man vielfach erleben musste, dass zelebrierende Priester je nach Verfügbarkeit in Gemeinden „eingeflogen" wurden, zu denen sie kaum eine Beziehung hatten; Hauptsache, es fand ein Mindestangebot an Eucharistiefeiern statt, sodass sich die in Großpfarreien zusammengefassten Gemeinden vor Ort nicht völlig abgehängt vorkamen. So demontierte man nicht nur das Priesterbild,

---
[189] *Lumen Gentium* 11 und 26; Dekret über die Hirtenaufgabe der Bischöfe in der Kirche *Christus Dominus* 30.

sondern auch noch die Bedeutung der Messfeier für die Gemeindemitglieder, so sehr die verbliebenen Priester sich für eine lebendige Gestaltung der von ihnen gehaltenen Gottesdienste abmühen mochten.

Kommt es da etwa zum Zusammenbruch einer eucharistischen Ideologie, die – mit Paulus einsetzend – das authentisch-jesuanische Christsein und sein Sinnzentrum überwuchert und in antik-kultisches Opferdenken zurücktransponiert hätte? Müsste man dann für diesen Zusammenbruch nicht geradezu dankbar sein, weil er neu zum Vorschein bringen würde, worum es Jesus von Nazaret selbst gegangen ist und wofür er seine Gefährt(inn)en zu gewinnen suchte? Das war die Sicht von Hubertus Halbfas.[190] Und sie hat historisch Einiges für sich. Jesus wollte – so Halbfas – seinen Jüngern das prophetische Zeichen einer offenen, egalitären Tischgemeinschaft als Vorausbild und Vorausereignis der Gottesherrschaft hinterlassen. Im hellenistischen Milieu hätten christliche Gruppen daraus „das ‚Letzte Abendmahl' als ein Ritual [entwickelt], das sich mit einem Gedächtnis verband, sich aber nun auf die neue Gemeinschaft bezog und damit exklusiv wurde."[191] Die Transformation „der ursprünglich prophetischen Symbolhandlung zum urchristlichen Sakrament" habe sich „durch die Verknüpfung des Mahles mit dem Tode Jesu vollzogen"[192] und sei von einer höchst fragwürdigen soteriologischen Deutung seines Todes bestimmt gewesen. Die Provokation der egalitären, nach außen hin bedingungslos einladenden Jünger(innen)-Gemeinschaft sei in der Sakralisierung zum identitätsstiftenden Kultereignis untergegangen, in dem die Christus-Gläubigen exklusiv an Christus und dem von ihm erwirkten Heil Anteil gewinnen konnten.[193] Die wichtigsten Schritte zu dieser Kultisierung des Prophetischen habe schon Paulus angebahnt, da er den Tod Jesu als am

---

[190] Vgl. Hubertus Halbfas, Kurskorrektur, 57–74. Während der Arbeit an diesem Kapitel erreicht mich die Nachricht vom Tod von Hubertus Halbfas. Ich habe ihn als passionierten, unbeirrbaren Jesus-Begeisterten und höchst kreativen Religionspädagogen erlebt und darf hier sein Andenken mit respektvoller Kritik ehren.

[191] Hubertus Halbfas, Kurskorrektur, 59.

[192] Vgl. ebd., 65.

[193] Die bis in die Gegenwart reichenden, ärgerlichen Auseinandersetzungen um die Frage, wer berechtigt sei, die Eucharistie zu empfangen (etwa auch wiederverheiratete Geschiedene oder Nichtkatholiken?) müssen als Nachwirkungen dieser an den Mysterienkulten orientierten Exklusivitäts-Vorstellungen angesehen werden. Ich erinnere mich an das in einer Dekanatsversammlung vorgebrachte „Argument", man dürfe die Perlen nicht vor die Säue werfen. Meine Frage, wer denn hier die Säue seien, blieb ohne Antwort.

Kreuz dargebrachtes Sühnopfer für die Sünden der Menschen verstanden und das letzte Abendmahl als prophetisch-vorwegnehmende, zu kultischer Wiederholung bestimmte Zueignung der Sündenvergebung an die mit ihm Feiernden ausgelegt habe.

Halbfas wollte mit seiner historischen Rekonstruktion insgesamt deutlich machen, „dass die kirchliche Sühnopfertheologie und die sich darauf gründende Eucharistielehre der Verkündigung Jesu nicht entsprechen."[194] So problematisierte er die Wirkungsgeschichte einer Eucharistietheologie und Eucharistiepraxis, die aus der Messfeier das identitätsverbürgend-ausgrenzende Kern-Mysterium der Kirche gemacht und die dieses Mysterium feiernden Kultpriester gegen Jesu eigene egalitäre Praxis zu Hierarchen privilegiert habe.[195] Hier verbindet sich die Kritik an kirchlicher Eucharistiepraxis mit einer fundamentalen Hierarchiekritik: Die innere Dynamik des Kultischen habe Jesu Mahlpraxis wie seine Vorstellung einer die Gottesherrschaft schon jetzt lebenden egalitären Jünger(innen)gemeinschaft überformt und im Kern verdorben. Die Wahrnehmung dieses Bruches zwischen Jesu eigener Praxis und einem zu Unrecht auf ihn sich berufenden kirchlichen Selbstverständnis erzwinge geradezu die Neuerfindung des Christentums wie der Eucharistiefeier, die Halbfas einforderte.

9.2 Warum Christen Eucharistie feiern

Man wird Halbfas darin Recht geben, dass die christlich in Übung gekommene Eucharistiefeier keine bruchlose Aufnahme oder Fortsetzung der Mahlpraxis Jesu gewesen ist. Aber man wird die Herausbildung der kirchlichen Eucharistiepraxis nicht als Bruch mit dem von Jesus Initiierten sehen müssen. Die frühen Christengemeinden haben durchaus praktiziert, was sie dem lebendigen Gedächtnis Jesu Christi verdanken durften, auch wenn sie die Abendmahls-Überlieferung zunächst wohl nicht als Vorlage für ihre eigenen Mahlfeiern verstanden haben. Sie haben sich zu Mählern getroffen, in denen sie – vermutlich am ersten Wochentag – die Auferstehung Jesu Christi feierten und im *Maranatha* seine Wiederkunft erflehten. Damit durf-

---

[194] Ebd., 69.
[195] Peter Trummer zeichnet die Gastfreundschafts-Dimension der Mahlpraxis Jesu nach, die sich gerade darin gezeigt habe, dass man die Mahlzeit mit „Freunden und Gleichgesinnten teilen" wollte; vgl. ders., Wie ich das Kreuz lieben lernte, in: Christ in der Gegenwart. Bilder der Gegenwart, April 2022, 5–8, hier 7.

ten sie sich in Kontinuität zu Jesu eigenen Mahlfeiern mit Ausgegrenzten und Benachteiligten und der in ihnen gemeinschaftlich erlebten eschatologischen Prophetie der angebrochenen Gottesherrschaft wissen. Diese prophetische Zeichenhandlung rückte nach Ostern unter das Vorzeichen der Auferweckung des Gekreuzigten. Sie war offenkundig das Sinnzentrum und der Glaubens-Rückhalt, der wöchentlich neu begangen und vergegenwärtigt worden ist.

Die Feier des Brotbrechens[196] wird also „stark *österlich* geprägt gewesen sein, als Antizipation der vollendeten Gottesherrschaft für alle Sinne."[197] Sie ruft den Auferstandenen in die Mitte der Feiernden, bittet um die Teilhabe an seinem Geist, der das Brot – auch den Wein – in der Mahlfeier zur geistlichen Nahrung auf dem Weg in die Gottesherrschaft hinein machen möge, und vereint die Feiernden im Maranata-Ruf um die Vollendung des von Jesus Christus Begonnenen. Daneben wurde wohl – von Jerusalem ausgehend – jährlich ein christliches Pascha gefeiert, das die Erinnerung an das Leidens-Geheimnis der Selbsthingabe Jesu beging und dieses in seinem Abschiedsmahl im Kreis seiner Jünger erschlossen sah: Jesu Lebenshingabe am Kreuz geschah symbolisch-„sakramental" verdichtet im gebrochenen Brot und im miteinander geteilten Kelch. In diesen Gestalten nahmen die Mitfeiernden Jesus und seine Sendung leibhaft in sich auf und wussten sich schon mit ihm vereint, bis er am Ende der Zeiten wiederkommen würde. Dieses „kultische Wissen", in der Gemeinschaft mit dem Gekreuzigten und Auferstandenen der Macht der Sünde entrissen zu sein, verband sich mit soteriologischen Artikulationen der Heilsbedeutung, die man vor dem Hintergrund der identitätsstiftenden Erfahrungen Israels mit dem neuen Pascha verband. So geben etwa die soteriologischen Meditationen alttestamentlicher Motive bei Paulus dieser Feier eine quasi-sakramentale Tiefendimension, die das neue Pascha als heilswirksames Gedächtnis des letzten Abendmahls verstehen ließen und schließlich auch dazu führten, den „Einsetzungsbericht" mit seinem Wiederholungsbefehl als Kern der christlichen Paschafeier zu institutionalisieren: In den Gaben von Brot und Wein teilt Jesus sein Leben für sie an die Mitfeiernden aus, werden sie einbezogen in das Heil, das der Glaube am Kreuz geschehen sieht und das in der Gottesherrschaft seine Voll-

---

[196] So in der lukanischen Tradition (etwa Apg 20,7); vgl. aber auch Didaché 9f. und 14,1.

[197] Michael Theobald, Leib und Blut Christi. Erwägungen zur Herkunft, Funktion und Bedeutung des sogenannten „Einsetzungsberichts", in: M.Ebner (Hg.), Herrenmahl und Gruppenidentität, Freiburg i. Br. 2007, 121–165, hier 162.

endung finden wird. Die Gaben sind in gewisser Weise Unterpfand und Zueignung des Heils an diejenigen, die die Gemeinschaft mit ihrem Herrn Jesus Christus nicht nur rituell begehen, sondern in eschatologischer Bereitschaft zu leben versuchen. Die Integration des Einsetzungsberichts in die christliche Paschafeier hat hier die Funktion einer „Kultätiologie", mit der diese Feier der nachösterlichen Gemeinde aus Jesu eigenem Handeln in der Nacht vor seinem Tod hergeleitet und so auch das Abschiedsmahl Jesu als Paschamahl stilisiert wird, was der wohl ursprünglichen Chronologie des Johannesevangeliums nicht entspricht.

Die zentrale Einsicht dieser Rekonstruktion frühchristlicher Eucharistiepraxis beruht auf der Unterscheidung zweier Grundtypen nachösterlicher Mahlpraxis. Sie geht auf Hans Lietzmann zurück[198] und bestimmt in abgewandelter Form mit teilweise veränderter Intention nach wie vor die exegetische Fachdiskussion. Die geschichtliche Entwicklung der Eucharistiefeier in den frühen Christengemeinden verlief offenkundig so, dass das heilswirksame Gedächtnis des neuen Pascha, das kultätiologisch auf das letzte Mahl Jesu im Kreis der Jünger zurückgeführt wurde, die wöchentliche Auferstehungsfeier in sich aufnahm und selbst wöchentlich begangen wurde. Das brachte es mit sich, „dass das ,Herrenmahl' *theologisch* betrachtet in einer inneren Spannung steht: Sein eigentlicher Grund ist der Glaube an die *Auferweckung* Jesu, seine Inthronisation zum *Kyrios*, der fortan der Gastgeber ist, präsent in seinem Geist. Die ,Kultätiologie' bindet demgegenüber das ,Herrenmahl' an die Weisung des *irdischen* Jesus, der den inneren Heilssinn seines Sterbens ,für die Vielen' in *prophetischer Symbolhandlung* antizipiert hat. *Aufgrund* des Osterglaubens mutierte diese Symbolhandlung zu einem ,sakramentalen' Geschehen im bezeichneten Sinn, nämlich unter dem Brot und dem eucharistischen Becher Anteil am lebenspendenden Geist des Kyrios zu gewähren. Das damit gegebene pneumatologische Denkmodell ist" – so Michael Theobalds Urteil – „die eucharistietheologische Basis", die angesichts einer zunehmenden Fixierung des eucharisti-

---

[198] Vgl. Hans Lietzmann, Messe und Herrenmahl. Eine Studie zur Geschichte der Liturgie, Berlin ³1955. Lietzmanns Unterscheidung wird auch in dem eher ritualtheoretisch angelegten Beitrag von Gerd Theißen in dem schon zitierten Sammelband herangezogen; vgl. ders., Sakralmahl und sakramentales Geschehen. Abstufungen in der Ritualdynamik des Abendmahls, in: M. Ebner (Hg.), Herrenmahl und Gruppenidentität, 166–186. Ansgar Wucherpfennig hält diese Unterscheidung angesichts der vielfältigen Mahlpraxis der frühen Christenheit für zu selektiv; vgl. ders., Wie hat Jesus Eucharistie gewollt?, 107 f.

schen Geschehens auf die Wandlung von Brot und Wein in Leib und Blut Christi deutlicher zur Geltung zu bringen wäre.[199]

Ist diese voraussetzungsreiche Entwicklung der Eucharistiepraxis christlich-kirchlich legitim? Oder hat man darin – so ja Hubertus Halbfas, der die Herausbildung der kirchlichen Eucharistie freilich anders darstellte – eine die normative Praxis Jesu verfälschende Kultisierung und damit einen Rückfall in religiös-sakrale Praktiken und Vorstellungen zu sehen? Für die „allsonntäglichen", eschatologisch ausgerichteten Auferstehungs-Mähler der ersten Zeit wird man eine der nachösterlichen Situation entsprechende Wiederaufnahme der „galiläischen" Mahlpraxis Jesu konstatieren dürfen. Die Mitfeiernden versammeln sich um den Erhöhten, der in seinem Geist unter ihnen anwesend ist. Sie wissen sich mit ihm und untereinander zuinnerst verbunden und erflehen die Wiederkunft ihres Herrn, damit ihre Bedrängnisse in „diesem Äon" ein Ende finden. Das Egalitäre an dieser Mahlpraxis wird dazu beigetragen haben, dass sich auch Unterprivilegierte zum christlichen Weg eingeladen sahen. Abschließungstendenzen zu nicht Dazugehörenden scheinen da kaum gegriffen zu haben. Die eigentlich problematische Entwicklung vollzieht sich nach Halbfas aber darin, dass sich das Kreuzes-soteriologisch aufgeladene Erinnerungsmahl, in dem das Abendmahlsgeschehen aufgenommen und vergegenwärtigt sein sollte, als dominierende und identitätsstiftende Mahlpraxis – als das christliche Pascha – durchsetzte. Damit sei eine Restitution des Hierarchisch-Priesterlichen und eine Übernahme esoterischer Kultpraktiken in Gang gekommen, wie man sie aus hellenistischen Mysterienkulten kannte. Das hier gefeierte Mysterium sei der Genuss der eucharistischen Gaben, in denen der Gekreuzigte sich selbst gibt und den „Kommunizierenden" Anteil an der von ihm am Kreuz erwirkten Sühne für ihre Sünde gewährt. Das Herrenmahl „degeneriert" zum religiösen Ritual; die damit verbundene Vorstellung eines von Gott gewollten und im Ritual aktualisierten Sühnopfers kann Halbfas nur als religionsgeschichtlichen „Rückschritt" verstehen.[200]

Halbfas' Sicht der Dinge bedarf an zwei entscheidenden Punkten der Korrektur. Zunächst ist von der Abwertung des Kultischen zu sprechen, das hier nur als „Degeneration" des Jesuanischen verstanden werden kann und deshalb den entschiedenen Widerspruch „im Namen Jesu" herausfordere. Was dabei nicht in den Blick kommt:

---

[199] Vgl. Michael Theobald, Leib und Blut Christi, a.a.O., 163.
[200] Vgl. Hubertus Halbfas, Kurskorrektur, 67 und 71.

Die „Kultisierung" der Mahlpraxis Jesu reagiert auf die nachösterlich neu konstituierte Verbundenheit Jesu mit seinen Jünger(inne)n. Kultische Praktiken verankern ein „Heilsereignis" in den Gefühlen, der Sehnsucht und dem Erleben der Mitfeiernden. Hier geschieht es *jetzt*, wird es ihnen heilsam zugänglich, identitätsstiftend. Der Kult öffnet einen Jetzt-Raum, in dem die Mitfeiernden ihre ganzmenschliche, eben auch leibhafte Verbundenheit mit dem „Kultherrn" begehen, ihr Leben aus „seiner Gnade" neu ergreifen und so dem Unheil, das sie in dieser Welt bedrängt, gewachsen sein können. Dass Jesus Christus und insbesondere sein Todesleiden am Kreuz in vergleichbarem Sinn als Heilsereignis verstanden und er als „Kultherr" im Jetzt-Raum der Feier heilswirksam gegenwärtig gewusst werden konnte, pervertiert nicht die galiläisch-österlich geprägte Mahlpraxis der christlichen Frühzeit, in der man nachösterlich die von den geteilten Gaben vermittelte pneumatische Verbundenheit mit dem Kyrios beging und sich so seiner Herrschaft teilhaftig erfuhr. Die größere soteriologische Ausdrücklichkeit der nachösterlich-Paschaorientierten Mahlfeier ist zum einen von der ursprünglichen Verbundenheit mit dem jüdischen Pascha-Begängnis nahegelegt, das man nach der Zerstörung des Tempels im christlichen Pascha heilswirksam erneuert sehen konnte. Dass sich diese Mahlpraxis christlich durchsetzte, hat aber auch – zum anderen – damit zu tun, dass das sakramental-kultische Jetzt gegenüber der schwindenden naheschatologischen Ausrichtung der Osterhoffnung an Glaubensbedeutung gewann.

Was diese Mahlpraxis mit den galiläischen Mählern Jesu verbindet, ist ihr eschatologischer Zeichencharakter: In ihnen wird die schon angebrochene Gottesherrschaft gefeiert, der sich die Mitfeiernden durch die Lebensgemeinschaft mit dem Mitmenschen Jesus von Nazaret bzw. mit dem pneumatisch unter ihnen gegenwärtigen Kyrios zugehörig wussten. Was die dem Pascha-Typ nachgestaltete eucharistische Mahlpraxis der Christen von den Mahlfeiern Jesu unterscheidet, ist – wie sollte es anders sein! – das Gedächtnis seines Pascha, das als seine Selbsthingabe „für die Vielen" kultisch vergegenwärtigt und als seine Selbstgabe in den eucharistischen Gestalten empfangen wird. In ihr wird den Mitfeiernden die innige Gemeinschaft mit dem Erhöhten geschenkt, die das Kreuz nicht vereitelte, sondern eschatologisch gültig eröffnete und sich den Mitfeiernden als rettende Teilhabe an Kreuz und Auferweckung Jesu erschloss.[201]

---

[201] So ist es ja schon in Röm 6,2–4 vorgezeichnet.

Diese Dimension des Herrenmahls konnte erst nach Ostern das Glaubensbewusstsein der Mitfeiernden bestimmen. Sie führt hinaus über die galiläische Feier des Weges der Jünger(innen) mit ihrem Meister, den sie sich von ihm in der eschatologischen Gewissheit der nun sich öffnenden Gottesherrschaft führen ließen. Aber sie führt nicht zur kultischen Degeneration der ursprünglich-jesuanischen Mahlpraxis, sondern zu einer Erweiterung ihres Sinnhorizonts: Die galiläische Weggemeinschaft darf nun als die Gemeinschaft mit dem erhöhten Kyrios begangen werden, der seine pneumatische Gegenwart mit den ausgeteilten Gaben des eucharistischen Geschehens in die Mitfeiernden eingehen lässt, damit sie aus ihm und durch ihn leben.[202] Ich kann nicht sehen, dass dieser weitere Sinnhorizont und das von ihm getragene kultisch-sakramentale Verständnis des Herrenmahls als solches von der Reich-Gottes-Praxis Jesu und seiner Verkündigung der jetzt zugänglichen Gottesherrschaft wegführt. Er erlaubt vielmehr, dass man das Heilsereignis Jesus Christus auch noch in seinem Tod am Kreuz geschehen sieht, dass man sich jetzt – in der Feier des christlichen Pascha – in es hineingenommen und pneumatisch-leibhaft zum Leben mit Gott genährt wissen kann.[203]

Das ist die Linie, auf der die eucharistisch-messianische Gemeinschaft mit dem Auferweckten ausdrücklicher als die nährende Verinnerlichung Jesu Christi – seiner Hingabe an die Menschen – weiter

---

[202] Vgl. auch Ansgar Wucherpfennig, Wie hat Jesus Eucharistie gewollt, 76: „Das [am Herrentag gefeierte] Mahl gewährte Gemeinschaft mit dem auferstandenen ‚Herrn' Jesus." Und diese Gemeinschaft wird begangen mit der innerlichen Aufnahme des Weges und des „Seins" Jesu Christi, wie sie leibhaft im Essen und Trinken geschieht. Dass in diesem „Innerlichwerden" Jesu Christi das Innerlichwerden Gottes selbst geschieht, wird in der altkirchlichen Christologie weiter bedacht und zur Geltung gebracht. Gottfried Bachl spricht hier vom „tiefste[n] Traum, den die Kultur zuwege brachte, Gott so zu haben, so aufgenommen und eingebaut, wie das Brot in den verdauenden Menschen aufgeht; ders., Eucharistie. Macht und Lust des Verzehrens, St. Ottilien 2008, 69. Vgl. Ansgar Wucherpfennig, Wie hat Jesus Eucharistie gewollt, 55.

[203] Mit dem Hinweis auf Mk 14,25 („Ich werde nicht mehr von der Frucht des Weinstocks trinken bis zu dem Tag, an dem ich von Neuem davon trinke im Reich Gottes") begründet Thomas Söding, dass in der Abendmahlsüberlieferung „die basileiatheologische und die passionstheologische Orientierung nicht im Widerspruch zueinander stehen, sondern aufeinander verweisen und einander wechselseitig interpretieren. In der Passion zeigt sich die ganze Sendung Jesu; umgekehrt versteht sich das Leiden und Sterben Jesu im Kontext der Basileia-Dynamik, die Jesus durch sein vollmächtiges Wirken von Gott her in Gang gesetzt hat"; ders., Das Mahl des Herrn. Zur Gestalt und Theologie der ältesten nachösterlichen Tradition, in: B. J. Hilberath – D. Sattler (Hg.), Vorgeschmack. Ökumenische Bemühungen um die Eucharistie (Festschrift für Theodor Schneider), Mainz 1995, 134–163, hier 158.

meditiert und bedacht wird. Die Nahrungs-Aufnahme macht das Aufgenommene zur innersten, nährenden Realität. Es wird im Stoffwechsel verbraucht und, wenn auch nicht ohne Rest und nicht ohne Belastung für den Körper, der menschlichen Lebenskraft zur Verfügung gestellt. Diese biologische Logik wird im Eucharistie-Verständnis früh aufgenommen und gleichsam umgedreht: zur Metapher eines Innerlich-Werdens, das nicht zur Anverwandlung des Aufgenommenen, sondern zum Eingehen der Aufnehmenden ins Aufgenommene führt. Der Erhöhte verlautbart sich in den *Confessiones* der Augustinus: „Ich bin die Speise der Erwachsenen. Wachse und du wirst mich genießen. Aber nicht wie die Speise deines Leibes wirst du mich in dich verwandeln, sondern umgekehrt wirst du in mich umgewandelt werden."[204] Das Teilnehmen an der Eucharistie führt in die begnadend-herausfordernde Teilnahme an Christus und seiner Sendung. So darf schließlich gesagt werden: „Das Innesein, dargestellt in der Aufnahme von Brot und Wein in den Leib, geschieht als restlose Annahme, als Übereinstimmung, Bejahung, Treue, Gnade, Liebe; als Glauben, als Hoffen und Lieben des essenden Christen."[205]

9.3 Sühnopfer?

Der zweite Punkt, an dem Halbfas zu widersprechen wäre, hat noch größeres Gewicht. Weil er die kultisch-sakramentale Gestalt der christlichen Eucharistiefeier nicht würdigen kann, blendet er die Opfer- und Sühnerituale Israels aus, die vor allem Paulus, dann auch die Synoptiker in ihr Verständnis des Kreuzes Jesu und der Feier des Herrenmahls einbringen.

Wenn von Sühne und Opfer die Rede ist, assoziiert man auch im Mainstream christlich-soteriologischer Überlieferungen einen Gott, der durch eine wertvolle Gabe seitens der Menschen bewegt werden soll, den Sündern nichts Böses zuzufügen, sie nicht verdientermaßen

---

[204] Confessiones VII,10,2. Diesem Text stellt Gottfried Bachl einen ebenso eindrücklichen des Albertus Magnus zur Seite: Der „göttliche Leib" wird nicht in uns verwandelt, was ihn um seine heilend-wandelnde Kraft bringen würde. Vielmehr ist es im eucharistischen Mahl so, dass „seine Kraft unsere Schwachheit überwindet und uns zu sich hin verwandelt", sodass „unsere Schwachheit in seine göttliche Kraft übergehen" muss (Liber de Eucharistia, d.III, tr. I c 5/5; zitiert nach Gottfried Bachl, Eucharistie, 120).
[205] Gottfried Bachl, Eucharistie, 126,

zu bestrafen. Wenn man genauer auf die nachexilische Opfer- und Sühnepraxis Israels schaut, ergibt sich – wie oben dargestellt[206] – ein anderes Bild: Opfer und Sühnepraktiken sollen der Feier bzw. der Wiederherstellung der Lebensgemeinschaft Israels mit seinem Gott JHWH dienen. Sie bitten Gott erhörungsgewiss – da er diese Rituale geschenkt hat –, in der Mitte seines Volkes seinen Platz einzunehmen und die Mitfeiernden an seiner heilshaft-segnenden Gegenwart teilhaben zu lassen. Neutestamentlich, vor allem paulinisch erscheint Jesus Christus als das eschatologisch-endgültige, rettende Hineinkommen Gottes in die Not und Zerrüttung seines Volkes. Jesu Kreuz wird als der Ort der Selbstvergegenwärtigung Gottes im Abgrund der Sünde und des Todes verstanden – und in diesem Sinne als die Erfüllung und das Ende von Menschen inszenierter Opferpraktiken: als ihre Erfüllung, da nun für immer und unüberbietbar gültig geschieht, was das Opfern immer schon erbat und feierte: heilsam-rettende Teilhabe an Gott und seinem Segen. Am Kreuz wird noch in alles erschütternder Gottverlassenheit wahr, was der Gottesname bedeutet: Ich werde für euch da sein, so wie es mir ganz und gar entspricht (vgl. Ex 3,14). *Ecce homo, ecce deus.* Wo das Dasein des Menschen hilflos und trostlos erlischt, ist Gott da, „der gekreuzigte / beide Arme / weit offen / der Hier-Bin-Ich."[207]

Von Paulus, den Synoptikern und dem Hebräerbrief ausgehend hat man in den frühen Christengemeinden das Kreuz Jesu in die Glaubens- und Ritual-Traditionen Israels „einordnen" und als deren eschatologische Erfüllung darstellen wollen. Das ist diesen Traditionen nicht in jeder Hinsicht gerecht geworden und kann von Juden als missbräuchlicher Übergriff angesehen werden. Zudem ist vieles an dieser soteriologischen Perspektivierung im hellenistischen Kontext nicht mehr authentisch verstanden worden, so dass es zu den christlich vielfach weitergegebenen Verzerrungen des Sühnegedankens kommen konnte.[208] Aber kann man nicht noch nachvollziehen,

---

[206] Vgl. oben Kapitel 3.
[207] Hilde Domin, Ecce homo. Gesammelte Gedichte, Frankfurt a.M. ⁷1999, 345. Den Hinweis auf dieses Gedicht entnehme ich: Franziska Loretan-Saladin, Trost, in feinschwarz vom14. April 2022.
[208] Martin Ebner zeichnet diese Verschiebungen im kultischen wie im ekklesialen Bewusstsein nach: „Es macht einen großen Unterschied, ob Christus (in der theologischen Deutung des Kreuzestodes) zur Sühneplatte des Tempels erklärt wird und alle, die daran glauben, von dieser neuen, virtuellen Architektur profitieren, indem sie – unabhängig von Stand, Rang und Geschlecht – direkten Zugang zum Allerheiligsten erhalten und ihnen auf Grund dieser Gottunmittelbarkeit auch untereinander gleiche Würde zugesprochen wird – oder ob Episkopen und Presbyter sich

dass die Bezugnahme auf Israels Traditionen dem Blick der Christen auf das Kreuz Jesu und der Feier seiner Selbsthingabe im christlichen Pascha eine Tiefendimension erschlossen hat, die es neu zu entdecken und nicht aufzugeben gilt?

9.4 Eucharistie: Wir teilen das Geschenk Seiner Selbsthingabe

Die Ritualisierung der Eucharistie, bei der die Abendmahlsüberlieferung die Funktion der „Kultätiologie" einnimmt, führt dazu, dass die Selbsthingabe Jesu Christi für die Seinen ins Zentrum der Liturgie tritt. Die eucharistischen Gaben bezeichnen diese Selbsthingabe *und* die Gemeinschaft mit dem Erhöhten, aus der die „Kommunizierenden" nun leben und auf die Vollendung dieser Gemeinschaft hinleben. Sie werden nun selber zum Leib Christi, mit dem das Leben-Können aus seinem Geist in dieser Welt greifbar und sichtbar wird. Sie feiern das Christus-Pascha, indem sie miteinander teilen und bezeugen, woraus sie leben. Paulus macht das in 1 Kor 10 selbst deutlich: „Ist der Kelch des Segens, über den wir den Segen sprechen, nicht Teilhabe am Blut Christi? Ist das Brot, das wir brechen, nicht Teilhabe am Leib Christi? Ein Brot ist es. Darum sind wir viele ein Leib, denn wir haben alle teil an dem einen Brot" (1 Kor 10, 16–17). Christi Selbsthingabe teilt sich denen mit, die sie empfangen, das heißt: an ihr teilnehmen und so sein „Leib" werden. Das wird im Teilen des Kelches begangen, der der Kelch seines Sendungs-Daseins und gerade so der „Kelch des Segens" ist.[209]

Diese Teilnahme-Orientierung – das den Teilnehmenden geschenkte Wirklich-Werden der Koinonia (Communio) an Christus und seiner Lebens-Einheit mit dem Vater im Miteinander der Gemeinde – ist im lateinischen Umfeld auf das Partizipieren an den

---

selbst, und nur sich selbst, plötzlich ‚Priester' nennen, ‚Gaben darbringen' und an Tischen, die als ‚Schlachtstätten' bezeichnet werden können, einen *Sacrificium*-Gottesdienst feiern…" (ders., Vom Holztisch zum Steinaltar und vom Triklinium in den Tempel. Analyse eines Metaphorisierungsprozesses und seiner soziologischen Konsequenzen anhand der Vorstellung vom ‚Altar' im frühen Christentum, in: Münchener Theologische Zeitschrift 73 [2022], 3–21, 20).

[209] Dass der Segenskelch das christliche Pascha in der Tradition des jüdischen Pascha verortet, liegt bei den Synoptikern wie ja auch bei Paulus auf der Hand. Vom Kelch als Inbegriff der ins blutige Leiden hineinführenden Sendung Jesu ist synoptisch bei den sogenannten Leidensweissagungen die Rede; vgl. das Wort Jesu an die Jünger Mk 10,38–39: „Könnt ihr den Kelch trinken, den ich trinke […]? Ihr werdet den Kelch trinken, den ich trinke […]."

eucharistischen Gaben eingeengt worden, die man *kommunizierte*. Die soteriologische Tiefe eines rituellen Vollzugs, der den Teilnehmenden in der Gemeinschaft mit dem Kyrios die Rettung aus dem Sündenverhängnis der Welt zusagte, wurde auf die Fähigkeit der zu Fleisch und Blut Christi gewandelten Gaben bezogen, als geistliche Medizin die Erlangung des ewigen Lebens zu vermitteln.[210] Da ist es zu Verkürzungen gekommen, die man bei Kenntnis der geschichtlichen Zusammenhänge nicht weitertragen dürfte.[211]

Die Konzentration des Eucharistieverständnis auf die Segnung, schließlich auf die Verwandlung der Gaben führte im Lauf der Jahrhunderte zu einer schwer mit dem neutestamentlichen Befund zu vereinbarenden Überhöhung des Priestertums und der ihm in der Weihe übertragenen Weihevollmacht.[212] Die Priester sind nun in ihrem „Wesen" weit über die Ungeweihten erhoben, da ihnen die Macht verliehen ist, die Wandlungsworte Jesu im Abendmahlsaal zu sprechen und mit ihm – in persona Christi capitis – die Wandlung der eucharistischen Gaben herbeizuführen. Der von Konzil von Trient in Auftrag gegebene *Catechismus Romanus* kann die Würde der Priester gar nicht genug preisen. Ihr Amt ist „ein solches, dass man sich kein höheres ausdenken kann, daher sie mit Recht nicht nur Engel, sondern auch Götter genannt werden, weil sie des unsterblichen Gottes Kraft und Hoheit bei uns vertreten." Ihnen ist ja – so der Catechismus Romanus weiter – „die Gewalt [übertragen], sowohl den Leib und das Blut unseres Herrn zu wandeln und zu opfern, als auch die Sünden nachzulassen". Diese Gewalt „übersteigt selbst die menschliche Vernunft und Fassungskraft, geschweige denn, dass etwas ihr Gleiches oder Ähnliches auf Erden gefunden werden könnte."[213]

Wo Messe und Wandlungsvollmacht, wie in der antireformatorischen Lehrbildung der römisch-lehramtlichen Theologie, so ins Zentrum des kirchlichen Selbstverständnisses geraten, kann es nicht

---

[210] Ignatius von Antiochien nannte sie „pharmakon athanasias" (Brief an die Epheser, 20,2).
[211] Vgl. Arnold Angenendt, Offertorium. Das mittelalterliche Meßopfer, Münster 2013.
[212] Dabei ging man bekanntlich so weit, die Feier des letzten Abendmahls als Priesterweihe der Apostel durch Jesus selbst und als Übertragung der Weihevollmacht an sie auszugeben („Tut das zu meinem Gedächtnis!"). Den hier fälligen Revisionsbedarf markiert Ansgar Wucherpfennig, Wie hat Jesus Eucharistie gewollt?, 112: „Die frühen christlichen Zeugnisse über die Eucharistie enthalten einen klaren Auftrag an die Kirche, die Ämter und Aufgaben beim Mahlsakrament neu zu ordnen."
[213] Catechismus nach dem Beschlusse des Konzils von Trient für die Pfarrer auf Befehl der Päpste Pius V. und Klemens XIII herausgegeben, Kirchen Sieg 1970, 237 (Siebentes Hauptstück. Vom Sakrament der Priesterweihe, Ziffer 2).

ausbleiben, dass auf die Eucharistiefeier der Schatten einer hierarchisch-ekklesialen Egozentrik gerät, die allen anderen Kirchen nicht nur die gültige Eucharistiefeier, sondern gleich noch das Kirche-Sein abspricht.[214] Sie verfügten ja nicht über gültig geweihte und mit Weihevollmacht ausgestattete Bischöfe und Priester.

Man wird also kaum übersehen können, dass die römisch-katholische Kirche in ihrer Geschichte viel dafür getan hat, den Sinn der Eucharistiefeier als Mitte und Quelle christlichen Glaubens mit ihren Exklusivitäts- und Deutungs-Ansprüchen zu verdunkeln. Der heftigen Kritik von Hubertus Halbfas[215] wäre hier noch einiges hinzuzufügen. Und es lässt sich immer noch nicht erkennen, ob man in Rom bereit ist, diese Exklusivitäts-Ansprüche im Blick auf eine historisch gut nachvollziehbare Vielfalt der eucharistischen Praxis in den Gemeinden der christlichen Frühzeit zu relativieren. Die Eucharistie-Geschichte ist offenkundig auch eine Missbrauchs-Geschichte: Man missbrauchte die identitätsstiftende Feier der Teilhabe am Heilsereignis Jesus Christus zur Klerikalisierung und Feudalisierung eines Amtes, das nicht zur Kirchenherrschaft, sondern zum Dienst an der Glaubensfreude und der Hoffnung der ihm Anvertrauten berufen ist. Diesen Missbrauch gilt es endlich zu überwinden, damit der Glaubens-Sinn der Eucharistie in den Christengemeinden aller Konfessionen neu hervortreten kann.

Dieser Glaubens-Sinn wäre nicht nur von der galiläischen Mahlpraxis Jesu her, sondern im Blick auf die Geschichte der Herausbildung einer Eucharistiefeier zu bestimmen, die von den frühen Gemeinden im Osten wie im Westen als Kirchen-konstitutiv und als Voraussetzung dafür angesehen wurde, sich gegenseitig als *christliche* Gemeinden anzuerkennen. Es wird kein überzeitlich festgelegter Sinn sein, der sich an *einem* geschichtlichen „Ort" definitiv und in seiner Fülle erschließt, sondern ein Vollzugs-Sinn, dem in der Eucharistie-Geschichte neue Relevanzen und Lebens-Bedeutungen zuwachsen konnten. Jesus von Nazaret hat eine Reich-Gottes-Praxis initiiert, die von seinen „Jünger(inne)n" über die Jahrhunderte hinweg vielfältig aufgenommen, freilich auch missverstanden und pervertiert wurde. An der Eucharistiepraxis kommt das exemplarisch zum Vorschein. Der Anspruch der (römischen) Kirche, die jesuani-

---

[214] Der Tiefpunkt dieser Entwicklung scheint mit der Erklärung der Kongregation für die Glaubenslehre *Dominus Iesus* vom 6. August 2000 erreicht (vgl. den Abschnitt IV).
[215] Vgl. Kurskorrektur, 70–74.

sche Norm dieser Praxis zu gewährleisten, ist uneingelöst geblieben und hat die Variabilität im Verständnis des Eucharistie-Feierns eher verschleiert. Er musste ins Leere gehen, weil er sich an einer Norm festmachen wollte, die *so* gar nicht gegeben war: der ursprünglichen Praxis Jesu selbst. Er musste ins Leere gehen, weil sich die kirchliche Eucharistiepraxis gewissermaßen „unter dem Radar" der offiziellen Lehre geschichtlich veränderte und verändern musste, um das Glaubensbewusstsein unter geschichtlich tiefreichend veränderten Lebens- und Verstehens-Bedingungen auf die Reich-Gottes-Wirklichkeit auszurichten, die Jesus initiierte.

So wird man sich christlich einerseits auf die Gründungsgeschichte der eucharistischen Praxis beziehen und andererseits ihre Transformationsgeschichte über die Jahrhunderte hinweg im Blick behalten müssen, um herauszuarbeiten, was uns diese Praxis heute bedeuten kann und wie sie den christlichen Glauben heute zentrieren „will". Als eucharistietheologisch zentral wird man weiterhin und vielleicht von Neuem das kultisch geprägte Bewusstsein der Teilnehmenden ansehen, sich *jetzt* dankbar um den erhöhten Kyrios versammeln zu dürfen, um ganzmenschlich – leibhaft-pneumatisch – Anteil zu gewinnen an der Gottesherrschaft, die Jesus von Nazaret, der Christus, initiierte und „verkörperte". Mit den eucharistischen Gaben dürfen die Kommunizierenden den Geist Jesu Christi – und des Vaters – in sich aufnehmen, damit er sie seinen Weg in die Gottesherrschaft hineinführe. In diesen Gaben verbindet sich der erhöhte Kyrios zuinnerst mit den Kommunizierenden, um mit ihnen Gottesherrschaft jetzt anzufangen und sie in der endzeitlichen Gottesherrschaft zu vollenden. Die Mitfeiernden teilen diese Gaben und in den Gaben die Lebens-, Leidens- und Auferstehungs-Gemeinschaft mit Christus und mit all denen, die jetzt *kommunizieren:* sich in den Leib Christi einfügen und zum Zeugnis für die Lebens-konkrete Zugänglichkeit der Gottesherrschaft berufen lassen.

Dass diese Sinnbestimmung der Eucharistiefeier einigermaßen unkonkret bleibt, hängt damit zusammen, dass mit dem zentralen Wort in dieser Beschreibung – Gottesherrschaft – zwar die Intention der Verkündigung wie der prophetischen Praxis Jesu aufgenommen, die Bedeutung dieses Wortes für heutiges Glauben aber kaum schon hinreichend deutlich und vorstellbar geworden ist. Kirchliche Lehre und Verkündigung haben sich für die „Ausfüllung" dieser Leerstelle über die Jahrhunderte hinweg erstaunlich wenig engagiert bzw. sie haben sie mehr oder weniger gewachsenen und als selbstverständlich eingebrachten Frömmigkeitsbildern überlassen, um dann von mehr oder weniger säkularisierten und in gesellschaftliche Diskurse „ausgewanderten" Bildern des Reiches Gottes überrascht zu werden.

So stand *Reich Gottes* christlich meist fürs Jenseitige, den Himmel, das „ewige Leben", für das man durch den Empfang des Sakraments eine Anwartschaft gewinnen konnte. Dass die Gottesherrschaft jetzt anfangen soll, dass Jesus von Nazaret sie mit seinen Jüngern anfangen wollte, damit die den Armen und Leidenden zugesagten „Seligpreisungen" nicht länger Vertröstung blieben, das ist den Kirchen und der Theologie von denen kritisch vorgehalten worden, die sich vom kirchlichen Mainstream distanziert hatten oder ihm religionskritisch die Leviten lasen. Aber was kann uns denn nun die zum theologischen Fremdwort gewordene Metapher Gottesherrschaft heute bedeuten? Eine Definition hat Jesus selbst nicht geliefert. Er hat nicht gesagt, *was* es ist, sondern – in Gleichnissen – erzählt und prophetisch angesagt, *wie* es ist, wie es geschieht. So hat er nicht die Definitionslust befriedigt, sondern die Vorstellungskraft herausgefordert: Wenn Gottes guter Wille geschieht, wenn er beginnt, mitten unter euch Wirklichkeit zu werden, dann füllt sich das so an:... Die begriffliche Leerstelle ist kein Mangel, sondern Herausforderung, sich in Gottes guten Willen einzufühlen und einzuleben – und sich dabei von seinem Christus auf dem Weg in die Gottesherrschaft mitnehmen zu lassen.

Wenn man es – gewissermaßen zwischendurch – doch begrifflich einordnen will, so kann man sich nicht blind auf die überlieferten Begriffe verlassen: Gerechtigkeit, Rechtfertigung, Sündenvergebung, Unsterblichkeit. Sie sind zum Klischee und so vieldeutig geworden, dass sie in die Irre führen können und vielfach in die Irre geführt haben. Man könnte sich *ex negativo* annähern: Gottes guter Wille geschieht nicht, wo seine gute Gabe missachtet wird: das Leben, die Schöpfung, das Geschenk, das jeder Mensch mir, uns und sich selbst sein kann. Gottes guter Wille geschieht nicht, wo die Macht des Todes sich als stärker erweist als die Macht der Liebe. Gottes guter Wille geschieht nicht, wenn Menschen sich in Resignation zurückziehen, statt den Aufbruch zu wagen, wenn sie eine Zeit lang und einigermaßen für sich auf ihre Kosten kommen wollen, statt das Miteinander zu wagen.

Wenn man es also begrifflich will, hilft vielleicht der aus dem christlichen Sprachgebrauch im 19. Jahrhundert ausgewanderte Begriff *Solidarität* weiter: Wir gehen einander etwas an, sind uns in dem, was jedem am Herzen liegt, nicht gleichgültig. Wir fühlen miteinander und lassen uns dafür engagieren, dass der Mensch neben mir nicht ins Abseits gerät, nicht verloren geht, dass er „mitgenommen" wird. Da kommen wieder die Seligpreisungen in den Blick: Die ins Abseits Geratenen und Abgeschriebenen sind die Erwählten. Das scheint irgendwie der Ernstfall von Solidarität zu sein. Die Hoffnung aber, die in ihr berührt wird, ist so unbescheiden, dass sie Gott in das Geschehen der Solidarität eingebunden sieht: Israels Opferpraxis hat ihn so in Anspruch genommen, zunächst für „sein" Volk, dann – und entschieden in Jesu Verkündigung – „für die Vielen", die ohne Gott verloren wären, entrechtet blieben, um ihr Leben und ihre Zukunft betrogen, von der Sünde zerfressen wären.

Dass Gottes Dasein für uns geschieht, wo Solidarität geschieht und darin seine Solidarität greifbar, zumindest glaubbar wird, glaubhaft wird, dass man auf sie setzen darf, dass sie niemand verloren geben wird: In diese Glaubens-Perspektive wird man vom Propheten und großen „Vergegenwärtiger" der Gottesherrschaft wirksam hineingenommen. Von ihm darf man sich zu dem eucharistischen Mahl eingeladen sehen: eingeladen, in ihm die Geistes-Kraft in sich aufzunehmen, in das Geschehen von Gottes gutem Willen hinein aufzubrechen, diesen guten Willen dankbar wahrzunehmen, sich ihm im Innersten zu öffnen, ihn zu „verehren", ihm so einen Erlebnisraum zu geben und Handlungsimpulse zu verdanken.

Eucharistie ist in diesem christlich elementaren Sinn *Feier der Teilhabe:* des Teilhabendürfens an Gottes Leben und an seinem guten Willen; des Teilhabendürfens am Leib Christi, der erfahren, teilen und bezeugen darf, wie dieser gute Wille das Menschsein segnet und seiner Vollendung zuführt; Feier aber auch des Teilhabendürfens an einem unendlich verheißungsvollen Menschenleben und an den „Ressourcen", aus denen sich seine Verheißung speist. Die dankbare Feier der Teilhabe ist freilich nicht denkbar, nicht vollziehbar, wo man sich nicht in die Verpflichtung hineinnehmen lässt, zu teilen, woran man selbst teilhaben darf. Der „Genuss" des Anteilhabens, den die eucharistischen Gaben – das gebrochene Brot und der miteinander geteilte Kelch – symbolisieren, weitet den Blick auf die Ausgeschlossenen, auf die von den Quellen geistlicher wie elementar leibhafter Nahrung für ein menschenwürdiges Leben Ausgeschlossenen. Wer Eucharistie feiert, darin den Dank für sein Teilhabendürfen feiert und sein Anteilhaben lebt, der begeht seine Identität als ein Mensch der Teilhabe und des Teilens. Die Mitfeiernden wissen aber auch darum, wo und wie sie an der Sünde des Ausschließens teilnehmen und der Vergebung bedürfen.²¹⁶ Eucharistie ritualisiert und realisiert *Communio:* lebenspendende Gottes- und Menschen-Verbundenheit, das Geschenk der Gottes-Verbundenheit, an der teilzuhaben bedeutet, das eigene Dasein als Teilnehmen-Dürfen und Teilnehmen-Lassen dankbar zu leben und in der Feier des Herrenmahles auf die endzeitliche Vollendung der Gott- und Menschen-Verbundenheit zuzugehen. Eucharistie feiert das Lebens- und Heils-Geheimnis meines leibhaften Daseins, da in ihr das Christus-Geheimnis der Menschen-Verbundenheit Gottes leibhaft begangen wird: im Leib Christi, der die Kirche ist. Kirche begeht in der Eucharistie das sakramentale Geheimnis des Leben-Teilens. Ihm darf sie in ihrem Dasein Ausdruck verleihen; ihm hat sie mit all ihren Vollzügen oder Strukturen zu dienen. Im Zeichen des heiligen Mahles darf sie das verheißungsvolle Sich-Relativieren und Sich-relativieren-Lassen in der Freude am Leben-Teilen bezeugen: am Leben-Teilen mit Gott in der Communio Jesu Christi und mit den Menschen guten Willens, denen man sich in Gottes Geist verbunden weiß. Wo Kirche dieser Berufung nachkommt, hält sie den Raum offen, in dem Menschen zu dem ihnen aus den Zeugnissen der Bibel wie der authentischen Glaubensüberlieferungen und von Glaubenszeug(inn)en Zugetragenen Zugang finden, es teilen, dankbar feiern und ihrerseits bezeugen können. Da wird die Frage nach der Notwendigkeit von Kirche nicht aufkommen. Sie ist Glaubens-selbstverständlich. So wird es als Skandal erlebt, wenn sie ihre Berufung verrät.

9.5 Kultunfähig?

Aber sind diese Beschreibungen nicht ganz aus der Zeit gefallen? Wenn ein Stichwort die religionsgeschichtliche Situation der Gegenwart zu treffen scheint, dann ist es das der *Kultunfähigkeit* und Ritualvergessenheit. Die Brutalität eines Weltgeschehens, das Auschwitz zugelassen hat, rücksichtslose Aggressoren erfolgreich sein lässt und der unbarmherzigen Ausbeutung von Menschen und Ressourcen den Weg ebnet, scheint die „Fähigkeit zu verehren und sich zu be-

---

[216] Hier wird der elementare Bezug der Eucharistie zu den anderen „großen" Sakramenten deutlich: zur Taufe als der Feier der Teilhabe am kreatürlichen und am göttlichen Leben; zum Vergebungs-Sakrament als dem Umkehr-Ritus, der die Erneuerung des Teilnehmens und Teilens begeht.

geistern [...] im Menschen getötet" zu haben.²¹⁷ Die Alltagserfahrung des 21. Jahrhunderts spricht dafür, dass der Kult in eine religiöse Nische ausgewandert ist und den Ort als zentrales Selbstvergewisserungs- und Motivationsgeschehen in der Gesellschaft, den Emil Durkheim ihm noch zugewiesen hat, nicht mehr einnimmt. Durkheim spricht offenbar von einer weit zurückliegenden religiösen Vergangenheit, wenn er daran erinnert, „dass es der Kult ist, der die Freude, die innere Ruhe, den Frieden, die Begeisterung erregt, die für den Gläubigen der Erfahrungsbeweis für seinen Glauben ist." Heute scheint es kaum noch absehbar, dass neue Formen des Kultes und gemeinschaftlicher Verehrung auftauchen werden – „Stunden der schöpferischen Erregung" – und das Bedürfnis sich von neuem regt, „sie von Zeit zu Zeit in Gedanken wieder zu durchleben", die Erinnerung an sie „durch Feste zu festigen, die deren Folgen regelmäßig beleben."²¹⁸ Oder hat Durkheim weiter gesehen, als die soziologischen Säkularisierungstheoretiker und Banalisierungskritiker unserer Tage, die ihre Botschaft von Ende der Religion und ihrer kultischen Praxis bis in die Kirchen hinein verkünden?

Nietzsche hat die Fragwürdigkeit aller Vorstellungen von einer modernen Kult- und Verehrungs-Zersetzung deutlich wahrgenommen. Einerseits gilt auch für ihn: Die kultische Erzeugung des Vertrauens auf ein letztes Gut-Werden und die Verehrung der Instanz, die dieses Vertrauen rechtfertigen soll, ist philosophisch zu dekonstruieren. So führt auch für ihn an diesem Entweder – Oder kein Weg vorbei: „[E]ntweder schafft eure Verehrungen ab oder – *euch selbst!*" Die Selbstabschaffung des Menschen wäre für Nietzsche Nihilismus. Aber, so gibt er andererseits zu bedenken: „[W]äre nicht auch das Erstere [die Abschaffung aller Verehrungen] – der Nihilismus? – Das ist *unser* Fragezeichen."²¹⁹ Der „höhere Mensch" wird den Nihilismus überwinden; er wird nicht nur die bisherigen Verehrungen, sondern auch die Willensschwäche des Nihilismus verachten. Aber: „Die grossen Verachtenden [...] sind die grossen Verehrenden."²²⁰ Sie haben den zuhöchst Verehrungswürdigen getötet, um *anders* zu verehren. Ihre Tat ist größer als alle anderen denkbaren Taten: „Das

---

²¹⁷ So Elie Wiesel, zitiert in: Rudolf Bohren, Gebet, in: U. Ruh – D. Seeber – R. Walter (Hg.), Handwörterbuch religiöser Gegenwartsfragen, Freiburg i. Br. 1986, 127–131, hier 128; das Originalzitat habe ich nicht auffinden können.

²¹⁸ Emile Durkheim, Die elementaren Formen des religiösen Lebens, dt. Frankfurt a. M. ²1984, 559 und 572.

²¹⁹ Die fröhliche Wissenschaft, Aphorismus 346, KSA 3, 581.

²²⁰ Also sprach Zarathustra IV. Vom höheren Menschen, KSA 4, 357.

Heiligste und Mächtigste, was die Welt bisher besass, es ist unter unseren Messern verblutet, – wer wischt diess Blut von uns ab? Mit welchem Wasser können wir uns reinigen? Welche Sühnfeiern, welche heiligen Spiele werden wir erfinden müssen?"[221]

Die Abschaffung der religiösen Kulte und Verehrungen macht nicht tabula rasa mit dem Verehren; die Zersetzung des darin gefeierten Vertrauens schafft das Vertrauenwollen und Vertrauenmüssen nicht aus der Welt. Für Nietzsche ist klar: Da werden nur die Positionen des Kult-Objekts und des zutiefst Verehrungswürdigen umbesetzt. Sich selbst sieht er als Prophet eines definitiv Verehrungswürdigen: des Lebens und des Willens zur Macht, der sich in ihm durchsetzen „will". Menschen ganz ohne Verehrungen und Kultfeiern, das wären nach Nietzsche „Letzte Menschen", die in ihrer klein gewordenen Welt das Glück erfunden haben, „ein Lüstchen für den Tag und ein Lüstchen für die Nacht", dazwischen viel Unterhaltung.[222]

Vielleicht ist es so gekommen, dass die Verehrungen kleinformatiger geworden sind und kleinere, alltäglichere Leidenschaften wecken. Man wundert sich nicht, davon zu hören, dass eine bestimmte Handtasche oder ein Club-Event „Kult sind" oder dass einem jungen Menschen das eigene Auto Ein und Alles ist. Samstagabends wird man im Regionalexpress damit konfrontiert, dass Menschen von einer großen Kult-Veranstaltung kommen; sie haben im Stadion ihre Leidenschaft ausgelebt haben und kommen erstmal davon „nicht runter". Solche Kulte und Verehrungen wecken Leidenschaften. Man kommt dem ganz nahe, was man als Quelle der eigenen Lebendigkeit ansieht, was Hingabe auf sich zieht und Einsatz fordert – zu leidenschaftlicher Selbst-Expression verleitet oder motiviert, je nachdem.

Da geht es wohl nicht, zunächst nicht, um die großen Themen und Dinge des Lebens. In der Regel, die freilich mitunter durchbrochen wird, bleibt das alles Fußball-Folklore. Aber es kann auch anders kommen, weniger harmlos: Menschen kommen zusammen, weil sie sich in ihrem Innersten angerührt fühlen. Sie wollen ihre „großen" Leidenschaften ausleben, die für die Ehre der Nation, gegen die Eindringlinge, für unseren „höchsten Güter", gegen die, denen sie nichts bedeuten. Da zeigt sich etwas von einer höchst zwiespältigen Verehrungsbereitschaft, von einem Kult, in dem begangen und erlebt wird, was einem „heilig" ist und was einen „stolz macht" und in dem

---

[221] Die fröhliche Wissenschaft, Aphorismus 125, KSA 3, 481.
[222] Vgl. Also sprach Zarathustra I. Zarathustra's Vorrede 5, KSA 4, 19 f,

man mit allen Leidenschaften daran teilhaben will. Die Verteidigung der eigenen Religion wird da in einigen Weltregionen durchaus wieder eine Rolle spielen. Aber in unseren Breiten ist sie zu einer eher leidenschaftslosen Sache geworden; ihre Kulte mobilisieren insgesamt wenig Begeisterung und Stolz. Und man wird damit eher zufrieden sein. Vorbei sind die „heißen Zeiten" des Christentums, in denen das Christsein schwer zu zähmende Leidenschaften mobilisierte, sogar in Kriege um das hineintrieb, was einem heilig war und was man deshalb nicht in den Dreck ziehen ließ.

Es ist also nicht ausgeschlossen, dass religiöse Kulte Leidenschaften entfachen, die Teilnehmenden tief anrühren und – wie zwiespältig auch immer – zur Entschiedenheit für das oder den herausfordern, dem man sich im Kulterlebnis nahe fühlte, das man hier als Quelle und Rückhalt der eigenen Identität neu in sich aufnehmen durfte. Die Eucharistiefeier wird diese Erlebnisqualität in unserer Weltregion kaum noch entfalten. Die sakramentale Praxis der Christen ist insgesamt nicht zuerst auf die Erweckung von Erlebnissen ausgerichtet. Sie *relativiert* das Erleben, die konkret erlebte Lebens-Steigerung, in der man nicht erst neuzeitlich das Absolutum sah, das sich selbst beglaubigte und so das ganze Leben für sich in Anspruch nehmen durfte. Der sakramentale Ritus öffnet vielmehr einen Raum, in dem sich der, dem wir ein Leben in Fülle verdanken, berühren lässt, im wahrsten Sinn des Wortes in uns eingeht, sodass er dieses Leben in unserem Innersten entfachen, inspirieren kann – und wir aus ihm leben, ja an ihm teilnehmen können. Welche Erlebnisqualität dieses Berührt-Werden und Aufnehmen- bzw. Teilnehmen-Dürfen auch immer hat: Es geschieht, die Tradition sagt *opere operato*, durch den Vollzug des heiligen, heiligenden Ritus. Es geschieht, weil Gott in Jesus Christus durch seinen Geist das „Subjekt", der Initiator, dieses Nahekommen und Teilnehmens ist. Was da zwischen dem, der den Mitfeiernden hier nahekommt, und denen, die sich sein Nahekommen – mehr oder weniger, in dieser oder in jener Weise – nahegehen lassen, konkret geschieht, ist unverfügbar und nicht „von außen" beschreibbar.

Gott bringt sich in das Geschehen ein, in dem der erhöhte Kyrios seiner Gemeinde heilsam-segnend, als Nahrung für den Weg in die Gottesherrschaft gegenwärtig wird. Die Mitfeiernden sind gerufen, sich einzubringen, ihr Leben durch den Geist Jesu Christi und des Vaters zur Teilnahme an der Gottesherrschaft verwandeln zu lassen und neu zu empfangen. Es geschieht Wandlung. Wie sie die Teilnehmenden ergreift, wie sie zu Teilnehmer(inne)n an der Wandlung werden und was das aus ihrem Leben „macht", wie es sie mit Gottes gutem Willen „ansteckt", das bleibt lebensgeschichtlich und glaubensgeschichtlich offen; es bleibt das Geheimnis einer jeden konkreten Gottesbeziehungs-Geschichte. Wo man es ins menschliche Machen hineinziehen würde, wäre man in der Magie gelandet.[223]

So bleibt auch offen und unverfügbar, wie tief das Erleben geht, das man dem Ritus verdankt, wie einem zu Herzen geht und trifft, was man in der Teilnahme an der eucharistischen Handlung – im „Kommunizieren" – begeht. Es ist schon so: Im Begehen des Ritus lässt man sich – mehr oder weniger – auf Gottes Angebot ein, das eigene Leben heilsam verwandelt entgegenzunehmen: als das in der Gemeinschaft mit seinem Sohn gelebte und in die Gottesherrschaft aufgebrochene. Aber was in dieser Verwandlung mit meinem Leben geschieht, bleibt Glaubenswirklichkeit: in der vertrauensvollen Übernahme dessen, was mir das Leben zumutet und womit es mich beschenkt, „herauszubringen" und zu wagen.

Im Ritus geschieht religiöse Beziehungs-Arbeit: das Hereinbitten des Göttlichen in unser Leben, der Versuch, das Leben für sein Hereinkommen zu bereiten und zu öffnen, das Bereitwerden dafür, sich von ihm ergreifen und so erneuern zu lassen, wie es einem Leben mit ihm entspricht. Der Ritus verlangt das Mitgehen, wenn man will: das geistliche „Mitarbeiten" am Empfänglich-Werden für das darin Verehrte und Aufgenommene, für das Hineingenommen-Werden in Jesus Christus und seine „Arbeit" an mir, an meinem Herzen.[224] Dieses Mitgehen und Mitarbeiten setzt die vertrauensvolle Glaubens-Bereitschaft voraus – und stärkt sie zugleich –, das eigene Leben dem zu überantworten, der hier in unsere Mitte kommt und uns mitnehmen will in ein Leben, das ihn wirklich empfängt und aus ihm lebt. Der Ritus nimmt mit; er ist nicht selbst schon die Erfüllung, vielleicht der „Vorgeschmack"[225], ein Angerührt-Werden, das zum Aufstehen und Weitergehen ermutigt und dabei doch den schon „spürt", der

---

[223] Das sage ich zögernd, weil das Reden von Magie so oft der Selbstprivilegierung und der Deklassierung der jeweils anderen dient. Die Anderen sind der Magie verfallen, man selbst ja nicht. Haben nicht auch „die Anderen" an der religiösen Grundeinsicht teil, dass es in der Beziehung zum Göttlichen nicht um Machen, sondern um Sich-Einbringen geht? Bis zur Offensichtlichkeit des Gegenteils sollte man davon ausgehen.

[224] Hans Weder hat für die Verkündigung Jesu diese treffende Formulierung gefunden; vgl. von ihm: Arbeit am Herzen. Zur bewegenden Dimension der Sprache Jesu, in: Der Prediger und Katechet 150 (2001), 424–438.

[225] Vgl. B. J. Hilberath – D. Sattler (Hg.), Vorgeschmack. Ökumenische Bemühungen um die Eucharistie.

einen da anrührt, innerlich berührt, sich mitteilt. Der Ritus öffnet den Raum, in dem er geschehen kann, lässt es geschehen, ohne dass einem darin die Gewähr der großen, beglückenden Erfahrung schon zuteilwürde. So relativiert er die Erfahrung. Sie ist nicht das, was den Sinn des Ritus ausmacht, auch wenn sie sich womöglich doch unverfügbar einstellt. Die Selbstgewissheit der Erfahrenden, wie sie sich Mystikerinnen und Mystiker mitunter schenkt, mag den Vorgeschmack des Sakramentalen im Augenblick der Erfahrung hinter sich lassen. Im Kult geschieht der geheiligte Alltag des Miteinander-Gehens mit Gott[226] und seinem Christus auf den Wegen, die in seine Herrschaft hineinführen, wird die „Wegzehrung" empfangen, damit man auf diesem Weg nicht geistlich verhungert und erschöpft zurückbleiben muss.

Das Sakrament feiert nicht den Kult des großen religiösen Erlebnisses und ist nicht darauf angelegt, es herbeizuführen. Aber es darf offen sein für Emmaus-Erfahrungen und womöglich auch Menschen auf sie hinführen. Es will sie in die Erfahrung hineinführen, trotz allem „gut unterwegs" zu sein mit dem, der mir mein Leben aufschließt und mit mir geht, in mich eingeht, sodass ich einigermaßen vertrauensvoll weitergehen kann. So ist die Mühe dafür aller Ehren wert, den Menschen in und mit der Liturgie gute Erfahrungen zu ermöglichen: dass sie etwas von der Güte der Nahrung kosten, an der sie in der Feier der Eucharistie teilhaben dürfen; dass sie die Erfahrung des Berührens und Berührt-Werdens machen, in der ihnen nahekommt und sich ihnen mitteilt, wonach sie zuinnerst verlangen.

Daraus, vielleicht daraus allein, erwächst Menschen das Danken-Können für ein Leben voller Zwiespältigkeiten und Bedrängnissen: dass sie ihr Leben als Geschenk erfahren und teilen können; dass sie den Mut fassen, solche Erfahrungen als Vorschein einer Lebens-Erfüllung wahrzunehmen, in der sie sich dem anvertrauen dürfen, der ihnen das Leben geschenkt hat und es ihnen vollenden wird. Danken-Können und die Ermutigung zu dieser Hoffnung, das verbinden viele Christenmenschen mit der Feier der Eucharistie. Im Sakrament der Menschenverbundenheit Gottes noch in Leid und Tod berühren und kommunizieren sie ein Gott-verbürgtes Gutsein ihres Lebens, dem Menschenfeindlichkeit und der Verlust des Lebens in dieser Welt nichts anhaben können. Und darin geschieht ihnen Glaubens-über-

---

[226] Man darf sich an die Gottes-Botschaft des Propheten Micha erinnern: „Es ist dir gesagt worden, Mensch, was gut ist [...] Recht tun, Güte lieben und achtsam mitgehen mit deinem Gott" (Micha 6,8).

lebensnotwendig Kirche – in einer Zeit, in der die Überbau-Kirche derer da droben von immer mehr Christinnen und Christen bis hinein ins Zentrum der Gemeinden allenfalls noch als mehr oder weniger notwendiges Übel hingenommen wird. In der Eucharistiefeier können sie zum Dank für die Kirche finden, die ihnen den Reichtum einer Lebens-freundlichen und unbeirrt hoffnungsfrohen Überlieferung erschließt; können sie vielleicht auch Schmerz und Trauer über eine Kirche teilen und ertragen, für die man, so, wie sie sich als Institution darstellt und den Menschen zur Last fällt, kaum dankbar sein kann.

10. Vertrauens-Erschöpfung? – Atem holen

10.1 Wie wird es weitergehen?

So kann es nicht weitergehen mit dieser Kirche, in dieser Erzdiözese! Da oben klammern sie sich daran, dass es ungefähr so weitergeht, mit ihnen, ihrer Klüngelei; dass sie mit Oberflächenkosmetik durchkommen. Viele sind nahe daran, die Hoffnung darauf zu verlieren, dass man mit ihnen weiterkommt. Wenn sich doch endlich die Einsicht durchsetzen würde, dass man einen neuen Anfang braucht, andere Wege gehen muss, das früher Undenkbare und in dieser Kirche mit Denkverboten Belegte wagen muss. Karl Rahner konnte sagen: Wer retten will, muss wagen. Unsere Situation verlangt nach einer Zuspitzung: Wer an der Zukunft dieser ruinierten Kirche arbeiten will, muss sie neu, anders denken und leben.[227] Ob sich in ihr noch so viel Vertrauen in die Erneuerung und Hoffnungen für den Neuaufbau des Zerstörten regen werden? Ob es Franziskus-Berufungen geben wird, die Kirchen-Ruine zu erneuern? Oder sabotiert der Franziskus unserer Tage selbst die Hoffnung darauf, dass die großen Texte seines Pontifikats Kirchen-erneuernd Frucht bringen? Viele lähmt die Vertrauens-Erschöpfung: man kann sich gar nicht mehr vorstellen, wie das ginge und wie es damit anfangen könnte. Vertrauens- und Hoffnungs-Zerstörer sind mitten unter uns: draußen, drinnen, auf Bischofsthronen, in den Redaktionen, auf den Kleinkunstbühnen. Sie haben manchmal gute Argumente; oder Teflon-Qualitäten; oder auch nur fade Sprüche.[228] Man kann die Vertrauens- und Hoffnungsquellen so leicht verstopfen. Wolf Biermann mag einem aus der Seele sprechen; und zum Widersprechen provozieren:

> „Wer Hoffnung predigt, tja, der lügt…
> Doch wer die Hoffnung tötet, ist ein Schweinehund
> Und ich mach beides und schrei: Bitte sehr!
> Nehmt was ihr wollt, zuviel ist ungesund."[229]

---

[227] Vgl. Michael Seewald, Reform. Dieselbe Kirche anders denken, Freiburg i. Br. 2019.
[228] Aus dem Umfeld der Synodalen Weges der deutschen Kirche hörte ich den ganz und gar nicht faden Spruch: Wer einen guten Willen hat, findet Wege. Wer keinen hat, findet Argumente. Schlechte Argumente, würde ich hinzufügen wollen.
[229] Vgl. Wolf Biermann, Melancholie, in: ders., Mensch Gott!, Berlin 2021, 33–35, hier 34.

Machen wir beides, wir Immer-noch-Kirchenmenschen: Hoffnung predigen, vielleicht zu viel, und sie umbringen; um Vertrauen werben und es zerstören? Ist das eine Widersprüchlichkeit, aus der auch wir, gerade wir, nicht herauskommen? Ist es eine Double-Bind-Parole, der sich die Menschen entziehen, mit der sie keine Geduld mehr haben, weil sie ihr Vertrauen und ihre Hoffnungen missbraucht sehen? Und das in einer Kirche, deren Kernaufgabe es wäre, Menschen in ihrer Vertrauens- und Hoffnungskraft zu stärken, von einem Gott und seinem guten Willen zu sprechen, der sie für die Schalom-Perspektive *Gottesherrschaft* gewinnen will.

Aber nun – nach Putins Überfall auf die Ukraine – geht es nicht mehr nur, nicht mehr in erster Linie, um die sich selbst sabotierende Vertrauensarbeit der Kirchen. Nun werden mit jedem und jeder Getöteten Hoffnung und Vertrauen ausgelöscht. Die schlimmsten Lügen folgen nun einer ganz normalen, „rationalen" Strategie. Wir sind fassungslos, haben das Vertrauen auf eine auskömmliche Verlässlichkeit unseres Miteinanders in der Weltgemeinschaft verloren. Gerade auf die Zerstörung des Vertrauens haben es die Aggressoren abgesehen. Über lange Jahre hat man die anderen in einem Leichtsinns-Vertrauen gewiegt, um sie überraschen zu können. Jetzt sollen sie ihr (Selbst-)Vertrauen verlieren, damit die Strategie der Unberechenbarkeit und der Angst Erfolg hat. Man hat das vorbereitet, indem man mit ausgeklügelten Internetkampagnen Misstrauen säte, wo immer man konnte, und Verschwörungs-Narrative in die Welt setzte, die kaum abstruser sein konnten und doch massenhaft geteilt werden. Bei den direkt Betroffenen im Kriegsgebiet soll nun der offene Terror die letzten Reste der Hoffnung ausbrennen. Man soll nicht weiterhoffen, nicht darauf hoffen, dass der Widerstand noch einen Sinn hat. Die Hoffnung der Angegriffenen ist der eigentliche Feind. In ihr liegt ja ihre Widerstehens-, ihre Relativierungs-Kraft, mit der sie sich gegen den Absolutheitsanspruch der brutalen Fakten und all derer wehren, die sich als letzte Instanz absolut setzen wollen.

Vertrauens-Erschöpfung: Man kann das Vertrauen, die mühsam gehegten Hoffnungen, nicht mehr rechtfertigen. Es sieht so aus, als gehe einem die Kraft aus, mit dieser Kirche noch etwas anzufangen und sich in sie einzubringen; als gehe uns die Kraft aus, an eine gute Alternative, an eine gute Zukunft für Kirche und Welt noch zu glauben. *Vertrauens- und Hoffnungs-Zerstörung:* Da ist man einer zynischen Strategie des Angstmachens und der Bedrohung ausgeliefert. Sie soll uns in die Perspektive der Alternativlosigkeit und Handlungs-Unfähigkeit einsperren, uns vor Augen führen, dass man keine

Chance hat, sich auf nichts mehr verlassen und einstellen kann. Der Effekt, auf den es die Vertrauens-Zerstörer abgesehen haben, ist die Demoralisierung. Das hat doch alles keinen Sinn mehr! Den mit Krieg Überzogenen soll die Hoffnung getötet werden, irgendetwas anzufangen, was den Aggressoren in die Quere kommen könnte. Man soll sich ihnen willenlos ergeben. Im Land der Aggressoren aber sorgt ein brutal durchgesetzter Propaganda-Feldzug dafür, dass man den Verbrechen willenlos zujubelt. Hoffnungs-Zerstörung, Willens-Zerstörung: Damit will man seine Ziele erreichen. Und unsere eigenen Hoffnungs- und Vertrauens-Reste werden brutal getroffen von der erschütternden Einsicht: Es gibt das abgründig Böse einer hemmungslosen Selbst-Verabsolutierung.[230] Es gibt die grausame Entschlossenheit, Menschen zu verletzen und zu töten, sie der eigenen grandiosen Identität, der eigenen Absolutheit, zum Opfer zu bringen. Es gab das ungezügelte Böse nicht nur vor achtzig Jahren in den KZ und Gestapo-Gefängnissen; es ist uns ganz nahe. Und unser Vertrauen darauf, wir hätten es durch Bündnisse und Friedenordnungen eingehegt, ist dahin.

10.2 Zeit der Misstrauens-Aussaat[231]

Vor dem Monströsen dieses Projektes Hoffnungs- und Vertrauens-Mord relativieren sich Kirchen- und Vertrauenskrise vielleicht wieder auf „Lebensgröße". Das heißt nicht, dass sie unwichtig würden. Sie fügen sich in ein jetzt noch weit dramatischer erlebtes Alltagserlebnis-Bild: Kein Zutrauen mehr haben können, Vertrauens-Burnout, Hoffnungs-Erschöpfungs-Erfahrungen, die einen überfordern, weil sie mit dem Hoffnungs-zerstörenden Bösen konfrontieren. Man wird sich ihnen nicht leichtfertig ergeben; „Nase voll" ist keine produktive Reaktion, zumal wir es jetzt mit einer ganz anderen, so viel abgründigeren Herausforderung zu tun haben: mit der mehr oder weniger planmäßigen Vertrauenszersetzung und der kalt ins Werk gesetzten Hoffnungs-Demontage.

---

[230] Vgl. Detlef Pollack, Erschüttert. Durch Putins Krieg erkennen wir genau, worin unsere Kultur besteht. Was ist sie uns wert?, in: Die Zeit. Christ und Welt Nr. 10 vom 2. März 2022, S.2.

[231] Die Assoziation ist bitter. Natürlich beziehe ich mich auf den hoffnungsvoll-innovativen Text der deutschen Bischöfe „Zeit der Aussaat". Missionarisch Kirche sein vom 26. November 2000.

Moderne Wissenskulturen kultivierten Misstrauen und Verdacht. Der Verdacht ist hier produktiv; er untergräbt falsche Gewissheiten, denen man zu viel Kredit gab. Er provoziert die kritische Prüfung von Geltungsansprüchen, damit sie nicht verabsolutiert werden und man nur dem Vertrauenswürdigen vertraut. Nicht mal dem, weil sich der Verdacht eigentlich nie zur Ruhe bringen lässt? Für Friedrich Nietzsche gilt: „So viel Misstrauen, so viel Philosophie."[232] Das ist ein höchst suggestiver Glaubenssatz. Heute wird er in den Alltags- und Lebensphilosophien der Querdenker beherzigt – und desavouiert: Mich könnt ihr mit euren Mainstream-Wahrheiten nicht einfangen! Ich habe meinen eigenen Kopf und bin auf der Hut vor den bösen Absichten der tonangebenden Wissenschaftler, Opinion-Leaders, der Regierenden. Es kann alles auch ganz anders sein. Ja, es ist gewiss ganz anders. Glaubt ihnen kein Wort! Ich geh den „Herden-Wahrheiten" nicht auf den Leim, hab da im Internet gelesen, aus sicherer Quelle erfahren... Und ist Putin nicht überhaupt der Vorkämpfer für die Befreiung aus der Hegemonie des westlichen (jüdischen?, auch dieses Klischees bedient man sich) Finanzkapitals, der Protagonist einer neuen, freieren Weltordnung?

Zu viel Misstrauen, so viel Unsinn, so viel Unbelehrbarkeit und ignorante Besserwisserei. So viel Köhlerglaube an abstruseste Verschwörungstheorien: Wem glaubst du mehr, dem Erzkapitalisten Bill Gates oder dem vom Mainstream verachteten Putin, der die Welt vor den Drogendealern und Gender-Fanatikern à la Selenskij retten muss? Der Verdacht setzt sich absolut, der Verdacht, dass einen der Mainstream frech belügt und die Regierenden uns betrügen, dass wir von einem Impf-Imperium beherrscht und manipuliert werden sollen, damit die sich ihre Taschen noch voller stopfen können; der Verdacht, wir müssten uns in einem globalen Kulturkampf zur Wehr setzen und die Werte unserer Väter und Mütter verteidigen.

Das flächendeckende Misstrauen braucht oft nur die schwächsten Argumente für seinen Glauben an alternative Fakten und Gewissheiten. Es ist bedenkenlos Glaubens-bereit, wenn es irgendeinen Anhaltspunkt findet, der das Misstrauen gegen das von der verdummten Masse Geglaubte rechtfertigt. Dagegen hilft nur die simple Einsicht: Misstrauen braucht gute Gründe und Vertrauen braucht gute Gründe; und die sind nur im öffentlichen Austausch über die Qualität der angeführten Begründungen zu haben. Das Misstrauen müsste sich im Vertrauen auf die Selbst-Durchsetzungskraft der

---

[232] Friedrich Nietzsche, Die fröhliche Wissenschaft, Aphorismus 346, KSA 3, 580.

Vernunft festmachen und so selbst relativieren können. Aber so funktioniert es offenbar nicht mehr. Flächendeckend wird Misstrauen gesät; und es blüht auf, wo immer man es einwurzeln lässt. Man braucht bloß den Boden aufzulockern und die Menschen bei ihrer Ehre zu packen: Lass dich nicht von denen da oben verdummen! Die wollen dir nur nehmen, was dir gehört und lieb geworden ist. Man predigt ein blindes, aggressives *Selbst*-Vertrauen, das sich nichts mehr sagen lässt, weil es das Entscheidende selber weiß und gegen die Verblendung der Welt da draußen festhält.

Vertrauens-Erosion: Woran darf man sich noch festhalten, wenn einem der Verdacht beschleicht, dass jeder Halt, an den man noch glauben möchte, selbst fabriziert oder von geschickten Manipulateuren erlogen ist? Wenn man nicht mehr darauf hoffen kann, dass irgendetwas Haltbares einem unbestechlichen Blick standhalten und für sich mehr gute Gründe aufbieten könnte, als die Querdenker sie für ihre Verschwörungstheorien mobilisieren? Wenn uns am Ende der Verdacht heimsucht, wir könnten dem rücksichtslos Bösen nicht auf Dauer widerstehen. Darauf werden die hinarbeiten, die flächendeckend Misstrauen säen und uns das Vertrauen-Können rauben wollen. Darauf könnte es hinauslaufen: Wir verlieren das Vertrauen darauf, dass es *das Andere* der Lüge und der auf ihr aufbauenden heißen und kalten, großen und kleinen Angriffs- und Propaganda-Kriege noch gibt; dass die Unterscheidung von Gut und Böse noch gilt. Bis in Wissenschaftseinrichtungen hinein verliert sich das Vertrauen auf Prüfprozesse, die eine Behauptung als verlässlich – als erst einmal *wahr* – oder als offenkundig falsch erweisen könnten. Statt auf solche Prüfprozesse verlässt man sich vielfach auf Einflussgewinnungs- und Einflussverhinderungs-Strategien nach dem Muster: Dieser rückwärtsgewandten Meinung werden wir kein Forum bieten. Man sollte sich nicht zu sehr wundern, wenn auch gesamtgesellschaftlich alles Reden von einem unbestechlich Guten und Wahren als Ideologie angesehen wird, die nur übermalt, dass Wahrheit durchgesetzt werden muss, indem man Gegner erfolgreich diskreditiert, dass überhaupt Wahrheit mit Erfolg gleichzusetzen ist und zum Gegenstand strategischer Kalküle gemacht werden muss.

10.3 Wem über den Weg trauen?

Das atemlos-hoffnungslos gewordene Vertrauen: Man traut keiner „Ideologie", keiner „Wahrheit", niemand mehr über den Weg. Der brutale Aggressor ist ja nicht so viel schlechter als der landläufige Kapitalist. Es scheint keine Wege mehr zu geben, die man gemeinsam zu gehen bereit ist, und keine Ziele, auf die man mit Überzeugung zugehen könnte. Das „bürgerliche" Kontinuitäts-Vertrauen ist am Ende: dass es ungefähr so weitergeht, wie man es kannte – und bei aller Unzufriedenheit im Einzelnen auch schätzte. Und so bricht das westliche Modernisierungs-Vertrauen darauf, den guten Weg zu mehr globaler Kooperation, rationalem Diskurs und Demokratie, zu mehr wechselseitigem Verständnis weiter vor sich sehen zu dürfen, nach etlichen Irritationen im beginnenden 21. Jahrhundert nun endgültig zusammen.[233] In der Gewaltorgie des Aggressors ist auch die selbstgewisse hegelsche Hoffnung ins Wanken geraten, Vernunft und Wahrheit, so wie wir sie seit der Aufklärung als Bestimmung der Weltgeschichte vor uns sahen, würden von der zu sich findenden Vernunft als der letzten Instanz des Weltgeschehens mehr und mehr zur Geltung gebracht, schließlich global durchgesetzt?[234] Darauf wird man sich nicht mehr verlassen. Die Aufkündigung jeder Verlässlichkeit ist nun eine Strategie, mit der man die Märkte und die öffentlichen Haushalte, die Hoffnungs- und Sinnhaushalte, die politischen Kalküle durcheinanderbringt, das Diplomaten-Vertrauen auf die Selbstrelativierungs-Bereitschaft der Kontrahenten in extremis sabotiert: Man weiß nicht, was kommt, was „die Anderen" schlussendlich riskieren, um sich durchzusetzen. Da bricht eine Kontingenz in unseren Alltag ein, die unsere Kontingenzbewältigungs-Mechanismen überfordert. Wir sind zu kaum absehbaren Konsequenzen und Risiken gezwungen, um uns auf sie einzustellen; wir müssen uns – nicht nur energiepolitisch – neu ausrichten, neu aufstellen, wie man im politischen Entschlossenheits-Jargon so gern sagt. Und wir wissen nicht, ob wir wirklich alle relevanten Faktoren „auf dem Schirm haben" und steuern können.

Müssten wir uns nicht aus eigenem Antrieb neu aufstellen, umweltpolitisch, sicherheitspolitisch, in globaler Solidarität, kirchlich? Es erschöpft sich das Vertrauen immer mehr, dass es dazu wirklich

---

[233] Vgl. Andreas Reckwitz, Der Optimismus verbrennt. Der tiefe Schock des Westens über den Krieg in der Ukraine hat einen verborgenen Grund: Der seit 1989 herrschende Glaube an einen ewigen Fortschritt in der Welt entpuppt sich als Illusion. Wie kann der erschütterte Liberalismus diese globale Zeitenwende meistern?, in: Die Zeit Nr. 12 vom 17. März 2022, S. 47.

[234] Vgl. Michael Hampe, Die Vernunft muss nicht siegen. Der Ukraine-Krieg entlarvt einen Selbstbetrug des Westens. Darin könnte auch eine Chance liegen, in: Süddeutsche Zeitung Nr. 106 vom 9. Mai 2022, S. 9.

reichen, dass man genügend Entschlossenheit aufbringen wird. Und es ist gerade das bürgerliche, auch kirchliche Hoffentlich-Weiter-So, das dem nötigen Aufbruch im Weg steht. Man resigniert an der Stabilität der Interessens-Koalitionen und Egoismen, an Glaubens-Mentalitäten und amtskirchlichen Fixierungen, mit denen man sich lieber in Sackgassen verrennt, als das Wagnis neuer Wege einzugehen. Die Jungen, Rebellischen haben keine Geduld mehr mit denen, die von Verlustängsten geplagt werden und sich lieber „totstellen" als den unübersehbaren Gefahren zu stellen. Man konfrontiert sie, verliert das Verständnis für sie, verfeindet sich. Wie verständlich das alles doch ist! Wie traurig aber auch.

Da bahnt sich ein gefährliches Zusammenspiel an: Der Verlust bürgerlich-politisch-ökonomischer Ceteris-paribus-Gewissheiten scheint ein Sicherheits-Bedürfnis zu mobilisieren, das die Bereitschaft, für die ökologische und global verantwortete Zukunft unserer Lebenswelt wie für die Zukunft der Kirche ein vernünftiges Risiko einzugehen, zusätzlich untergräbt. Angesichts größter Verunsicherung – auch rüstungspolitisch – auf Nummer sicher gehen zu wollen: Wie verständlich, vielleicht unerlässlich; und zugleich wie absehbar fatal, ausweglos, wenn einem das Vertrauen auf jetzt gangbare, zukunftsoffene Wege zwischen den Fingern zerrinnt!

Vertrauen gibt einen *Vorschuss*. Man gibt dem, an den man ihn adressiert, die Möglichkeit, etwas damit anzufangen: einen Freiheits-Spielraum, wie begrenzt der in der konkreten Situation auch sein mag. Solches Vertrauen ist nicht nur Kontinuitäts-fixiert. Nicht ausgeschlossen aber auch, dass dieser Vorschuss „nichts bringt". Es scheint so, als sei der Vertrauens-Vorschuss auf vielen Ebenen und in vielen sozialen Lagen verbraucht, abgeschrieben. Die Wut darüber kann unverhältnismäßig groß sein: Die andere Seite hat mein Vertrauen missbraucht, den Vorschuss nicht dazu genutzt, mit mir zu kooperieren. Rachebedürfnisse entstehen; man wird sich schadlos halten, den Vertrauens-Missbrauch bestrafen, so wirksam zurückschlagen, wie es meine Möglichkeiten und die Verletzlichkeiten des Anderen erlauben. Da wird so schnell kein Vertrauen mehr keimen. So naiv wird man nicht noch einmal sein.

Naivität gehört schon dazu, diesen sozialen Mechanismus zu problematisieren, prophetische Naivität, Hoffnungs-Naivität. Es gibt jetzt vielleicht keinen „vernünftigen" Ausweg, keine pragmatisch umsetzbare Lösung. Und doch ist nicht gut, was da abläuft. Wir sind in Zwängen, da wir uns aufs Reagieren festgelegt haben. Wir schauen darauf, dass wir nicht ausgenutzt werden und halten unser Vertrauens-Kapital beieinander, damit es sich nicht zu schnell erschöpft. Es soll nicht an die Falschen verausgabt sein. Die Naiven, gerade die religiös Naiven, lassen sich nicht davon abbringen, dass es zu dieser aussichtslosen Situation eine Alternative geben muss: ein Besser zu dem offenkundig Nicht-Guten, zu dem wir uns gerade „realistischerweise" verurteilen; dass es das Absolute gibt, in dessen Licht alles, zuletzt sogar der Tod, den die Selbst-Verabsolutierer so brutal als Waffe einzusetzen wissen, sich als relativ erweisen wird. Die Propheten legen unnachsichtig den Finger auf das Nicht-Gute – im Namen ihres „Herrn"; sie ziehen sich oft, wenn nicht sogar in der Regel, den Vorwurf zu, dass sie es ja auch nicht besser wüssten und einen neuen Weg eher postulieren würden als öffnen könnten. Und wenn sie meinen, Auswege weisen zu können, sind ihre Hinweise mitunter, wenn nicht in der Regel, unsagbar naiv, besserwisserisch, von Sachkenntnis unberührt.

10.4 Glaubens-Naivität?

Prophet(inn)en sind oft Experten des schlechten Gewissens und entsprechend unerträglich. Die Christenheit hat sich da unrühmlich hervorgetan und das schlechte Gewissen der Menschen mitunter hemmungslos missbraucht. So hat es den Kredit, den man seinen Propheten einräumte, gründlich aufgebraucht. Papst Franziskus und auch die Befreiungstheologie nehmen ihn doch wieder in Anspruch. In den Augen der professionellen Ökonomen und Weltpolitiker finden sie keine Gnade. Sie müssen irgendwie leben damit, dass man mit ihnen nichts anfangen kann und sich die Geduld der „Professionellen" mit ihnen langsam erschöpft: Da machen es sich welche zu leicht, ziehen sich ins Besserwissen und ins Gutmenschentum zurück, bleiben unbelangbar, ja unverantwortlich angesichts der Risiken, die sie einfordern und beschwören.

Gegenfrage: Wo wären wir ohne solche Propheten, die unseren hilflos-rationalen Pragmatismus unterbrechen und das Nicht-Gute unserer Überlebensstrategien nicht auf sich beruhen lassen? Die sich nicht davon abbringen lassen, die fatalen Zwangsläufigkeiten, mit denen ja niemand zufrieden sein dürfte, im Namen Gottes, des Absoluten, zu relativieren und die Hoffnung darauf zu stiften, dass auch in ihnen etwas Besseres anfangen kann? Sie sind nicht nur Experten des schlechten Gewissens, sondern – wenn es wirklich Propheten oder Prophetinnen Gottes sind – auch Sä-Leute, Pflanz-Menschen des

Vertrauens, des Vertrauens darauf, dass man eine Alternative finden kann, Zeugen der Hoffnung darauf, dass es besser werden kann, dass das Böse nicht zwangsläufig den Sieg davontragen wird. Der Prophet Jesus von Nazaret hatte kein alternatives Gesellschaftsmodell im Gepäck, sondern davon gesprochen, wie es wäre, wenn es gut wäre, so wäre, wie es Gottes gutem Willen entspräche. Er hat sich als Sämann verstanden und das Evangelium verkündet, dass es mit dem, was zum Guten führt, *jetzt* anfangen kann, weil Gott Bundesgenosse derer ist, die damit anfangen, und weil er ihr Anfangen nicht ins Leere gehen lässt. Diesem Evangelium zu vertrauen setzt eine ungeheure Naivität voraus, Glaubens-Naivität – und Glaubens-Findigkeit: das Finden-Wollen der Anfänge, in denen Gottes Herrschaft in unserer Menschenwelt, wie sie jetzt ist, anfangen kann. Da geht es nicht um Rechthaben oder Besserwissen, sondern um die Ermutigung zum Überschreiten, um den Ausbruch aus dem resignierten Weitermachen; nicht um ein angemaßtes Gutmenschentum, sondern um die Solidarität derer, die sich von der fatalen Übermacht der Verhältnisse nicht handlungs- und hoffnungsunfähig, von den Selbst-Verabsolutierern nicht willenlos machen lassen wollen. Da wird es heute darum gehen, Zeichen zu setzen dafür, dass man sich von Hoffnungs-Zerstörern und Misstrauens-Verbreitern, den rücksichtslos Ich-fixierten nicht in den Sinnlosigkeits-Horizont einsperren und sich von den Traditions-Verwaltern nicht zu hoffnungslos sterilen Auseinandersetzungen verführen lässt. Wir sollten loskommen von den „Fakten" und Voraussetzungen, die man uns diktieren und als selbstverständlich aufdrängen will. Wir sollten im Geist Jesu Christi Alternativen-fähig, Überschreitungs-fähig, Aufbruchs-fähig werden – auch wenn das in Politik, Kirche und im mitmenschlichen Nahbereich noch nicht zu konkret handlungsbestimmenden Alternativen führt.

Sich nicht von den Kontinuitäten das Heil versprechen, nicht auf Unabänderliches festlegen und ins fatal so Gewordene einsperren lassen, einander dazu ermutigen, mehr Gutes und Heilsames, mehr Überschreitung und Aufbruch für möglich zu halten und über all das hinaus auch zu erwarten, was wir uns menschlich-allzumenschlich jetzt vorstellen können: Sind wir da nicht in der Herz-Mitte des Christlichen, seines Gottes- und Menschenbildes? Gott lässt sich nicht vom Bösen besiegen, nicht von dem festlegen und handlungsunfähig machen, was Menschen fatalerweise mit der Welt, mit sich selbst und ihren Mitmenschen gemacht haben. Er reagiert nicht nur, sondern holt in eine von Menschen allein nicht herbeizuführende und zu gewährleistende Zukunft hinein, will mit uns in sie aufbrechen: in eine Zukunft über das Böse und die Schuld hinaus, über die fatalen Zwangsläufigkeiten politischen und mitmenschlichen Reagierens hinaus, noch über den Tod hinaus. Er relativiert durch seinen guten Willen; er nimmt dem Bösen und Zerstörenden die Absolutheit und Alternativlosigkeit.

Dieser Glaube ist geradezu tollkühn – für die, die sich lieber an die Fakten halten wollen, an das, was man nicht bestreiten und meist eben auch nicht ändern kann; für die, die für Resignation und Verzweiflung optieren. Ja, für den Glauben an diesen Gott spricht zunächst nur, dass er Mut macht, vor dem unabänderlich Scheinenden nicht zu kapitulieren – und den guten Anfängen als den Anfängen der Gottes-Wirklichkeit zu trauen. Søren Kierkegaard hat vom Glauben gesagt, dass er „verrückt für Möglichkeit kämpft." Und er hat dem hinzugefügt, dass Gott „dies [ist], dass alles möglich ist."[235] Alles? Das Rettende. Jetzt müsste man – nicht nur mit Kierkegaard – darüber streiten, was für den Menschen das Rettende ist, heute, irgendwie immer schon. Vielleicht ist das überhaupt die christlich und darüber hinaus menschlich-gesellschaftlich zentrale Frage geworden, an der man sich nicht mehr vorbeimogeln kann.

10.5 Das Rettende?

Das Rettende ist – man wagt es in diesen Zeiten des Ukraine-Krieges kaum zu sagen, ohne sich zu schämen – Solidarität, ein belastbarhaltbares Füreinander-Einstehen, an dem jeder böse Wille, jeder Machtmissbrauch, jedes rücksichtslose Zugreifen, Verletzen und Zerstören seine Grenze, seine Gegen-Wirklichkeit fände. Kaum etwas rechtfertigt das Vertrauen, dass es die tatsächlich gibt und das Unmögliche vermag. Vielleicht gerade noch dies: dass da, wo sie Wirklichkeit wird, tatsächlich Rettung geschieht, vielleicht nur vorübergehend und eingeschränkter, als es sein sollte, aber *jetzt* Notwendend. Dem Verhängnis nicht preisgegeben und in ihm alleingelassen zu werden, in ihm nicht verloren zu gehen: in extremis fast unmöglich. Und doch geschieht es, weil Menschen sich nicht damit abfinden, ihresgleichen schrecklich missbraucht und der Gleichgültigkeit preisgegeben zu sehen; weil sie mehr sehen und fühlen als den

---

[235] Die Krankheit zum Tode, Gesammelte Werke, hg. von E. Hirsch und H. Gerdes, 24. Und 25. Abteilung, Gütersloh ⁴1992, 1–134, hier 35 und 37.

eigenen Vorteil; weil sie sich relativieren, nicht zugunsten der Machthaber und Ausbeuter, sondern zugunsten der bedrohten und ausgelieferten Brüder und Schwestern.

Da wird ein Anfang dafür gemacht und Zeugnis dafür abgelegt, dass Solidarität wahrer und wirklicher – stärker – ist als das Preisgegeben-Sein an die Unbarmherzigkeit des Lebens-Schicksals, an die schreckliche Relativierungs-, ja Annihilierungs-Macht der Feinde, des Todes. Das versuchen die Glaubenden festzuhalten und können es doch selten in ihrem Handeln bewähren. Sie glauben das Menschlich-Unmögliche, trauen es Gott zu, sollten sich selber mehr Solidarität zutrauen. Gott muss sich nicht dem Verhängnis fügen, das Menschen übereinander bringen oder vom Leben in dieser Welt zu gewärtigen haben, so sehr er sich ihm nach dem Glauben der Christ(inn)en mitmenschlich-verletzlich aussetzt. Er hat die Auferweckungs-Macht, das verheißungsvoll Neue hervorzurufen und die Menschen daran teilhaben zu lassen, gegen alle Menschen-Wahrscheinlichkeit.[236] Seine Solidarität ist schlechthin schöpferisch; sie lässt nicht darin nach, den Vertrauens-Vorschuss an die Menschen zu erneuern und ihnen das Überschreiten zu ermöglichen. Er *ver-gibt*, damit es mit der Verstrickung ins Vergelten-Wollen, ins Zufügen und Zurückschlagen ein Ende haben kann. Er vergibt, indem er sich – zuletzt in seinem Christus – in die Unheils-Geschichte der Menschen hineingibt, damit man sich an ihn und seine Solidarität halte, aus ihr lebe und in ihr dem Unheil widerstehe.

Das Vertrauen darauf, dass er seinem Eigentumsvolk Israel, in seinem Christus und durch seinen Heiligen Geist schließlich allen Völkern zur nicht versiegenden Quelle der Solidarität unter den Menschen und der Menschen mit ihrem Gott geworden ist, zur Quelle, „deren Wasser ins ewige Leben fließt" (Joh 4,14), hat schweren Schaden gelitten. Man sucht ohne diese Quelle auszukommen und Mitmenschlichkeit zu leben, so gut es geht. Den Christen steht es nicht zu, solche Versuche zu beurteilen, zumal die Kirchen sich beklagenswert wenig darin bewährt haben, Gottes schöpferische Soli-

---

[236] Der Religionssoziologe sieht genau hier das Zentrum und die Kraftquelle des christlichen Glaubens: Er „verehrt einen Gott, der misshandelt und gekreuzigt wurde und sich so verletzlich gemacht hat, wie wir selber sind. Er übt ein in das Mitleiden mit diesem menschlichen Schicksal. Und er stellt ein Angebot zum Umgang mit der Verletzlichkeit des Menschen bereit. Er sagt, dass aus der Überwindung des Todes, die Christus vollbracht hat, für uns die Kraft kommt, unsere Angst und Besorgnis zu überwinden und uns den Herausforderungen des Lebens zu stellen" (Detlef Pollack, Erschüttert, a.a.O.)

darität und grenzenlose, Grenzen überwindende Menschen-Verbundenheit in ihrem eigenen Dasein für alle Menschen, die Notleidenden zuerst, erahnen zu lassen. Vielleicht entdecken sie ja noch, dass ihre Sendung im Dienst an der menschlichen Hoffnung Lebenskonkret werden muss, ehe man sich in endlose Rechthabereien und Auseinandersetzungen um den allein wahren Glauben und die richtige Lehre stürzt. Das dürfen und müssen sie bezeugen: Was Menschen aufbieten können, einander im guten Willen zugetan zu sein und im Unheil beizustehen, das darf in ihnen das Vertrauen darauf begründen, dass Gottes solidarische Menschen-Verbundenheit ihr Leben retten und vollenden wird. Was sie in sich selbst an gutem Willen entdecken können, das kann sie herausfordern, dem Bösen immer wieder neu zu widerstehen und sich darin Gott verbunden zu wissen, der sie in seine „Herrschaft" mitnehmen will. Da hat er mit uns – mit wieviel Halbherzigkeit wir das auch immer zulassen – etwas angefangen, was er nicht verloren geben wird.

Diese Überschreitungs-Perspektive des Gottesglaubens kann aus der Erschöpfungs- und Zerstörungs-Perspektive herausretten. Sie rechnet mit dem Geschehen der Gnade in einer gnadenlos funktionierenden Welt. Es gibt in ihr Vertrauen stiftende und die Hoffnung stärkende Erfahrungen der Gnade. Vielleicht gehören die Dummheit und Naivität des Glaubens dazu, sie als solche wahrzunehmen und zu *glauben*. Aber womöglich ist diese Dummheit weiser als die Kalküle, die dazu beitragen, dass sich das Unheil in der Welt fast unaufhaltsam ausbreitet.[237] Wer mit den Augen des Glaubens in die Menschenwelt hineinschaut, sieht die Gnade am Werk: die Gnade eines durchgehaltenen und erneuerten, stärkenden, rettenden Miteinanders; die Gnade der Vergebung, die das Versagen heilsam relativieren kann und Zukunft gibt, wo man kaum noch an sie glauben konnte, die Gnade der Hoffnung, die der Resignation und dem Bösen nicht das Feld überlässt.

Gnade im Feld der Gnadenlosigkeit, Vergebung statt Vergeltung, sich im Verstehen finden statt in der Beschuldigung verfeinden: Das kann das Rettende sein und Gottes Wirklichkeit zur Wirkung kommen lassen, das kann ihr in der Menschenwelt Raum geben. Oder das gefährlich Naive, Blauäugige, allzu Geduldige, das Fortwuchern-Lassen der Lüge, das Hinnehmen der Gewalt oder auch nur der

---

[237] Der 1. Korintherbrief kann ja immerhin von der „Dummheit" Gottes sprechen, wie sie am Kreuz seines Christus offenbar geworden sei und so unendlich mehr Weisheit in sich hat als alles, was als Menschenweisheit geschätzt wird (vgl. 1 Kor 1,20–25).

Unentschlossenheit und Inkonsequenz. Wie viel Verständnis und Geduld darf man mit den Aggressoren im Großen und im Kleinen haben, ohne ihnen sträflich viel Raum zu geben? Wieviel harte Reaktion, wieviel „gnadenlose" (?) Abschreckung und Eindämmung muss sein, um ihnen das Handwerk zu legen? Wieviel Glauben aber auch an ein besseres Danach, an die Möglichkeit einer Zukunft, die über das Jetzt hinausführt und der Versöhnung Raum geben wird? Wo wird die Schwäche, die der Gnade und Stärke Gottes Raum gibt, zu fauler Nachgiebigkeit, die die Konfrontation und die Einforderung der Umkehr scheut? Wo bringt man zu viel Verständnis mit den Tätern auf und zu wenig Einfühlung in die Opfer?

Von Gnade zu reden und sich auf sie einzustimmen ist das „Kerngeschäft" der Kirche und der Christen. Und es ist so zwiespältig, dass man es mitunter kaum noch erträgt. In der Missbrauchskrise werden die Kirchen davon gnadenlos heimgesucht. Und nun findet sich eine Politik des Vertrauensvorschusses von einem zynischen Aggressor in ihrem Verstehen- und Miteinander-Geduld-haben-Wollen desavouiert. Die jungen Menschen der Friday for future-Bewegung sehen sich an der Grenze ihres Verständnis- und Geduld-haben-Wollen mit den Klimakrisenfolgen-Verdrängern und Profiteuren eines unverantwortlichen *Weiter so*. Wo kann hier Gnade Raum finden, ohne zum Rückzugsort der Unentschlossenen und Konsequenzen-Vermeider zu werden? Gnade und Konfrontation: Wie und wo geht das zusammen? Geht es überhaupt zusammen, so zusammen, dass es besser wird und nicht schlimmer, dass sich da ein Anfang einstellen kann, der Zukunft haben wird – für die Glaubenden: Gottes Zukunft zugänglich macht und in sie hineinführt?

Wie also mit dieser Aporie umgehen, mit ihr, so gut es geht, im Glauben umgehen? Es scheint so, als traue man den Kirchen und ihrer Aporie-Fähigkeit nichts mehr zu. Sie haben so lange schon den Eindruck erweckt, mit ihren Antworten über jede Ratlosigkeit und Ausweglosigkeit erhaben zu sein. Es scheint aber auch so, als drängten sich nun viele andere Akteure in die Rolle der gnadenlosen Rechthaber und Durchblicker, als erschöpfe sich die Geduld mit den Aporien, da man nun gangbare Wege finden muss. Sich nur auf Ratlosigkeit zurückzuziehen und dafür die Gnade mit den Ratlosen in Anspruch zu nehmen, das zieht jetzt den gerechten Verdacht derer auf sich, die genauer hinsehen und durchaus gangbare Wege vorschlagen können – in den kirchlichen wie in den gesellschaftlichen Krisen. Das Ausruhen im (Gebets-)Vertrauen, alles werde irgendwie gut ausgehen – Nietzsche hat es den Christen vorgehalten[238] –, erscheint Außenstehenden als billiges Alibi fürs Zögern und Nichtstun. Aber kann es nicht auch heißen, Gott in die Aporie hereinzuholen und nicht locker zu lassen, an der jetzt noch verschlossenen Tür zu rütteln[239], bis die nächsten Schritte möglich werden?

Gott- und Gebets-Vertrauen als Atemholen, Søren Kierkegaard hat davon gesprochen. Vielleicht hilft dieses Atemholen gegen die Erschöpfung, gegen die Verzweiflung angesichts der *bruta facta*, die einem fast automatisch zum Fatalisten, zum „Deterministen" machen. Der Fatalist verzweifelt. Er hat – so Kierkegaard „sein Selbst verloren, denn alles ist für ihn Notwendigkeit." Das Selbst, die „Persönlichkeit ist eine Synthesis aus Möglichkeit und Notwendigkeit. Es ist daher mit ihrem Bestehen wie mit der Atmung (der *Re*spiration), die ein Ein- und Ausatmen ist. Das Selbst des Deterministen vermag nicht zu atmen, denn es ist unmöglich einzig und allein das Notwendige zu atmen, welches rein und bloß des Menschen Selbst erstickt. – Der Fatalist ist verzweifelt, hat Gott und somit sein Selbst verloren [...] sein Gott ist Notwendigkeit." Sein Atem ist erschöpft; er ringt um die Luft der Möglichkeit, ums Auf- und Einatmen-Können. Das Beten ist – so Kierkegaard – „auch ein Atmen, und die Möglichkeit ist für das Selbst, was der Sauerstoff für die Atmung ist."[240] Im Gebet ringen die Betenden um das Vertrauen darauf, dass es Gott möglich ist, sie an seiner Möglichkeit teilhaben zu lassen. Das Gebets-Vertrauen nimmt dieses Teilhaben voraus; es ermöglicht – so Kierkegaard – das Atmen unter dem Druck der „Unmöglichkeit".

Ob das nicht immer noch gilt? Sich von den „Fatalisten" und „Deterministen" nicht die Luft zum Atmen nehmen, nicht mit Unmöglichkeit erdrücken und vom Bösen um alle Hoffnung bringen lassen, das Gebets- und Gottes-Vertrauen pflegen, ihm „Räume" geben, damit es nicht verkümmert und dem Druck der Unmöglichkeiten erliegt: Wenn die Kirchen dafür noch dienlich sein könnten,

---

[238] Vgl. Die fröhliche Wissenschaft, Aphorismus 285, KSA 3, 527: „„Du wirst niemals mehr beten, niemals mehr anbeten, niemals mehr im endlosen Vertrauen ausruhen – du versagst es dir, vor einer letzten Weisheit, letzten Güte, letzten Macht stehen zu bleiben und deine Gedanken abzuschirmen [...] es giebt für dich keinen Vergelter, keinen Verbesserer letzter Hand mehr – es gibt keine Vernunft in dem mehr, was geschieht, keine Liebe in dem, was dir geschehen wird – deinem Herzen steht keine Ruhestatt mehr offen, wo es nur zu finden und nicht mehr zu suchen hat [...]."

[239] Vgl. meine Überlegungen zur Gebetsparänese nach Jesu Vater unser-Unterweisung (Kapitel 8).

[240] Søren Kierkegaard, Die Krankheit zum Tode, 37.

das wäre schon ein Menschen- und Gottesdienst, der jeden Einsatz wert wäre. Aufatmen können, gewiss nicht Es-sich-bequem-Machen im Gott-Vertrauen: Wo sonst findet das Räume als im Glauben und in den Kirchen? Wo sonst geschieht die Unterbrechung der Atemlosigkeit, mit der wir den Krisen und unseren Versäumnissen hinterherhecheln, als im Glauben, der Zwischenräume offenhält, damit Gott dazwischenkommt und Überschreitungs-Perspektiven öffnet, in der Menschen Mut fassen können, das jetzt Notwendige mit Gott- und Menschen-Vertrauen anzupacken? Kirchen hätten die Berufung, Menschen einzuladen, damit gute Erfahrungen zu machen und – mit Kierkegaard gesprochen – ein *Selbst* zu werden, es unter dem Druck der Verhältnisse zu bleiben. Sie dürfen sich und die Menschen nicht mit der Atemlosigkeit ihrer Selbstrechtfertigungen und Überlebens-Strategien erschöpfen. Es ist ihnen nicht erlaubt, vor allem für sich selbst da zu sein und sich mit sich zu beschäftigen. Wenn sie nicht dem Glauben-, Hoffen-, Vertrauen- und Lieben-Können der Menschen dienen, dienen sie zu nichts, bleibt ihr Gottesdienst Staffage und ihre Verkündigung Gerede.

10.6 Selbstvertrauen im Gottesvertrauen

Kirchliche Selbst-Relativierung: Davon war in diesem Buch vielfach die Rede. Aber wie geht eine vertrauensvolle Selbst-Relativierung, die keine Selbst-Verabsolutierungen mehr braucht, weil sie sich heilsam eingebunden weiß; die das Vertrauen und die Hoffnung darauf hegt und pflegt, sich in das Geschehen des umfassend Guten, des herausfordernd – in seiner Herausforderung vernünftig nachvollziehbaren – Besseren einbezogen wissen zu dürfen? Das Zeugnis einer vernünftig-selbstbewussten, weil Gott-bewussten Selbst-Relativierung wäre die Bringschuld der christlichen Kirche in der Moderne, für die Moderne.

Das wäre wohl ein Moderne-kritisches, in mancher Hinsicht unzeitgemäßes Zeugnis, zuerst aber ein Zeugnis rückhaltlos ehrlicher Selbstwahrnehmung. Kirchliche Selbst-Verabsolutierung resultierte aus der Anfechtung durch eine Moderne, einem Aufklärungs-Selbstbewusstsein, das sich jede Relativierung verbat: Nichts darf dem Autonomie- und Selbstbestimmungs-Selbstbewusstsein hinzugefügt werden. Es weiß sich als absolut-nichtrelativierbar. Die katholische Theologie und das kirchliche Lehramt haben das nicht hinnehmen wollen und die Absolutheit der Hetero-, der Theo-Nomie dagegen gesetzt und sich selbst als Verteidiger der Theonomie verabsolutiert; sie haben dem Freiheits-Pathos ein Gehorsams-Pathos entgegengesetzt: Gottvertrauen bricht das hybride Selbstvertrauen in die menschliche Vernunft und die vernünftig-aufgeklärte menschliche Praxis. So kam es zu den fatalen Konfrontationen, die uns bis in die Gegenwart unheilvoll heimsuchen.

Man versucht sich ihnen mit einem theologischen Freiheits-Pathos zu entziehen, das die Moderne-Kompatibilität des Christlichen dadurch unter Beweis stellen will, dass man alle Gehalte eines authentisch-christlichen Glaubens als Implikate einer Selbstauslegung menschlichen Freiheits-Bewusstseins abzuleiten versucht. Und man macht sich anheischig, der Krise des Vertrauens in die menschliche Selbstbestimmung und einer ihr folgenden vernünftig-humanen Praxis mit einer unbeirrten theologischen Absolutsetzung des Autonomiebewusstseins abzuhelfen. Theologie weiß sich dann als die wahre Sachwalterin der Moderne. Entsprechend aggressiv fallen die Abwertungen aus, mit denen sie Anliegen denunziert, die nicht in dieses Konzept passen und mitunter das höchst missverständliche Label *Postmoderne* tragen.

Es kann aber nicht darum gehen, Theonomie gegen Autonomie auszuspielen und stark machen zu wollen; eher schon darum, ihr gespanntes Verhältnis zueinander genauer zu bestimmen und zu stabilisieren.[241] Vernünftige Selbstbestimmung lebt davon, dass sich

---

[241] Der Versuch Georg Essens, der Theologie der Gabe dieses Gegeneinander-Ausspielen von Theonomie und Autonomie in die Schuhe zu schieben, erscheint mir der Weigerung geschuldet, das Autonomie-Prinzip in seiner unabdingbaren Gültigkeit wie in seiner theonomen Relativität zu denken (wobei Relativität – wie oben deutlich gemacht – eben nicht Ermäßigung seines Geltungsanspruchs meint). Diese theonome Relativität erschließt sich doch nachvollziehbar, wenn man einräumt, dass die Autonomie notwendige, aber nicht schon hinreichende Bedingung menschlicher Freiheitsvollzüge ist. Will Georg Essen theologische Reflexionen, die sich für den rationalen Nachvollzug dieses Bedingungs- und Spannungsverhältnisses etwa auf Paul Ricœur, Marcel Hénaff oder Charles Taylor beziehen, als Theologie der Gabe bezeichnen (so etwa Veronika Hoffmanns, aber auch etliche meiner Arbeiten, die im Umfeld einer von ihr geleiteten DFG-Forschergruppe zum Thema entstanden sind), wären seine Einlassungen ihrerseits dem Verdacht ausgesetzt, sie bräuchten diese Abgrenzung, um für die Theologie der Freiheit, wie er sie versteht, den Monopolanspruch auf Moderne- und Menschenrechts-Verträglichkeit zu behaupten (ich beziehe mich auf den Vortrag, den Georg Essen unter dem Titel: „Die Ideen von 1776 und 1789. Die Theologie der Freiheit und das normative Projekt der Freiheit" auf dem Wissenschaftlichen Symposium „Theologische Anthropologie in Pluralität" zur Eröffnung des Zentralinstituts für Katholische Theologie an der Humboldt-Universität in Berlin am 20. Mai 2022 gehalten hat, sowie an eine seiner Antworten in der

ihr eine gute Alternative öffnet, die sie „ganzherzig" (Harry G. Frankfurt) bejahen kann und von der sie sich in Dienst nehmen lässt. Sie lebt in diesem Sinne von einer heilsamen, verheißungsvollen Relativierung, die sie freilich als unabdingbare Realisierung menschlicher Selbstbestimmung vernünftig nachvollziehen kann. In der Theologie geht es darum, einer heilsamen Relativierung auf die Spur zu kommen – und sie kritisch auszulegen –, der sich die Menschen vernünftigerweise anvertrauen dürfen. Genau deshalb sind Glaube und Theologie Verabsolutierungs-kritisch, Götzen-kritisch, Kirchen-kritisch. Sie sollten es auch da sein, wo es um die krisenträchtigen Selbst-Verabsolutierungen der Moderne geht.

Glaube und Theologie müssen Moderne-kritisch sein, wo Gott als der absolute, absolut-heilsame De-Absolutierer aus dem Spiel bleiben und anderen Absolutheiten das Feld überlassen soll. Christlicher Glaube ist von einem Relativierungs-Pathos getragen. Er hegt das Vertrauen auf meine/unsere Gottes-Relativierung, in die der absolut Beziehungswillige und Beziehungsfähige die Nächsten und Ferneren, die Mitlebenden, vor uns Dagewesenen und nach uns Lebenden mitbringt, sie so vor meiner/unserer Selbstverabsolutierung in Schutz nimmt.

Es mag sein, dass dieser Gottes-Horizont vielen Zeitgenossen aus dem Blick geraten sind, dass sie ihn Horizont „weggewischt"[242] haben, weil er sie zu weit von dem wegführen könnte, was ihnen wichtig ist. Sie wollen „wieder *gute Nachbarn der nächsten Dinge werden* und nicht so verächtlich wie bisher über sie hinweg" blicken; für sie sind „die alleräussersten Horizonte gar nicht *nöthig*, um ein volles und tüchtiges Menschenthum zu leben"[243]. Sie halten sich ans leibhaft-diesseitige Leben, wollen ihren Nächsten zugeneigt sein und die Botschaft beherzigen: „Friede auf Erden und den Menschen ein Wohlgefallen an einander."[244] Christinnen und Christen werden sich zurückhalten, diese Gottes-Distanzierung zu verurteilen, so sehr sie

---

daran anschließenden Diskussion; Vortrag und Diskussion sind derzeit [am 1.6. 2022] auf Youtube abrufbar).

[242] Vgl. die Rede des „tollen Menschen" im Aphorismus 125 der Fröhlichen Wissenschaft: „Wer gab uns den Schwamm, um den ganzen Horizont wegzuwischen?" (KSA 3, 481).

[243] Menschliches, Allzumenschliches II. 2. Der Wanderer und sein Schatten, Aphorismus 16, KSA 2, 550 f.

[244] Menschliches, Allzumenschliches II. 2. Der Wanderer und sein Schatten Aphorismus 250, KSA 2, 702. Diese Zitate stehen etwa für Martin Walsers Nietzsche-Faszination; vgl. von ihm: Ich vertraue. Querfeldein. Reden und Aufsätze, Frankfurt a. M. 2000, 18 f.

sich im Streit über rational verantwortbare Lebensorientierungen und Handlungshorizonte zu engagieren haben. Sie sollten aber in dem Vertrauen gestärkt werden, dass es vernünftig und zutiefst human ist, den Gottes-Horizont offenzuhalten und den Gottes-Aufbruch zu wagen.

Dass das vielen überflüssig vorkommt, hat mit den Zeugnis-Katastrophen zu tun, die Kirchen und Christen zu verantworten haben. Dass man den Kirchen die Geringschätzung der „nächsten Dinge", des Leibhaft-Lustvollen, im Diesseits Erfüllenden nicht verzeiht, mag von ausschlaggebender Bedeutung sein. Aber es wird nicht nur, nicht primär, auf diese Kirchen-Sünde zurückzuführen sein, dass der Glaube zur Minderheiten-Option geworden ist. Das Entschwinden der Christlichkeit in den westlichen Gesellschaften und weit darüber hinaus, die um sich greifende Gottes-Fremdheit, bleiben eine bedrängend unerklärliche bzw. eine in allen Erklärungsversuchen noch nicht hinreichend wahrgenommene Heimsuchung. Modernisierungstheorien, die es als die unabdingbare Kehrseite der Modernisierung hergeleitet haben, sind unplausibel geworden. Wir verstehen nicht wirklich, was da vorgeht, auch wenn wir Symptome deutlicher wahrnehmen und längerfristige Tendenzen genauer abschätzen können. Der Frage, warum sich das religiöse Transzendenzbewusstsein in vielen Weltgegenden aufzulösen scheint, werden wir nicht Herr. Das mag für den Glauben eine Anfechtung und für die Theologie eine ungeheure Herausforderung sein: Man muss – zunächst einmal – bei dem bleiben, was man sieht und was sich daraus an Handlungsperspektiven erschließen lässt. Die Zukunft des Christlichen ist nur sehr begrenzt abzusehen und auch durch die am besten argumentativ unterlegten Strategien nicht zu sichern. Wir müssen sie mit all denen wagen, denen es nicht nur – vielleicht überhaupt nicht – um die Zukunft eines bestimmten Kirchensystems geht, sondern um das Vertrauen-Können der Menschen auf den Gott, der sie und ihren Einsatz für ein gutes, heilvolles Miteinander nicht verloren gibt. Ob uns der weite Atem geschenkt wird für dieses Wagnis und das Zutrauen, mit ihm anzufangen, es Zukunfts-offen durchzutragen? Ob uns so die Kirchen-Enttäuschung erträglicher wird und ehrlicher macht für die Zukunft von Kirche?

Wird es eine Zukunft mit mir, mit uns sein? Werden wir uns zum Bleiben oder zum Gehen entschließen? Das immerhin sollte uns zu denken geben: Die Kirchen tragen ihre Berufung – ihren „Schatz" – in irdenen, schmutzigen Gefäßen. Dass es ein Schatz ist, ein Ermutigungs-, Hoffnungs- und Glaubens-Schatz, kommt innerhalb wie außerhalb der Kirchen unter die Räder der Verurteilungs-Sucht und eines bedrängend heillosen Kirchenbetriebs. Man „kämpft" nicht mehr um Möglichkeit (Kierkegaard), darum, dass der biblische Gottesglaube von seinen Verfälschungen unterscheidbar bleibt und ins Gott-erfüllte Leben hineinführt; mit der Unmöglichkeit der Kirche hat man genug. Jede und jeder kann sich eine bessere Kirche vorstellen, eine, die zu etwas nutze wäre, Menschen-dienlicher, evangeliumsgemäßer, begeisternder. Kirchen-Phantasien gibt es so viele. Sie mobilisieren die Ungeduld mit der Kirche, wie sie jetzt ist. Das ist gut so. Und zugleich tief zwiespältig: Wo man sich auf den Flügeln – und mit den guten Argumenten – der Kirchen-Phantasien davontragen lässt, können einem der Mut und die Entschlossenheit abhandenkommen, mit dem zu kämpfen, was ist; so lange zu kämpfen, bis es seinen Segen hergibt. Gottes Segen, so ist zu hoffen. Wie schön wäre es, wenn es anders wäre! Sich in dieser Phantasie aufzuhalten: wie nötig, wie nachvollziehbar! Aber man kann dabei auch sich und das verlieren, was jetzt zu „retten" ist, den Schatz in den irdenen Gefäßen. Das ist – leider? – wahr. In Partnerschaften, Familien, im Beruf, in gesellschaftlichen Engagements erfährt man es: Du kannst zu viel Geduld damit haben und zu wenig. Immer wirst du dich fragen müssen, ob Kämpfen sich lohnt oder ob man sich hoffnungslos verkämpft; ob ich meine Phantasie für das, was sein sollte und sein könnte, relativieren muss in der solidarischen Auseinandersetzung mit dem, was jetzt so zwiespältig ist und – auch durch mich – anders werden muss; so auch im Mitbewohnen und Mitgestalten des schrecklich heruntergekommenen Hauses, das die Gottes-Träume von einem menschlich erfüllten, Gott-gesegneten Dasein am Leben erhält[245] – und sie immer wieder zu Albträumen verdirbt.

Sich einlassen auf das, was ist, dankbar für seinen nicht immer schon erkennbaren Segen, ungeduldig mit der Geistlosigkeit des bloßen Weitermachens, zornig über die Selbstzufriedenheit der Funktionäre, in der Leidenschaft dafür, dass Gottes guter Wille geschieht – und mit dem klaren Blick dafür, was fehlen würde, wenn es diese Kirche, ihre Botschaft, ihre geistlichen und liturgischen Räume nicht gäbe, das Biotop, in dem kritisches Vertrauen, ungeduldige Hoffnung auf das Gute vor uns und gelassene Gott-Vertrautheit wachsen können: Ob man so viel Selbstrelativierung aufbringt, aufbringen sollte? Ob man die Kraft aufbringen wird, Gottes Botschaft von den Parolen der Kirchen-Verderber und Vertrauens-Zerstörer

---

[245] Vgl. Fulbert Steffensky, Das Haus, das die Träume verwaltet, Würzburg [10]2009.

drinnen und draußen zu unterscheiden? Ob man es mit dieser Kirche aushalten wird, da man den Schatz entdeckt hat, den sie in schmutzigen Gefäßen bewahrt? Noch halten es viele in dieser Kirche aus, weil sie Gottes guten Willen im guten Willen und selbstvergessenen Einsatz zum kirchlichen Dienst geweihter Kirchenmenschen oder „Laien" wiedererkennen. Sie gehören zum Schatz in den irdenen Gefäßen. Sie sind Kirche, Kirchen-Alltag gewordene Gnade, Vertrauens-Leute, Ermutigung zum Standhalten in der Kirchen-Erschöpfung, in der Anfechtung durch eine pandemische Glaubens-Versickerung. Sie bezeugen mir den solidarisch-nahen und doch so unverfügbaren Gott, den Kirche und Welt nicht fassen können.

Literaturverzeichnis

Adorno, Theodor W. – Max Horkheimer, Dialektik der Aufklärung. Philosophische Fragmente, Frankfurt a.M. 1969.

Alain, Das Glück ist hochherzig. Sechzig Propos, Übersetzung und Nachwort von Franz Joseph Krebs, dt. Frankfurt a.M. 1987.

Angenendt, Arnold, Offertorium. Das mittelalterliche Meßopfer, Münster 2013.

Bachl, Gottfried, Eucharistie. Macht und Lust des Verzehrens, St. Ottilien 2008.

Barth, Karl, Kirchlichen Dogmatik III,2, Zollikon ^{2}1959.

Bauman, Zygmunt, Moderne und Ambivalenz. Das Ende der Eindeutigkeit, dt. Neuausgabe Hamburg 2005.

Papst Benedikt XVI., Jesus von Nazareth, 3 Bde., Freiburg i. Br. 2017.

Benjamin, Walter, Gesammelte Schriften, Bd. V/1, Frankfurt a.M. 1991.

Bertelsmann Stiftung (Hg.), Woran glaubt die Welt? Analysen und Kommentare zum Religionsmonitor 2008, Gütersloh 2009.

Bloch, Ernst, Atheismus im Christentum. Zur Religion des Exodus und des Reichs, Frankfurt a.M. 1973.

Blumenberg, Hans, Beschreibung des Menschen, Frankfurt a.M. ^{2}2020.

Böckenförde, Ernst Wolfgang, Staat, Gesellschaft, Freiheit, Frankfurt a.M. 1976.

Bogner, Daniel, Ihr macht uns die Kirche kaputt… doch wir lassen das nicht zu, Freiburg i. Br. 2019.

Bohren, Rudolf, Gebet, in: U. Ruh – D. Seeber – R. Walter (Hg.), Handwörterbuch religiöser Gegenwartsfragen, Freiburg i. Br. 1986, 127–131.

Bonhoeffer, Dietrich, Widerstand und Ergebung. Briefe und Aufzeichnungen aus der Haft, hg. von E. Bethge, Taschenbuchausgabe München – Hamburg ^{4}1967.

Ders., Ethik. Werkausgabe, Bd. 6, hg. von I. Tödt u.a., Gütersloh ^{2}1998.

Buber, Martin, Werke. Erster Band: Schriften zur Philosophie München – Heidelberg, 1962.

Canetti, Elias, Die Provinz des Menschen. Aufzeichnungen 1942–1972, München 1973.

Cioran, Emil M., Lehre vom Zerfall. Übertragen von Paul Celan, Stuttgart ^{10}2018.

Durkheim, Emile, Die elementaren Formen des religiösen Lebens, dt. Frankfurt a.M. ^{2}1984.

Ebach, Jürgen, SchriftStücke. Biblische Miniaturen, Gütersloh 2010.

Ders., Apokalypse. Zum Ursprung einer Stimmung, in: Einwürfe 2 (1985), 5–61.

Ebner, Martin, Vom Holztisch zum Steinaltar und vom Triklinium in den Tempel. Analyse eines Metaphorisierungsprozesses und seiner soziologischen Konsequenzen anhand der Vorstellung vom ‚Altar' im frühen Christentum, in: Münchener Theologische Zeitschrift 73 (2022), 3–21.

Ehrenberg, Alain, Das erschöpfte Selbst. Depression und Gesellschaft in der Gegenwart, dt. Frankfurt – New York ²2015.

Enxing, Julia, Schuld und Sünde (in) der Kirche. Eine systematisch-theologische Untersuchung, Ostfildern 2018.

Fœssel, Michaël, De l'homme coupable à l'homme capable, in: Esprit 316 (Juillet 2005), 99–103.

Frankl, Viktor E., Der leidende Mensch. Anthropologische Grundlagen der Psychotherapie, Bern ²1996.

Freud, Sigmund, Die Zukunft einer Illusion, Sigmund Freud Studienausgabe, hg. von A. Mitscherlich – A. Richards – J. Strachey, Bd. IX, Frankfurt a. M. 1974, 135–189.

Gadamer, Hans-Georg, Wahrheit und Methode. Grundzüge einer philosophischen Hermeneutik, Tübingen ²1965.

Halbfas, Hubertus, Kurskorrektur. Wie das Christentum sich ändern muss, damit es bleibt. Eine Streitschrift, Ostfildern 2018.

Ders., Glaubensverlust. Warum sich das Christentum neu erfinden muss, Ostfildern ³2011.

Hammarskjöld, Dag, Zeichen am Weg, dt. München 1967.

Hampe, Michael, Die Vernunft muss nicht siegen. Der Ukraine-Krieg entlarvt einen Selbstbetrug des Wesetns. Darin könnte auch eine Chance liegen, in: Süddeutsche Zeitung Nr. 106 vom 9. Mai 2022, S. 9.

Heller, Agnes, From Hermeneutics in Social Science toward a Hermeneutics of Social Science, in: Theory ans Society 18 [1989], 291–322.

Hennecke, Christian, Kirche, die über den Jordan geht. Expeditionen ins Land der Verheißung, Münster 2006.

Henrich, Dieter, Fluchtlinien. Philosophische Essays, Frankfurt a. M. 1982.

Hirsch, Emmanuel, Der Sinn des Gebets, Göttingen 1921.

Jäger, Willigis, Symphonie des Einen und Ganzen. Zur Diskussion: Erlösungstheologie – Evolutionstheologie, in: Christ in der Gegenwart 19/2000, 149 f.

Janowski, Bernd, Homo ritualis. Opfer und Kult im alten Israel, in: Bibel und Kirche 64 (2009), 134–140.

Ders., Ein Gott der Gewalt? Perspektiven des Alten Testaments, in: I. Müllner – L. Schwienhorst-Schönberger – R. Scoralick (Hg.), Gottes Name(n). Zum Gedenken an Erich Zenger, Freiburg i. Br. 11–33.

Ders., Sühne als Heilsgeschehen. Traditions- und religionsgeschichtliche Studien zur priesterschriftlichen Sühnetheologie, Neukirchen-Vluyn ²2000.

Joas, Hans, Kirche als Moralagentur?, München 2016.

Jüngel, Eberhard, Tod. Themen der Theologie 8, Stuttgart – Berlin 1971.

Kablitz, Andreas, Von Peripherie und Zentrum, in: Herder Korrespondenz 76 (7/2022), 50–51.

Kermani, Navid, Jeder soll von da, wo er ist, einen Schritt näher kommen, München 2022.

Kreisler, Georg, Letzte Lieder. Autobiographie, Zürich 2009.

Leppin, Volker, Ruhen in Gott. Eine Geschichte der christlichen Mystik, München 2021.

Lietzmann, Hans, Messe und Herrenmahl. Eine Studie zur Geschichte der Liturgie, Berlin ³1955.

Lüdecke, Norbert, Die Täuschung. Haben Katholiken die Kirche, die sie verdienen?, Darmstadt 2021.

Luther, Henning, Leben als Fragment. Der Mythos von der Ganzheit, in: Wege zum Menschen 43 (1991), 262–273.

Marquard, Odo, Malum I. Einführung und Überblick, in: J. Ritter – K. Gründer (Hg.) Historisches Wörterbuch der Philosophie, Bd. 5, Darmstadt 1980, 651–656.

Marti, Kurt, Heilige Vergänglichkeit. Spätsätze, Stuttgart ²2011.

Ders., Leichenreden, Taschenbuchausgabe München 2004.

Alfred Marx, Alfred, Opferlogik im alten Israel, in: B. Janowski – M. Welker (Hg.). Opfer. Theologische und kulturelle Kontexte, Frankfurt a. M. 2000, 129–149.

Ders., Les systèmes sacrificiels de l'Ancien Testament. Formes et fonctions du culte sacrificiel à Yhwh, Leiden 2005.

Metz, Johann Baptist, Memoria Passionis. Ein provozierendes Gedächtnis in pluralistischer Gesellschaft, Freiburg i. Br. 2006.

Ders., Glaube in Geschichte und Gegenwart, Mainz 1977.

Michalski, Krysztof, Die Flamme der Ewigkeit. Eine existentielle Interpretation Nietzsches, dt. Baden-Baden 2022.

Miskotte, Kornelis Heiko, Der Weg des Gebets, München 1964.

Müller, Klaus, Gott jenseits von Gott. Plädoyer für einen kritischen Panentheismus, hg. von F. Schiefen, Münster 2021.

Pollack, Detlef, Erschüttert. Durch Putins Krieg erkennen wir genau, worin unsere Kultur besteht. Was ist sie uns wert?, in: Die Zeit. Christ und Welt Nr. 10 vom 2. März 2022, S. 2.

Porzelt, Burkard, Gottesglaube hier und heute? Eine empirische Erkundigung, in: Christlich Pädagogische Blätter 121 (2008), 2–6.

Rahner, Karl, Von der Not und dem Segen des Gebetes. Mit einem Vorwort von Anselm Grün (Neuausgabe), Freiburg i. Br. 2021.

Ders., Erfahrungen eines katholischen Theologen, in: K. Lehmann (Hg.), Vor dem Geheimnis Gottes den Menschen verstehen. Karl Rahner zum 80. Geburtstag, Freiburg i. Br. 1984, 105–119.

Ders., Zwiegespräch mit Gott?, in: ders., Schriften zur Theologie, Bd. XIII, Zürich – Einsiedeln – Köln 1978, 148–158.

Rebenich, Stefan, Die Deutschen und ihre Antike. Eine wechselvolle Beziehung, Stuttgart 2021.

Reckwitz, Andreas, Der Optimismus verbrennt. Der tiefe Schock des Westens über den Krieg in der Ukraine hat einen verborgenen Grund: Der seit 1989 herrschende Glaube an einen ewigen Fortschritt in der Welt entpuppt sich als Illusion. Wie kann der erschütterte Liberalismus diese globale Zeitenwende meistern?, in: Die Zeit Nr. 12 vom 17. März 2022, S. 47.

von Redecker, Eva, Was wird jetzt aus der Freiheit?, in: Die Zeit Nr. 42 vom 14. Oktober 2021, S. 53.

Loretan-Saladin, Franziska, Trost, in feinschwarz vom 14. April 2022.

Sattler, Dorothea, Aufgebrochen. Theologische Beiträge, Mainz 2001.

Schlette, Heinz Robert, Religion, in: H. Krings – H. M. Baumgartner – Chr. Wild (Hg.), Handbuch philosophischer Grundbegriffe, Studienausgabe, München 1974, 1233–1250.

Schneider, Michael, Aus den Quellen der Wüste, Köln 1987.

Schneider, Reinhold, Wesen und Verwaltung der Macht, Wiesbaden 1954.

Schüßler, Werner, Das Gebet – zwischen Konkretheit und Unbedingtheit Gottes. Eine philosophische Annäherung, in: Johannes Brantl – Hans-Georg Gradl – Mirijam Schaeidt – Werner Schüßler, Das Gebet – „die Intimität der Transzendenz", Würzburg 2014, 11–50.

Schutzbach, Franziska, Die Erschöpfung der Frauen. Wider die weibliche Verfügbarkeit, München 2021.

Seewald, Michael, Reform. Dieselbe Kirche anders denken, Freiburg i. Br. 2019.

Söding, Thomas, Das Mahl des Herrn. Zur Gestalt und Theologie der ältesten nachösterlichen Tradition, in: B. J. Hilberath – D. Sattler (Hg.), Vorgeschmack. Ökumenische Bemühungen um die Eucharistie [Festschrift für Theodor Schneider], Mainz 1995, 134–163.

von Soosten, Joachim, Die „Erfindung" der Sünde, in: Jahrbuch für Biblische Theologie 9 (1994): Sünde und Gericht, Neukirchen-Vluyn 1994, 87–110.

Steffensky Fulbert, Das Haus, das die Träume verwaltet, Würzburg ^{10}2009.

Stierlin, Helm, Das Tun des Einen ist das Tun des Anderen. Eine Dynamik menschlicher Beziehungen, Frankfurt a. M. 1976.

Störmer, Christoph, Heimgesucht. Ob Naturkatastrophe oder Pandemie: Die Rede vom liebenden Gott prallt an der Tragik menschlicher Erfahrungen ab. Wie gehen Gläubige damit um?, in: DIE ZEIT. CHRIST UND WELT Nr. 51 vom 9. Dezember 2021, S. 5.

von Stosch, Klaus, Komparative Theologie als Wegweiser in der Welt der Religionen, Paderborn 2012.

Strasser, Peter, Der Gott aller Menschen. Eine philosophische Grenzüberschreitung, Graz – Wien – Köln 2002.

Ders., Journal der letzten Dinge, Frankfurt a. M. 1998.

Taylor, Charles, Quellen des Selbst. Die Entstehung der neuzeitlichen Identität, dt. Frankfurt a. M. 1994.

Theißen, Gerd, Sakralmahl und sakramentales Geschehen. Abstufungen in der Ritualdynamik des Abendmahls, in: M. Ebner (Hg.), Herrenmahl und Gruppenidentität, Freiburg i. Br. 2007, 166–186.

Theobald, Michael, Leib und Blut Christi. Erwägungen zur Herkunft, Funktion und Bedeutung des sogenannten „Einsetzungsberichts", in: M. Ebner (Hg.), Herrenmahl und Gruppenidentität, Freiburg i. Br. 2007, 121–165.

Tillich, Paul, Wesen und Wandel des Glaubens, dt. Berlin 1966.

Troeltsch, Ernst, Glaubenslehre, München – Leipzig 1925.

Trummer, Peter, Wie ich das Kreuz lieben lernte, in: Christ in der Gegenwart. Bilder der Gegenwart, April 2022, 5–8.

Walser, Martin, Ich vertraue. Querfeldein. Reden und Aufsätze, Frankfurt a. M. 2000.

Weder, Hans, Arbeit am Herzen. Zur bewegenden Dimension der Sprache Jesu, in: Der Prediger und Katechet 150 (2001), 424–438.

Werbick, Jürgen, Theologie anthropologisch gedacht, Freiburg i. Br. 2022.

Ders., Gegen falsche Alternativen. Warum dem christlichen Glauben nichts Menschliches fremd ist, Ostfildern 2021.

Ders., Christlich glauben. Eine theologische Ortsbestimmung, Freiburg i. Br. 2019.

Ders., Gottes Schwäche für die Menschen. Wie Papst Franziskus von Gott spricht, Ostfildern 2018.

Ders., Gott-menschlich. Elementare Christologie, Freiburg i. Br. 2016.

Ders., Christlicher Glaube an den Kommenden, in: Der Prediger und Katechet 154 (2015), 248–256.

Ders., Gott verbindlich. Eine theologische Gotteslehre, Freiburg i. Br. 2007.

Ders., Gebetsglaube und Gotteszweifel, Münster 2002.

Westermann, Claus, Schöpfung, Stuttgart 1983.

Wiesel, Elie, Macht Gebete aus meinen Geschichten, dt. Freiburg i. Br. 1986.

Wilber, Ken, Halbzeit der Evolution, dt. München 1988.

Wittgenstein, Ludwig, Tractatus logico-philosophicus. Logisch-philosophische Abhandlung, dt. Taschenbuchausgabe Frankfurt a. M. 1963.
Wolf, Hubert, Der Unfehlbare. Pius IX. und die Erfindung des Katholizismus im 19. Jahrhundert, München 2020.
Wucherpfennig, Ansgar, Wie hat Jesus Eucharistie gewollt? Ein Blick zurück nach vorn, Ostfildern ²2021.
Zimmerling, Peter, Die Losungen. Eine Erfolgsgeschichte durch die Jahrhunderte, Göttingen 2014.

Personenverzeichnis

Adorno, Th. W. 96, 227
Alain 159, 227
Albertus Magnus 191
Angelus Silesius 174
Angenendt, A. 194, 227
Apelt, O. 69
Augustinus 55 f., 81, 130 f., 176, 191
Bach, J. S. 70, 90
Bachl, G. 190 f., 227
Barth, K. 153, 227
Bauman, Z. 89, 227
Baumgartner, H. M. 88, 230
Benjamin, W. 106, 227
Bethge, E. 75, 227
Biermann, W. 207
Bloch, E. 11 f., 227
Blumenberg, H. 87, 227
Blumenstock, K. 168
Böckenförde, E. W. 17, 227
Boëthius 76
Bogner, D. 44, 227
Bohren, R. 200, 227
Börne, L. 86
Bonhoeffer, D. 75, 96, 227
Brantl, J. 169, 230
Briegleb, K. 146
Buber, M. 67, 74, 104, 167, 171, 227
Bucher, R. 10
Canetti, E. 170, 227
Caßens, N. 12, 77
Celan, P. 88, 119, 227
Chesterton, G. K. 86
Cioran, E. M. 88, 101 f., 227
Clemen, O. 81
Colli, G. 21
Cyprian von Karthago 35
Deselaers, P. 113
Dieser, H. 114

Diogenes Laertius 69
Diogenes von Sinope 60, 101
Dionysius Areopagita 35 f., 39
Domin, H. 192
Durkheim, E. 200, 227
Ebach, J. 9 f., 148, 227
Ebner, M. 186, 192 f., 228, 231
Meister Eckehart 80, 129, 173 f.
Ehrenberg, A. 109–111, 228
Enxing, J. 51, 228
Essen, G. 222 f.
Feuerbach, L. 120 f.
Fœssel, M. 109, 228
Frankl, V. 169, 228
Frankfurt, H. 223
Freud, S. 53, 146, 228
Gadamer, H.-G. 134, 228
Gegenschatz, E. 76
Gerdes, H. 77
Gigon, O. 76
Gnädinger, L. 174
Gradl, H.-G. 169, 230
Grün, A. 172, 229
Gründer, K. 54, 229
Halbfas, H. 119–124, 127, 145, 184 f., 188, 195, 228
Hammarskjöld, D. 58, 228
Hampe, M. 212, 228
Heine, H. 93, 146
Heller, A. 89, 228
Helvétius, Cl. A. 52 f.
Hénaff, M. 222
Hennecke, Chr. 10, 228
Henrich, D. 102, 228
Hilberath, B. J. 190, 204, 230
Hirsch, E. 166, 228
Hoffmann, V. 222
Horkheimer, M. 96, 227

Hüsch, H. D. 39, 170
Ignatius von Antiochien 194
Jäger, W. 125–127, 228
Janov, A. 110
Janowski, B. 37, 64 f., 175, 228 f.
Joas, H. 50, 229
Johannes Cassianus 113
Johannes Climacus 113
Jüngel, E. 153, 229
Kablitz, A. 50, 229
Kant, I. 20
Kermani, N. 167
Kierkegaard, S. 77, 216, 220 f., 225
Köhlmeier, M. 87
Krause, V. 95
Krebs, F. J. 159, 227
Kreisler, G. 143, 228
Krings, H. 88, 230
Lehmann, K. 150, 230
Leibniz, G. W. 83
Leppin, V. 138, 229
Lietzmann, H. 187, 229
Löning, K. 90
Loretan-Saladin, Fr. 192
Lüdecke, N. 44, 229
Luther, H. 159, 229
Luther, M. 81, 99
Marquard, O. 54, 57, 229
Marti, K. 79, 153, 156, 229
Marx, A. 64, 229
Marx, K. 93
Marx, M. 86
Menke, K.-H. 114
Mensching, G. 53
Metz, J. B. 105 f., 229
Michalski, K. 162, 229
Miskotte, K. H. 166 f., 229
Mitscherlich, A. 146, 228
Montinari, M. 21
Müller, Kl. 85–87, 91, 102, 139–142, 229

Müllner, I. 37, 228
Neuner, P. 28
Nietzsche, Fr. 20, 53–55, 67, 69, 71, 90, 94, 97, 110, 115, 120, 147, 175, 200 f., 210, 220, 223
Papst Benedikt XVI./Ratzinger, J. 19, 22, 227
Papst Franziskus/Bergoglio, J. M. 44, 74 f., 101 f., 133, 207, 214
Papst Paul VI. 32 f.
Papst Pius IX. 29
Plotin 35
Pollack, D. 209, 217, 229
Porzelt, B. 125, 229
Proklos 35
Quint, J. 80
Rahner, K. 149 f., 169 f., 172, 174, 207, 229 f.
Rebenich, St. 34, 230
Reckwitz, A. 212, 230
von Redeker, E. 58, 230
Reich, K. 69
Richards, A. 146, 228
Ricœur, P. 109, 222
Ritter, J. 54, 229
Röser, J. 119
Ruh, U. 209, 227
Sattler, D. 32, 190, 204, 230
Schaeidt, M. 169, 220
Schelling, F. W. J. 133
Schiefen, F. 85, 229
Schiller, Fr. 64
Schlette, H. R. 88, 230
Schneider, M. 113, 230
Schneider, R. 177, 230
Schneider, Th. 190
Scholl, S. 101
Schüßler, W. 169, 230
Schutzbach, Fr. 112, 230
Schwienhorst-Schönberger, L. 37, 228

Scoralick, R. 37, 228
Seeber, D. 209, 227
Seewald, M. 43, 207, 230
Sendak, M. 128
Söding, Th. 190, 230
von Soosten, J. 59, 230
Spinoza, B. 168
Steffensky, F. 225, 230
Stierlin, H. 176, 230
Störmer, Chr. 105, 230
von Stosch, K. 181, 230
Strachey, J. 146, 238
Strasser, P. 84, 140, 231
Taylor, Ch. 45, 222, 231
Tertullian 28
Theißen, G. 187, 231
Theobald, M. 186–188, 231
Tillich, P. 136, 231
Troeltsch, E. 145, 231
Trummer, P. 185, 231

Tödt, I. 96, 227
Updike, J. 102
Vinzenz von Lerin 28, 134
Walser, M. 223, 231
Walter, R. 209, 227
Weder, H. 203, 231
Welker, M. 64, 229
Werbick, J. 19, 24, 103, 128 f., 133, 169, 231
Westermann, Cl. 60, 231
Wiesel, E. 170, 200, 231
Wilber, K. 125, 231
Wild, Chr. 88, 230
Windfuhr, M. 93
Wittgenstein, L. 137 f., 231
Wolf, H. 29, 231
Wucherpfennig, A. 75, 187, 190, 194, 232
Zenger, E. 37, 228
Zimmerling, P. 170, 232

Theologie in den Ambivalenzen des Menschseins

Jürgen Werbick
Gegen falsche Alternativen
Warum dem christlichen Glauben nichts Menschliches fremd ist

288 Seiten, 14 x 22 cm
Hardcover
€ 28,– [D] / € 28,80 [A]
ISBN 978-3-7867-3258-7

Polarisierungen beherrschen zunehmend gesellschaftliche, kirchliche und theologische Diskurse. Sie arbeiten mit ausgrenzenden Alternativen. Mit denen soll die Option der »anderen« Seite unmöglich gemacht und Entschiedenheit mobilisiert werden.
Aufweichung der Lehre oder entschiedenes Festhalten am Überlieferten; postmoderne Neuformatierung der Sexualethik oder Ernstnehmen der ewigen Schöpfungsordnung; Auflösung des Christlichen in politische Optionen oder Konzentration aufs sakrale Kerngeschäft: Hinter dem Arbeiten mit falschen Alternativen verschwindet die Herausforderung, sich auf ein tief ambivalentes Menschsein einzulassen.
Jürgen Werbick kommt dieser Strategie in kirchlichen und theologischen Auseinandersetzungen auf die Spur und tritt ihnen entgegen.

www.gruenewaldverlag.de